D0916484

Les conjoints de fait au Québec :

vers un encadrement légal

JOCELYNE JARRY

LES CONJOINTS DE FAIT AU QUÉBEC :

VERS UN ENCADREMENT LÉGAL

ÉDITIONS YVON BLAIS
UNE SOCIÉTÉ THOMSON

Catalogage avant publication de Bibliothèque et Archives nationales du Québec et Bibliothèque et Archives Canada

Jarry, Jocelyne, 1957-

    Les conjoints de fait au Québec: vers un encadrement légal

    Présenté à l'origine comme thèse (de maîtrise de l'auteur–Université de Montréal), 2006.

    Comprend des réf. bibliogr. et un index.

    ISBN 978-2-89635-185-5

    1. Couples non mariés – Droit – Québec (Province). 2. Concubinage – Droit – Québec (Province). 3. Féminisme et droit – Québec (Province). 4. Entretien d'enfants – Droit – Québec (Province). I. Titre.

KEQ253.J37 2008   346.71401'5   C2008-940674-5

Nous reconnaissons l'aide financière du gouvernement du Canada accordée par l'entremise du Programme d'aide au développement de l'industrie de l'édition (PADIÉ) pour nos activités d'édition.

© Les Éditions Yvon Blais Inc., 2008
C.P. 180 Cowansville (Québec) Canada
Tél. : (450) 266-1086 Fax : (450) 263-9256
Site Internet : www.editionsyvonblais.com

Toute reproduction d'une partie quelconque de ce volume par quelque procédé que ce soit est strictement interdite sans l'autorisation écrite de l'éditeur.

Dépôt légal : 2e trimestre 2008
Bibliothèque et Archives nationales du Québec
Bibliothèque et Archives Canada

ISBN : 978-2-89635-185-5

À Pierre, mon mari depuis 8 ans,
après avoir été mon conjoint de fait pendant 14 ans.

À nos deux fils, Nicolas et Philippe

AVERTISSEMENT

Au Québec, l'encadrement légal des rapports interpersonnels des conjoints de fait est un sujet discuté de longue date. Le lecteur doit être prévenu qu'il trouvera ici d'abondantes citations qui m'ont semblé nécessaires afin de situer les enjeux sociohistoriques du sujet et de mieux comprendre les arguments qui ont alimenté le débat depuis de nombreuses décennies. L'approche choisie, soit le cadre des théories féministes, est peu utilisée en droit québécois et s'est développée surtout au Canada anglais, ce pour quoi je fais référence à de nombreux auteurs de langue anglaise qu'il était difficile de traduire sans les trahir. Il faut retenir que cet ouvrage est d'abord le fruit d'un mémoire de maîtrise, à peine adapté pour publication. Les praticiens seront heureux de trouver un compte rendu de la jurisprudence récente pertinente, au chapitre 3, et des suggestions pour la rédaction des contrats de vie commune à l'Annexe 1.

Bonne lecture !

Jocelyne Jarry
Mars 2008

REMERCIEMENTS

Lorsque l'opportunité m'a été enfin offerte de poursuivre mes réflexions dans le cadre d'études de maîtrise, le choix du sujet s'est imposé ! Le cadre des théories féministes auquel le professeur Desmond Manderson (de l'Université McGill) m'a initiée avec conviction, m'aura permis de mieux soutenir mes idées. Je le remercie ici pour son enthousiasme communicatif.

Je tiens à remercier aussi et surtout Alain Roy, professeur agrégé de la Faculté de droit de l'Université de Montréal, qui a dirigé mon mémoire de maîtrise. Son soutien, sa rigueur et ses commentaires judicieux m'ont permis de pousser plus loin ma réflexion. Il a su démontrer un grand respect de mes idées malgré qu'il ne les ait pas toujours partagées. Sans ses encouragements précieux, je n'aurais sans doute pas mené à terme ce projet ambitieux. Sa suggestion de publier mon mémoire a trouvé écho auprès des Éditions Yvon Blais que je remercie également.

PRÉFACE

Autrefois contraire à l'ordre public et aux bonnes mœurs, l'union de fait s'est tranquillement faufilée dans la licéité à l'occasion de la réforme du droit de la famille de 1980. Sous l'impulsion des mouvements de renouveau social qui ont suivi la Révolution tranquille, le législateur québécois a alors éliminé les derniers interdits entre conjoints de fait. Puisant dans cette légitimité nouvelle, les conjoints de fait ont dès lors pu convenir d'arrangements privés.

Depuis, la progression de l'union de fait s'est avérée fulgurante. Au cours des années 80, les législateurs québécois et canadien se sont employés à revoir le champ d'application de leurs lois sociales et fiscales afin d'y inclure les conjoints de fait. Aux yeux de l'État, plus rien ne pouvait désormais justifier que l'on prive les conjoints de fait des avantages sociaux et fiscaux traditionnellement réservés aux couples unis par les liens du mariage. Puis, à la fin des années 90, les aspirations égalitaires des couples de même sexe se sont traduites par une redéfinition de l'union de fait. Qu'ils soient hétérosexuels ou homosexuels, les conjoints de fait jouiraient dorénavant d'une reconnaissance législative en tout point équivalente, toute forme de discrimination en fonction de l'orientation sexuelle étant jugée contraire à la Charte.

L'importance de ces développements législatifs doit évidemment s'apprécier à la lumière des portraits statistiques en matière conjugale. De 1981 à 2001, la proportion de couples vivant en union de fait au Canada est passée de 7,9 % à 28,8 %. Au Québec, cette progression se serait poursuivie de manière particulièrement marquée entre 2001 et 2006. Ainsi, selon Statistique Canada, plus du tiers des couples opteraient pour l'union de fait, soit une proportion nettement supérieure à celle que l'on peut observer dans les autres provinces canadiennes. Dans ce contexte, il n'est donc pas surprenant de constater qu'au Québec, près de 60 % des enfants naissent d'unions hors mariage[1].

---

1. Voir les données émanant du dernier recensement de Statistique Canada : (2006) <http://www12.statcan.ca/francais/census06/analysis/famhouse/provterr5.cfm>.

Dès lors, faut-il s'étonner d'entendre des voix s'élever pour revendiquer l'adoption de nouvelles mesures législatives destinées à consolider la reconnaissance juridique et sociale de l'union de fait ? Parmi ces voix se trouve celle de Jocelyne Jarry, brillante juriste dont j'ai eu le privilège de superviser le mémoire de maîtrise.

Prenant appui sur les thèses féministes qui, ces dernières décennies, ont permis aux juristes d'entrevoir le droit sous un angle particulièrement éclairant, Me Jarry s'emploie à démontrer le lien entre pauvreté féminine et droit. Dans une perspective de réforme, celle-ci préconise l'ajout au *Code civil du Québec* d'une obligation alimentaire entre conjoints de fait, mais dans la seule mesure où un enfant est issu de leur relation. On sent l'auteure tiraillée entre son souci de respecter la liberté des couples – qui, par défaut, peuvent avoir choisi de rester en marge du mariage –, et sa volonté d'assurer aux nombreuses femmes qui vivent en union de fait une protection juridique minimale. La présence d'un enfant représente ainsi, pour l'auteure, le point de rupture entre ces deux valeurs opposées. Aussi fondamental que soit le principe de la liberté contractuelle et de l'autonomie de la volonté des conjoints de fait, il ne saurait faire le poids face aux désavantages économiques qu'implique une naissance pour les femmes. Les sacrifices professionnels et économiques qui accompagnent la venue d'un enfant ne doivent plus reposer exclusivement sur les femmes. Par l'imposition d'une obligation alimentaire entre conjoints de fait, le législateur en assurerait une répartition équitable.

Basée sur une approche pragmatique fortement inspirée par les enseignements de la juge Claire L'Heureux-Dubé, la proposition de Me Jarry tranche avec le radicalisme et le dogmatisme entourant les revendications visant à l'assimilation intégrale du statut de conjoints de fait à celui des époux. Ne percevant aucune différence fondamentale entre les dynamiques relationnelles à la base du mariage et de l'union de fait, les tenants de cette thèse appréhendent leur exclusion du champ d'application du régime primaire et des régimes matrimoniaux sous l'angle de la discrimination. Une telle position, où aucune importance n'est accordée aux arguments de libres choix, heurte les orientations sociales et politiques que le Québec a fait siennes en matière d'union de fait depuis le début des années 80. Au contraire, la proposition de Me Jarry s'y harmonise parfaitement en ce qu'elle ne vise pas à éradiquer la liberté et l'autonomie des conjoints de fait, mais à sanctionner leur engagement parental en les rendant tous deux imputables des conséquences économiques susceptibles d'en résulter.

Le livre de Me Jarry tombe à point nommé puisqu'il permet d'éclairer de manière lucide et intelligente une problématique sociale hautement émotive. L'ensemble des acteurs concernés y trouvera à coup sûr matière à réflexion.

Alain Roy
Professeur agrégé,
Faculté de droit,
Université de Montréal

Février 2008

AVANT-PROPOS

Ayant obtenu une licence en droit de l'Université de Montréal en 1979 et admise au Barreau du Québec en 1980, le rêve de la poursuite de mes études de maîtrise sera resté projet pendant plus de 20 ans ! Des années bien employées, cependant, à la pratique passionnante du droit de la famille. Cette pratique m'a amenée presque quotidiennement devant les tribunaux où j'ai eu maintes occasions de débattre du droit familial et de le voir évoluer, en même temps que changeait la société québécoise. Cela m'a aussi donné l'occasion de rencontrer des centaines de personnes vivant la pénible expérience d'une rupture familiale, le choc de l'insécurité émotive et financière qui s'ensuit, la douleur d'être éloigné de ses enfants, l'adaptation à la perte d'un statut social et à celui de personne divorcée, voire de famille monoparentale, et aussi parfois à celui de famille reconstituée. On ne fait pas ce travail sans vouloir véritablement aider ceux qui traversent cette expérience difficile. Pour cela, il faut savoir écouter avant de conseiller.

Si j'ai eu l'occasion de représenter souvent des hommes, c'est à l'écoute des femmes que j'ai été sensibilisée aux difficultés que plusieurs vivaient et que j'ai longtemps ignorées tant que je ne fus pas moi-même mère. C'est alors, et seulement alors, que la réalité de la femme québécoise moderne, qui se veut indépendante et autonome, qui veut vivre une relation amoureuse épanouissante en même temps qu'une vie familiale remplie, m'est apparue comme pleine de tant de contradictions et de contraintes, pratiques – sociales – financières et autres, que l'égalité acquise par les femmes de ma génération m'a vite semblé bien hypothéquée par la modernité.

Même si l'accès des femmes à l'éducation est pleinement acquis et que l'égalité dans l'emploi est protégée par la Loi (à ne pas confondre avec l'égalité salariale qui est loin d'être acquise pour le plus grand nombre), il reste que ce sont encore et toujours les femmes qui paient le plus chèrement les coûts de la maternité. Coûts monétaires subis lors des congés de maternité, mais aussi recul professionnel, promotions manquées ou refusées, arrêt de travail de quelques années lors du jeune âge des enfants, choix d'horaires réduits, de travail atypique, de travail autonome ou à temps partiel, qui ont des conséquences à long terme et mettent en péril leur sécurité financière future. Le refus de ces compromis se fera souvent aux frais de la santé des femmes confrontées aux difficultés réelles d'accomplir tous ces rôles adéquatement. Plus la femme est instruite et bénéficie d'une carrière intéressante intellectuellement et financièrement, plus grand sera pour elle le coût d'un arrêt temporaire de travail ou du renoncement à une promotion, ce qui est rarement acceptable dans le monde compétitif du travail non syndiqué. En outre, les femmes qui se consacrent à une carrière retardent souvent la maternité qu'elles veulent vivre pleinement lorsqu'elle se fait tardive. Peuvent alors se poser des choix qu'elles n'auraient jamais cru devoir affronter, et l'arrêt temporaire du travail peut apparaître comme une alternative qui permet de ne pas sacrifier la vie familiale.

Au contact d'un grand nombre de femmes québécoises, j'ai été confrontée à des constats étonnants. D'abord, les femmes ne connaissent pas leurs droits ! Au début de ma carrière de juriste de droit familial, j'ai été consultée à maintes et maintes reprises par des femmes sur le point de vivre une rupture, mariées depuis plusieurs années, souvent sans emploi ou occupant des emplois précaires et qui affirmaient avoir opté pour « le meilleur régime matrimonial », en me présentant un contrat de mariage en séparation de biens, régime matrimonial qu'elles avaient choisi et qui les privait de la richesse familiale que leur aurait pourtant garantie la loi par l'application du régime matrimonial de communauté de biens ou de société d'acquêts, alors en vigueur comme régime légal. Elles ne pouvaient que rarement expliquer ce choix, ni n'en comprenaient précisément les conséquences, la plupart du temps. Les difficultés subies à la séparation par les femmes ayant renoncé à grande échelle au régime matrimonial légal, ont amené un questionnement social qui a donné lieu à plusieurs changements de lois, comme on le sait, et à l'avènement de nouveaux concepts juridiques comme celui de la prestation compensatoire, puis celui visant la constitution, par le mariage, d'un patrimoine familial obligatoire. Alors que les québécoises se trouvaient enfin bien protégées en cas de séparation, et cela malgré elles, par les obligations légales résultant du mariage plusieurs ont alors cessé de se marier ! Le vent de modernité et de liberté qui a soufflé sur le Québec a alors vite transporté l'idée que l'institution du mariage, trop souvent exclusivement associée au sacrement religieux, à tort d'ailleurs car le mariage civil existe au Québec depuis 1969, était rétrograde et incompatible avec les libertés avec lesquelles les femmes souhaitaient maintenant vivre. Et voilà le mariage québécois en chute libre !

Non, les femmes québécoises ne connaissent pas leurs droits ! Je ne compte plus les femmes non mariées, instruites, libres, intelligentes, que je rencontre encore régulièrement et qui croient avoir les mêmes droits en cas de séparation que les femmes mariées, pour avoir vécu quelques années avec leur conjoint. Peu de conjoints de fait québécois savent qu'ils ne disposent d'aucun cadre juridique à leur relation familiale interpersonnelle. Peu de juristes savent que le Québec est la seule province canadienne à ne pas avoir légiféré pour encadrer les rapports entre adultes membres d'une famille hors mariage.

Second constat : les femmes ont une conception romantique de leurs rapports amoureux et de la maternité. Elles en ignorent la réalité, même si elles peuvent en observer facilement les effets. Dans l'aventure amoureuse, elles envisagent rarement la possibilité d'une séparation éventuelle, ni le fait qu'elles puissent se retrouver seules, parfois avec des enfants. Avant d'être confrontées à la maternité, elles sous-estiment ce qu'il leur en coûtera d'investissement personnel et financier et surestiment souvent l'implication éventuelle de leur conjoint dans la famille. Bien au fait de l'*égalité*, elles se perçoivent comme les égales de leur conjoint jusqu'à ce qu'elles réalisent que ce sont encore et toujours elles, en règle générale, qui seront davantage investies dans le soin et l'éducation des enfants, et que cela affectera leur capacité de gains à court, moyen et long terme. Depuis peu, tout cela est clairement démontré par les compilations statistiques.

En résumé, les femmes perçoivent souvent leurs rapports interpersonnels amoureux en termes romantiques, en dehors de la réalité des contraintes financières qu'elles peuvent ou pourraient subir à la rupture. Cette conception romantique s'étend au concept même de la maternité dont elles ignorent les répercussions éventuelles, au niveau des relations du couple et de leur vie professionnelle, tant qu'elles n'y sont pas confrontées.

Dernier constat : lorsque les femmes deviennent mères, très souvent cet état devient la principale considération de toutes leurs décisions. Plus les femmes sont instruites, libres, autonomes financièrement, moins elles semblent conscientes des contraintes que leur imposera la maternité, si certaines qu'elles sont d'avoir le plein contrôle de leur vie. S'il est un temps où le contrôle de la vie peut nous échapper, c'est bien celui du jeune âge de nos enfants. Parfois tardivement confrontées à la difficile conciliation travail-famille, elles optent pour un arrêt de travail plus ou moins temporaire sans en connaître tous les impacts sur leur carrière et leur situation financière future. Plus la carrière sera fructueuse, plus coûteux sera l'arrêt de travail à court, moyen et long termes.

Mes 28 années de pratique en droit de la famille ont forcé tous ces constats, et bien d'autres, et mon statut de mère professionnelle m'a menée sur des chemins inattendus mais combien enrichissants. Si je n'étais pas féministe au début de ma carrière, croyant alors fermement à l'égalité effective des femmes et des hommes, je le suis devenue au fil de mon expérience professionnelle et personnelle. Vouloir contribuer à dénoncer certaines iniquités n'était que suite logique.

Je sais qu'il y en aura pour trouver ma position très féministe, d'autres pour dire qu'elle est rétrograde. Je ne crois ni l'un, ni l'autre. Je m'explique. Si l'approche est nettement féministe, la démarche proposée, elle, est progressiste. Si je parle de solidarité familiale, c'est que je crois vraiment que c'est une valeur fondamentale de notre société. Ainsi, en fait, ma proposition de l'établissement d'une obligation alimentaire entre conjoints de fait avec enfants vise à procurer plus de liberté à tous les membres de la famille qui, solidaires, peuvent s'appuyer les uns sur les autres, chacun à son tour, aux différentes périodes de la vie. Mon expérience personnelle en témoigne éloquemment.

Partenaire en pleine égalité de mon conjoint, à tout point de vue, nous avons eu tous deux des carrières excessivement enrichissantes, quoique très différentes. Tous deux déjà très investis professionnellement lors de notre rencontre, notre couple s'est fondé sur un partenariat complet : à revenus égaux, actifs équivalents, notre contribution respective aux charges familiales fut toujours égale. Notre amour n'avait nul besoin d'un contrat, encore moins d'un mariage. Bien de notre temps, nous avons choisi de fonder une famille à la mi-trentaine, en poursuivant chacun nos aspirations professionnelles, bien légitimes, mais combien prenantes.

Dans notre cas, la conciliation travail-famille n'était pas au rendez-vous. Après vingt ans d'une carrière fructueuse, intéressante et valorisante, j'ai ressenti le besoin impérieux de consacrer plus de temps à nos enfants. J'ai choisi de délaisser une partie de mes activités professionnelles, pour un temps. Bien avisée, j'ai alors proposé le mariage à mon conjoint. Bien avisé, il accepta. Peu de romantisme dans ma demande, beaucoup dans sa réponse. Les années suivantes m'ont permis de me rapprocher de mes enfants, de les voir grandir, de les encadrer et de les aimer. Parallèlement, mon mari a vécu une période particulièrement intense professionnellement. Il a apprécié que je sois plus disponible auprès de nos enfants alors qu'il ne pouvait que difficilement y être. J'ai eu la chance d'avoir un conjoint qui partage toutes mes aspirations, dont celle d'une vie familiale épanouie, ce qu'il nous a alors été donné de connaître. Nous en avons tous bénéficié, nos enfants d'abord.

Cet aparté permettra de mieux comprendre l'importance, pour moi, de la famille. On a fait miroiter aux femmes de ma génération qu'il n'y avait pas de limite à ce qu'elles pouvaient accomplir : réalisations personnelles, professionnelles et familiales. On a rassuré celles qui voulaient fonder une famille dans ce contexte, en affirmant que les enfants avaient surtout besoin d'un temps de qualité avec leurs parents. Cela se solde encore trop souvent par la charge d'un double standard pour les femmes qui transforme la vie courante en une course folle contre la montre.

Aujourd'hui, je suis heureuse de constater que la majorité des nouveaux diplômés est constituée de femmes*. Bientôt ces femmes, très instruites, gagneront le même salaire que les hommes. Si instruites, souvent, elles gagneront plus...pourquoi pas ? Si tel est le cas, qu'est-ce qui nous empêche de penser que, dans un avenir pas si éloigné, ce soit à leur tour les hommes qui, gagnant moins d'argent, deviennent celui du couple qui choisit de réduire ses activités professionnelles pour un temps, pour se consacrer davantage à sa

---

* STATISTIQUE CANADA, *Le Quotidien*, « Grades, diplômes et certificats universitaires décernés », 18 janvier 2005, <www.statcan.ca/Daily/Francais/050118/q050118b.htm>, qui mentionne ceci : « Nombre record de titres décernés aux femmes : Un sommet de 105 100 femmes ont reçu un grade, un diplôme ou un certificat en 2001, soit 59 % du total. En comparaison, 72 900 hommes ont reçu un titre. De 1996 à 2001, le nombre de femmes qui ont reçu un titre universitaire a augmenté de 2,0 %, tandis que le nombre d'hommes ayant reçu un titre a diminué de 2,9 %. Un baccalauréat a été décerné à 77 600 femmes au total et une maîtrise à 13 000 femmes. Il s'agit d'un sommet dans les deux cas. » Voir aussi STATISTIQUE CANADA, « Rapport du programme indicateurs pancanadiens de l'éducation 2005 », <www.statcan.ca/francais/freepub/81-004-XIF2006001.htm>, où il est établi qu'en 2001, les femmes représentaient presque 60 % des diplômés universitaires au Canada.

famille** ? Ces hommes seraient alors heureux de compter sur une mesure comme celle que je propose pour s'assurer que le coût financier de leur investissement personnel dans la famille soit réparti sur les deux conjoints, en cas de séparation.

** LA PRESSE – AFFAIRES, « Les nouveaux papas en congé », 17 juillet 2006, p. 2, traitant des conséquences de l'entrée en vigueur du nouveau régime québécois d'assurance parentale, qui prévoit une hausse des prestations et – grande nouveauté – qui accorde un congé réservé aux pères, il est mentionné : « Depuis le mois de janvier [2006], les départs en congé de paternité sont en hausse dans les entreprises ».

TABLE DES MATIÈRES

INTRODUCTION 1

1. LE CADRE THÉORIQUE : LES THÉORIES
   FÉMINISTES 9

   1.1 La pertinence d'une approche féministe 9

   1.2 Les types d'approches féministes 14

       1.2.1 L'approche féministe libérale 14

       1.2.2 L'approche féministe radicale 23

       1.2.3 Le dilemne de la différence 30

2. LE CONTEXTE FACTUEL : LA SITUATION
   PERSONNELLE, PROFESSIONNELLE ET
   FAMILIALE DES FEMMES 35

   2.1 Quelques statistiques sur la situation des femmes 35

       2.1.1 Le revenu 35

       2.1.2 Les responsabilités familiales 38

   2.2 Les impacts économiques de la maternité 43

3. LE CONTEXTE LÉGISLATIF : LA SITUATION DES
   CONJOINTS DE FAIT AU CANADA 59

   3.1 Une définition de *common law marriage* 59

   3.2 Les conjoints de fait dans les provinces de
       common law 60

3.2.1   L'Ontario 61

3.2.2   La Colombie-Britannique 69

3.2.3   Le Nouveau-Brunswick 69

3.2.4   La Nouvelle-Écosse 72

3.2.5   L'Alberta 74

3.2.6   Le Manitoba 77

3.2.7   Toutes les autres provinces canadiennes
        imposent l'obligation alimentaire entre
        conjoints de fait. 78

3.3   Les conjoints de fait au Québec 79

3.3.1   Survol historique du cadre juridique applicable
        à la famille en mariage 79

3.3.1.1   Les premiers gains juridiques des
          femmes 79

3.3.1.2   La réforme du régime matrimonial légal 86

3.3.1.3   L'instauration du principe de l'égalité
          formelle. 90

3.3.1.4   L'interprétation jurisprudentielle de certaines
          dispositions de la *Loi sur le divorce* 93

3.3.1.5   La prestation compensatoire. 95

3.3.1.6   Le partage obligatoire des biens familiaux
          par le concept du *patrimoine familial* 101

3.3.2   Encadrement juridique de l'union de fait en
        droit privé québécois 106

3.3.2.1   Absence de reconnaissance législative 106

3.3.2.2   Recours possibles entre conjoints de fait . . . 115

3.3.2.2.1 Le recours pour enrichissement
           injustifié 115

3.3.2.2.2 La société tacite 126

3.3.2.2.3 La reconnaissance des obligations
           contractuelles 131

3.3.2.2.4 Jurisprudence portant sur la propriété
           et l'usage de la résidence « familiale ». . 136

3.3.2.2.5 Jurisprudence inédite 141

3.3.2.2.6 Les conjoints de fait québécois : des
           tiers... pas comme les autres ! 144

4. POUR UN ENCADREMENT JURIDIQUE DE LA
   DÉSUNION DES CONJOINTS DE FAIT 147

   4.1 Vers une solidarité familiale 147

   4.2 Vers la reconnaissance d'une obligation alimentaire
        balisée 165

CONCLUSION 169

LISTE DES TABLEAUX 175

ANNEXE 185

BIBLIOGRAPHIE 197

TABLE DE LA LÉGISLATION 209

TABLE DE LA JURISPRUDENCE 219

INDEX ANALYTIQUE 229

INTRODUCTION

Le Québec est la seule province canadienne à ne pas imposer d'obligations légales dans le cadre des rapports interpersonnels entre les membres d'un couple non marié. Pourtant, les couples non mariés y sont de plus en plus nombreux, sans compter les couples de même sexe pour lesquels il n'existe que très peu de statistiques[1]. En 1979, lors de la dernière grande réforme du droit de la famille au Québec, le projet de loi soumis proposait, entre autres, une obligation alimentaire entre conjoints de fait et l'article 338 se lisait comme suit :

> Les époux de fait se doivent des aliments tant qu'ils font vie commune. Toutefois, le tribunal peut, si des circonstances exceptionnelles le justifient, ordonner à un époux de fait de verser des aliments à l'autre après la cessation de la vie commune.[2]

Plusieurs intervenants ont présenté des mémoires lors de la commission parlementaire pour l'étude de ce projet de loi. Le Conseil du statut de la femme, organisme voué à l'avancement et à la protection des droits de la femme, s'est opposé fermement à l'introduction de l'article 338 en invoquant le respect de l'autonomie et de l'égalité des personnes[3]. Par contre, la Commission des services juridiques recommandait l'adoption du principe d'une obligation alimentaire

---

1. Mary Jane Mossman, professeure à Osgoode Hall Law School, résume ainsi les statistiques émises à ce sujet par Statistique Canada : « The proportion of married-couple families was 70 percent in 2001, by contrast with 83 percent in 1981 ; the proportion of common law families increased from 5.6 percent in 1981 to 14 percent in 2001 ; and, in Quebec, the proportion of common law couples represented 30 percent of all couple families in the province, a proportion that is greater than that of Norway, Finland, and France, and comparable to that of Sweden ; the proportion of common law couples in Quebec is the major reason why the prevalence of common law couples is roughly twice as high in Canada as it is in the United States », extrait de Mary Jane MOSSMAN, *Families and the Law in Canada : Cases and Commentary*, Toronto, Edmond Montgomery Publication, 2004, p. 8.
2. OFFICE DE RÉVISION DU CODE CIVIL, *Projet de loi portant sur la réforme du droit de la famille*, 1979, art. 338.
3. CONSEIL DU STATUT DE LA FEMME, *Mémoire présenté à la Commission parlementaire sur la réforme du droit de la famille* , 20 février 1979.

encore plus large que celle proposée et d'un partage des biens acquis pendant l'union pour tous les conjoints de fait[4].

Malgré les arguments de la Commission des services juridiques, le législateur québécois a alors refusé de légiférer pour imposer une obligation alimentaire ou un partage d'actifs familiaux aux couples non mariés, se rendant aux arguments soulevés par le Conseil du statut de la femme.

Depuis, au Québec, ce sont toujours les mêmes concepts d'*égalité des personnes* et d'*autonomie* qui sont invoqués pour refuser d'imposer des obligations légales aux membres de couples non mariés[5] en regard de leurs rapports interpersonnels. Pourtant, leur nombre augmente considérablement, particulièrement au Québec qui compte presque la moitié des unions de fait recensées à travers le Canada. En effet, en 2006, il y avait 1 376 870 couples en union libre au Canada, dont 611 850 vivaient au Québec[6], parmi lesquels 313 845 avaient des enfants. Ces conjoints vivent donc en dehors du cadre légal des obligations et des dispositions visant l'égalité dans le couple offertes aux gens mariés par le *Code civil du Québec*[7] et la *Loi sur le divorce*[8] comme, entre autres, le partage du patrimoine familial et l'obligation alimentaire. Même si la plupart des auteurs s'accordent à dire qu'il s'agit d'un choix des conjoints, en guise de rejet de l'institution du mariage, pour vivre une union amoureuse sans contrainte légale ou par souci de marquer leur autonomie et leur liberté, on peut se questionner sur les réelles motivations des conjoints de fait québécois à l'heure où tous les autres couples canadiens non mariés disposent d'un certain encadrement légal, à la rupture de l'union, et à l'heure où la famille prend de nombreux nouveaux visages.

Il est intéressant de noter que ce sont les couples homosexuels qui ont été les principaux revendicateurs d'un statut légal conjugal partout au Canada, alors que la situation juridique des conjoints de fait hétérosexuels ne semble que rarement remise en question, du

---

4. COMMISSION DES SERVICES JURIDIQUES, *Mémoire présenté à la Commission permanente de la Justice sur le Rapport de l'Office de révision du Code civil traitant de la réforme du droit de la famille*, 21 février 1979.
5. Claudia P. PRÉMONT et Michèle BERNIER, « Un engagement distinct qui engendre des conséquences distinctes », dans Service de la formation permanente, Barreau du Québec, vol. 140, *Développements récents sur l'union de fait*, Cowansville, Éditions Yvon Blais, 2000, p. 1, résumant l'état de la doctrine et de la jurisprudence sur le sujet.
6. Voir STATISTIQUE CANADA, <http:/www.statcan.ca>.
7. L.Q. 1991, c. 64 [L.R.Q., c. C-1991].
8. L.R.C. (1985), c. 3 (2e suppl.) [L.R.C., c. D-3.4].

moins au Québec. Par contre, les conjoints de fait des autres provinces canadiennes ont revendiqué un statut juridique d'égalité de droits avec les couples mariés, ce qui a donné lieu à plusieurs décisions de la Cour suprême du Canada.

Dans l'affaire *Procureur général de la Nouvelle-Écosse c. Susan Walsh et Wayne Bona, et Procureur général du Canada, de l'Ontario, du Québec, de la Colombie-Britannique et de l'Alberta*[9], madame Walsh revendiquait le partage des biens familiaux de son conjoint de fait, après avoir fait vie commune avec lui pendant plusieurs années, et demandait l'application de la *Matrimonial Property Act (MPA)*[10], à son égard, malgré que cette loi de la Nouvelle-Écosse traite du partage des biens matrimoniaux des conjoints mariés. Sa demande fut refusée par la Cour suprême du Canada, avec une importante dissidence de la juge Claire L'Heureux Dubé, aujourd'hui retraitée, qui conclut que la rupture d'une longue relation conjugale crée un besoin réel de redistribution des biens des conjoints par le partage de biens ou le versement d'une pension alimentaire[11]. Or, ce droit à une pension alimentaire entre ex-conjoints de fait existait déjà en Nouvelle-Écosse, lieu d'origine du litige, atténuant l'impact des pertes financières subies par madame Walsh. Qu'en aurait-il été si l'affaire avait plutôt émané du Québec ? Certaines affaires issues du Québec soulèveront prochainement la question des droits consentis aux personnes mariées, au motif de l'inégalité, en regard de la situation juridique des conjoints de fait. Le sujet est donc pleinement d'actualité.

On peut penser que les conjoints de fait sont satisfaits de ne trouver aucune contrainte légale à leurs rapports interpersonnels dans l'union conjugale. On pourrait cependant aussi avancer que c'est, non pas par rejet des normes légales, mais peut-être par ignorance de la loi qu'ils adoptent ce statut ou ce non-statut juridique. On

---

9. [2002] 4 R.C.S. 325, REJB 2002-36303. L'affaire *Procureur général de la Nouvelle-Écosse* c. *Walsh et Bona* est plus amplement analysée au chapitre 4, section 4.1 « Vers une solidarité familiale », *infra*, p. 147-164. Aussi, pour un commentaire fouillé de cet arrêt, voir Dominique GOUBAU, « La spécificité patrimoniale de l'union de fait : le libre choix et ses « dommages collatéraux » », (2003) 44 *C. de D.* 3. Du même auteur voir : « Ça fait une différence ! Mariés ou conjoints de fait ? », dans *Collection du Juriste*, Bulletin d'information, Farnham, Publications CCH, vol. 5, no 2, 2003, p. 4-6. Voir aussi Michèle BOIVIN, « Le besoin urgent d'un nouveau cadre conceptuel en matière de droits à l'égalité », dans Marie-Claire BELLEAU et François LACASSE (dir.), *Claire L'Heureux-Dubé à la Cour suprême du Canada 1987-2002*, Montréal, Wilson & Lafleur, 2004, p. 421, aux p. 425 et s.
10. R.S.N.S. 1989, c. 275, ci-après nommée *MPA*.
11. *Procureur général de la Nouvelle-Écosse* c. *Walsh et Bona*, précité, note 9, par. 99.

pourrait aussi penser que c'est en réaction au long diktat de l'Église catholique du Québec que certains couples refusent le mariage, qu'ils associent encore trop exclusivement au seul engagement religieux. On pourrait émettre plusieurs autres hypothèses, en l'absence d'études sur le sujet[12]. Pourtant certains faits ne peuvent être ignorés.

Ainsi, nous savons, grâce à Statistique Canada, que le revenu moyen après impôt des familles monoparentales canadiennes ayant un homme à leur tête était de 51 500 $ en 2005, contre 36 000 $ pour celles ayant une femme à leur tête[13]. Nous savons aussi qu'en 2006, parmi les familles monoparentales du Québec, 77 940 avaient un homme à leur tête, contre 274 890 qui étaient dirigées par des femmes[14]. On peut donc facilement conclure que ce sont encore en grande partie les femmes qui s'occupent des enfants après la séparation du couple, et qu'elles le font le plus souvent avec un revenu bien inférieur à celui des hommes. Et cette situation n'est pas que le fait des tribunaux malgré ce qu'en disent certains pères déchus. En effet, c'est le plus souvent par entente à l'amiable que les mères assument la garde des enfants après la séparation, et ce, même si les hommes assument de plus en plus leurs rôles familiaux. Des questions se posent donc inévitablement :

• Pourquoi les autres provinces canadiennes ont-elles légiféré pour imposer un cadre juridique aux couples vivant en union de fait ?

• Quelles sont les valeurs sociales que l'État entend protéger par l'établissement de conséquences juridiques à la rupture pour les gens mariés ?

• En quoi, au Québec, ces valeurs sont-elles différentes de celles vécues par les familles dans le cadre d'une union de fait ?

• Pourquoi les concepts d'*égalité des personnes* et d'*autonomie* devraient-ils avoir préséance sur d'autres valeurs sociales comme la protection des individus vulnérables dans une union conjugale ?

---

12. Quoiqu'une équipe de chercheurs de l'Institut national de la recherche scientifique (Urbanisation, Culture et Société), travaille sur une recherche qualitative portant sur le sujet, <www.ucs.inrs.ca>.

13. STATISTIQUE CANADA, *op. cit.*, note 6. Voir Tableau I « Revenu moyen après impôt selon le type de famille économique, 2001-2005 », *infra*, p. 177.

14. STATISTIQUE CANADA, *op. cit.*, note 6. Voir Tableau II « Familles de recensement dans les ménages privés selon la structure familiale et la présence d'enfants, par province, Recensement 2006 », *infra*, p. 179.

- Pourquoi les femmes du Québec choisissent-elles de plus en plus de vivre leur union conjugale hors du cadre juridique du mariage, qui leur apporterait souvent des protections financières indéniables à la séparation ?

Je propose d'étudier la situation de ces femmes québécoises, à la lumière des théories féministes, afin de chercher à savoir si leur situation ne serait pas la résultante d'une domination masculine. Comment expliquer autrement que ces femmes choisissent souvent un contexte juridique d'encadrement de leur relation conjugale qui dessert bien évidemment leurs intérêts financiers et leur sécurité future ? N'y a-t-il pas lieu de se questionner en regard de l'encadrement juridique de toutes ces nouvelles familles, qui n'ont aucun statut juridique au Québec ? L'État n'a-t-il pas un rôle à jouer quand on touche à la famille, autre que celui de la non-intervention dans la sphère privée ? En fait, qu'est-ce que la famille, la nouvelle famille et surtout celle hors mariage ? Quelles sont les valeurs sociales que l'État doit promouvoir en regard de cette famille québécoise moderne ?

Le cadre des théories féministes m'interpelle à ce sujet car ce sont les femmes qui sont nettement desservies par le non-statut juridique de conjointe de fait auquel elles adhèrent. La professeure Marie-Claire Belleau décrit le mouvement de pensée féministe comme celui qui sera sans doute reconnu comme l'un des plus marquants du XXe siècle et définit l'analyse féministe en ces termes :

> L'analyse féministe du droit se caractérise par une multiplicité de postulats, d'approches et de résolutions. De façon très sommaire, les théories féministes consistent en une critique du postulat de la neutralité sexuelle du système et du raisonnement juridique en même temps qu'elles servent des objectifs politiques activistes. Elles posent un regard et portent une action sexuée sur le droit et ses institutions en analysant leurs présupposés et leurs conséquences sur la réalité de ce que vivent les femmes.
>
> [...] Au plan théorique, les concepts « femme » et « subordination » sous-entendent, entre autres, différentes perspectives au sujet de quatre notions fondamentales. Premièrement, les différentes théories féministes présupposent des motivations divergentes concernant la nature et la culture des femmes. Certaines féministes, les naturalistes, croient que ces différences sont « naturelles ». Qu'elles tiennent aux distinctions biologiques physiques ou au déterminisme biologique, elles constituent « l'essence » même de la nature féminine. D'autres féministes, les constructivistes,

allèguent plutôt que les différences entre les hommes et les femmes proviennent fondamentalement des constructions sociales passées et présentes. Plusieurs féministes omettent de spécifier leur position sur le sens du féminin et du masculin et sous-entendent implicitement l'une ou l'autre, – et même parfois l'une et l'autre – de ces approches. Chaque théorie féministe compte ses naturalistes et ses constructivistes à divers degrés. Deuxièmement, les théories féministes sous-entendent des distinctions sur les relations entre les hommes et les femmes et leurs rôles respectifs dans les sociétés occidentales, rôles donnant lieu à des notions variables de l'égalité. Troisièmement, ces concepts suggèrent des lectures divergentes du passé historique et de l'avenir utopique de ces sociétés. Enfin, de ces divergences conceptuelles importantes émergent des savoirs qui participent à la cristallisation des stéréotypes féminins et masculins. Ainsi, ces distinctions théoriques entraînent des conséquences juridiques, parfois similaires, parfois divergentes, chaque fois motivées par des visions discordantes dont l'héritage historique nous poursuit.[15]

Ce qui m'intéresse ici touche donc exclusivement aux couples non mariés et si je fais parfois une incursion dans le droit familial existant, donc celui des couples mariés ou conjoints unis civilement, c'est pour y lire l'histoire ou y chercher des comparaisons. Ce n'est pas le concept même du mariage que je remets en cause, quoiqu'on puisse se questionner sur l'à-propos d'une structure qui imbrique encore si étroitement le religieux au juridique, à l'heure du non-confessionnalisme. Là n'est tout simplement pas mon propos. Il ne touche pas non plus à la question du statut juridique revendiqué par les couples homosexuels, qui bénéficient au Québec d'une union particulièrement adaptée, l'union civile[16], et maintenant partout au Canada, de droits égaux dans le mariage[17]. Encore là, le sujet ne manque pas d'intérêt, mais ce sont ceux qui sont soustraits aux lois à caractère familial qui m'intéressent ici. Le fait que ces couples soient constitués de personnes de même sexe ou de sexes opposés ne modifie en rien leurs droits et obligations qui, quant à moi, ne peuvent qu'être égaux. D'ailleurs, force est de constater que, parmi ces couples sans statut juridique conjugal, il y en a certainement un bon nombre qui sont de même sexe.

---

15. Marie-Claire BELLEAU, « Les théories féministes : droit et différence sexuelle », (2000) 4 *Rev. trim. dr. civ.* 1-3.
16. Art. 521.1 à 521.19 du *Code civil du Québec*, entrés en vigueur en juin 2002.
17. *Loi concernant certaines conditions de fond du mariage civil*, L.C. 2005, c. 33, sanctionnée le 20 juillet 2005 et entrée en vigueur le même jour.

La famille d'aujourd'hui se définit dans un sens beaucoup plus large que celle d'hier et nombre de personnes appelées à définir la leur vont y inclure des personnes avec lesquelles elles n'ont pas de liens juridiquement reconnus : conjoint de fait ; enfants issus d'unions précédentes de leur conjoint ou ex-conjoint ; enfants adultes et leurs conjoints vivant ou non sous le même toit ; parents ou alliés cohabitants, etc. Les organismes publics et les gouvernements ont aussi leurs définitions propres, variables même à différentes fins : les autorités fiscales ; Statistique Canada ; le ministère de l'Immigration, adoptent des définitions qui assimilent les conjoints de fait aux époux, et ce, particulièrement depuis la décision de la Cour suprême du Canada dans l'affaire *M. c. H.*[18] reconnaissant qu'il y avait discrimination dans le traitement des conjoints de fait, en regard de plusieurs lois canadiennes. Il faut reconnaître que la définition de la famille n'est donc plus exclusive et le Code civil rend peu compte de cette réalité. Les concepts que j'utiliserai ici se définissent comme suit :

- Conjoints ou conjoints de fait : les personnes, de sexes différents ou de même sexe, vivant une relation conjugale hors mariage ou union civile (art. 521.1 à 521.19 du *Code civil du Québec*) ;

- Époux : les conjoints, de sexes différents ou de même sexe, unis par les liens du mariage ;

- Conjoints unis civilement : les conjoints, de sexes différents ou de même sexe, unis par les liens de l'union civile québécoise (art. 521.1 à 521.19 du *Code civil du Québec*) ;

- Famille : la famille nucléaire constituée de deux personnes adultes, de sexes différents ou de même sexe, vivant une relation conjugale, et d'un ou plusieurs enfants vivant avec eux, issus ou non de leur union ;

- Famille monoparentale : la famille constituée d'une seule personne adulte et d'un ou plusieurs enfants vivant avec elle.

Je propose donc ici de chercher à mieux comprendre pourquoi, au Québec, de nombreux couples vivent hors mariage, en retraçant le contexte historique de l'avènement des dispositions légales pertinentes liées à la famille, et ce, dans une perspective féministe. Je chercherai à savoir s'il y a effectivement des inégalités de droits entre les

---

18. [1999] 2 R.C.S. 3, REJB 1999-11416.

conjoints de fait et les époux, auquel cas il faut alors se demander quels sont les fondements de ces inégalités, si ces inégalités sont justifiables, s'il y a lieu de tenter d'y remédier, puis, comment y remédier et à la faveur de quelle justice sociale.

1. LE CADRE THÉORIQUE : LES THÉORIES FÉMINISTES

1.1 La pertinence d'une approche féministe

En 2008, le féminisme a souvent mauvaise presse[19]. Les aînées en sont lassées, les hommes n'y voient qu'extrémisme usé et déni de leurs droits, les jeunes femmes n'y trouvent souvent aucun intérêt, croyant que les femmes ont acquis l'égalité avec l'accession à l'éducation. Pourtant, les faits sont indéniables. Les femmes sont souvent cantonnées dans des emplois moins bien rémunérés et sans avantages sociaux, quand ce n'est pas à temps partiel ou comme travailleuse autonome. Si ces différences sont moins marquées pour les femmes sans enfant, elles deviennent souvent le lot des mères. Elles doivent souvent réduire leur charge de travail pour faire face à leurs obligations familiales alors que la conciliation travail-famille n'est toujours pas intégrée au quotidien des familles.

---

19. Pour s'en convaincre, il suffit de lire le texte de Constance Backhouse, qui relate le débat médiatique engendré par la décision de la juge L'Heureux-Dubé à la suite de l'affaire *R. c. Ewanchuk*, [1999] 1 R.C.S. 330. Ewanchuk fut reconnu coupable d'agression sexuelle par la Cour suprême qui reconnut qu'il n'y avait pas place dans le droit canadien pour une doctrine dite du « consentement implicite » de la victime d'une telle agression. Par suite de la décision de la Cour suprême, le juge McClung de la Cour d'appel de l'Alberta, qui avait accepté la défense de « consentement implicite » de la victime d'une agression sexuelle en la blâmant pour exonérer l'agresseur en des propos sexistes, écrivit une lettre ouverte dans le *National Post* pour critiquer et attaquer la juge L'Heureux-Dubé allant jusqu'à prétendre que les convictions féministes de la juge pourraient être responsables de « disparate (and growing) number of male suicides being reported in the Province of Quebec ». Les journaux ont publié de nombreux articles critiquant les positions féministes de la juge, les disant parfois même radicales. À la suite de deux plaintes, le juge McClung fut blâmé par le Conseil de la magistrature et la juge L'Heureux-Dubé exonérée. Voir Constance BACKHOUSE, « Chilly Climate for Women Judges : Reflections on the Backlash from *Ewanchuk* », dans Marie-Claire BELLEAU et François LACASSE (dir.), *Claire L'Heureux-Dubé à la Cour suprême du Canada 1987-2002*, Montréal, Wilson & Lafleur, 2004, p. 521.

Dans un avis récents[20], le Conseil du statut de la femme reconnaît qu'il existe encore une discrimination marquée à l'égard des femmes québécoises :

> Les femmes disposent, en moyenne, d'un revenu inférieur à celui des hommes. En 2000, leur revenu total moyen correspond à 64,3 % de celui des hommes, selon les données du recensement de 2001 (Statistique Canada 2001). On constate, de plus, que 61,5 % d'entre elles ont obtenu un revenu moyen inférieur à 20 000 $, ce qui a été le cas de 40,3 % des hommes cette année-là. En 2001, les gains moyens d'emploi s'élèvent à 69,1 % de ceux des travailleurs, et ce pourcentage atteint 77,9 %, lorsque seules les personnes travaillant toute l'année à temps plein sont retenues, comme on l'a déjà vu. Dans le cas de ce dernier groupe, on explique généralement l'écart entre les gains moyens des femmes et ceux des hommes par plusieurs facteurs (durée de la semaine de travail, professions occupées et secteurs d'activité, années d'expérience de travail, etc.). Cependant, la plupart des études reconnaissent qu'une partie de cet écart reste inexpliquée et peut être attribuée à la discrimination.

L'infériorité des gains moyens des femmes se vérifie dans toutes les tranches d'âge ; c'est dans le groupe des 20 à 24 ans que les gains moyens des femmes se rapprochent le plus de ceux des hommes (86,1 %), mais l'écart se creuse déjà à partir du groupe des 25 à 34 ans (67,7 %). Ces statistiques reflètent sans conteste l'influence des responsabilités parentales que les femmes commencent à assumer, à ce moment, bien que les études sur l'insertion des diplômés dans le marché du travail montrent également que les jeunes hommes, dans plusieurs domaines de formation, se tirent mieux d'affaire que les jeunes femmes, en ce qui a trait aux postes obtenus et aux salaires. Il semble donc que les avancées remarquables que les femmes ont réalisées sur le plan de la scolarisation ne produisent pas toujours leurs effets dans la sphère publique.

Les écarts de revenu entre les hommes et les femmes se reflètent également dans la protection sociale acquise durant la vie active et en vue de la retraite. Les prestations touchées par les femmes, en cas de chômage, d'accident du travail, de maladie ou à la retraite, sont en moyenne inférieures à celles reçues par les travailleurs. Enfin, lorsqu'elles sont à la tête d'une famille monopa-

---

20. CONSEIL DU STATUT DE LA FEMME, *Vers un nouveau contrat social pour l'égalité entre les femmes et les hommes*, Avis, 2004, <www.csf.gouv.qc.ca>.

rentale, quand elles vivent seules, à plus forte raison si elles sont âgées, les femmes se retrouvent plus souvent que les hommes en situation de faible revenu.[21]

Peu de juristes québécois ont étudié la situation juridique des femmes québécoises dans une perspective féministe, alors que les auteurs des provinces de common law l'évoquent souvent pour l'étude de problèmes juridiques impliquant directement les femmes[22]. Marie-Claire Belleau fait aussi ce constat en ces termes :

> L'imperméabilité du droit d'héritage civiliste à la critique féministe, par opposition à sa consœur de common law, constitue l'entrave la plus grande et la plus sérieuse à la reconnaissance scientifique de l'analyse féministe du droit de tradition française. S'agit-il de l'étanchéité classique du droit français et du droit civil en général à la critique ? Est-ce encore et toujours la place prépondérante du positivisme formaliste civiliste qui éclipse sa propre perspective politique, écartant ainsi toute autre idéologie qui diffère et remet en cause la sienne ? Et que dire des divergences théoriques consacrées qui marquent les cultures juridiques de droit civil et de common law ? Voilà autant d'hypothèses pouvant expliquer l'absence d'une approche critique du droit et plus précisément de l'analyse juridique féministe en territoire civiliste.
>
> [...] Les auteures américaines, anglaises, australiennes et canadiennes (pour ne nommer que celles-là) explorent tous les sujets du droit et ses institutions ainsi que les fondements politiques et philosophiques, autant du droit privé que du droit public, en commençant par remettre en question cette dichotomie fondamentale.[23]

---

21. *Ibid.*, p. 25-26.
22. Il faut noter que le droit de la famille, en général, est longtemps resté quasi ignoré des auteurs universitaires, les publications à ce titre étant incomparablement moins nombreuses que celles des autres domaines du droit. C'est à cause de l'augmentation impressionnante de femmes dans le domaine du droit que l'intérêt pour le droit familial a explosé. Aux États-Unis, ce sont les intellectuel(le)s féministes qui ont attiré l'attention sur le droit de la famille en utilisant la méthodologie appliquée aux sciences sociales. C'est à Lenore J. Weitzman, une sociologue, que revient le mérite d'avoir suscité l'intérêt des juristes pour le droit familial, par son ouvrage *The Divorce Revolution : The Unexpected Social and Economic Consequences for Women in America*, New York, Free Press, 1985. Voir aussi, à ce sujet, June CARBONE, *From Partners to Parents : The Second Revolution in Family Law*, New York, Columbia, 2000.
23. M.-C. BELLEAU, *loc. cit.*, note 15, p. 4-5.

Le Québec, avec sa tradition civiliste, veut se différencier des autres provinces canadiennes, et il est vrai qu'à certains égards, on peut constater des différences sociales importantes qui peuvent justifier des conceptions légales distinctes. Qu'il suffise de rappeler que ce n'est qu'au Québec que les femmes conservent leur nom de naissance après le mariage, et ce, depuis plus de 20 ans[24]. Aussi, c'est presque la moitié des couples canadiens non mariés qui vivent au Québec. Sachant que le Québec est la seule province du Canada qui n'impose aucune obligation légale quant aux relations interpersonnelles des membres de ces couples, je crois intéressant de chercher à savoir s'il n'y aurait pas d'autres justifications à cette situation que le simple fait du rejet de l'institution du mariage et du libre choix des individus de vivre sans contrainte légale.

Pour une approche différente de cette situation, j'ai choisi la perspective des femmes comme méthode d'analyse, car c'est du droit des femmes qu'il est question ici ou plutôt de leur absence de droits. L'auteure Katharine T. Bartlett propose cette approche sous le vocable de *Asking the Woman Question* :

> In law, asking the woman question means examining how the law fails to take into account the experiences and values that seem more typical of women than men, for whatever reason, and how existing standards and concepts might disadvantage women.[25]

Elle ajoute que, sans la perspective féministe, les différences associées aux femmes sont tenues pour acquises, évitées et servent de justification pour les désavantager. Elle souligne, comme plusieurs féministes l'ont fait, que ces différences ne résultent pas de la condition même des femmes mais bien des institutions sociales et de la conception de leurs rôles dans la famille, le milieu de travail, dans le cadre de la maternité, etc.[26]. Elle énumère ensuite différentes méthodes d'analyse, et je retiendrai celle qu'elle nomme *Feminist Practical Reasoning* :

> Feminist practical reasoning builds upon the traditional mode of practical reasoning by bringing to it the critical concerns and values reflected in other feminist methods, including the woman

---

24. Art. 393 du *Code civil du Québec*, entré en vigueur en 1980.
25. Katharine T. BARTLETT, « Feminist Legal Methods », (1990) 103 *Harvard Law Review* 829. Voir aussi Katharine T. BARTLETT, Rosanne KENNEDY (éd.), *Feminist Legal Theory*, Boulder, Westview, 1991.
26. *Ibid.*, p. 552.

question. The classical exposition of practical reasoning takes for granted the legitimacy of the community whose norms it expresses, and for that reason tends to be fundamentally conservative. Feminist practical reasoning challenges the legitimacy of the norms of those who claim to speak, through rules, for the community.[27]

En fait, elle suggère de prendre en considération, dans l'analyse, certains faits essentiels à une meilleure compréhension du problème soulevé pour une plus grande diversité de perspectives. Cette approche donne un nouveau sens à la *rationalité*, en y intégrant de nouveaux éléments intellectuels et émotifs, qui autrement seraient ignorés. Bartlett propose aussi l'approche *consciousness-raising* :

Consciousness-raising is an interactive and collaborative process of articulating one's experiences and making meaning of them with others who also articulate their experiences.[28]

Catharine A. MacKinnon utilise aussi cette approche méthodologique et la définit comme suit :

Consciousness raising is a face-to-face social experience that strikes at the fabric of meaning of social relations between and among women and men by calling their givenness into question and reconstituting their meaning in a transformed and critical way. The most apparent quality of this method is its aim of grasping women's situation as it is lived through. The process identifies the problem of women's subordination as a problem that can be accessed through women's consciousness, or lived knowing, of her (?) situation. This implicitly posits that women's social being is in part constituted or at least can be known through women lived-out view of themselves. Consciousness raising attacks this problem by unraveling and reordering what every woman "knows" because she has lived it, and in so doing forms and reforms, recovers and changes, its meaning.[29]

J'utiliserai donc ces méthodes pour l'analyse du sujet[30]. Il me semble important d'adopter le point de vue, trop longtemps ignoré,

----

27. *Ibid.*, p. 553.
28. *Ibid.*, p. 556.
29. Catharine A. MacKINNON, *Toward a Feminist Theory of the State*, Massachusetts, Harvard University Press, 1989, p. 95-96.
30. Sur la méthodologie de l'analyse féministe, on peut aussi consulter les auteurs suivants : Hilary CHARLESWORTH, « Feminist Methods in International Law », (1999) 93 *American Journal of International Law* 379 ; Mari MATSUDA, « When the First Quail Calls : Multiple Consciousness as Jurisprudential Method »,

des femmes car ce sont presque toujours elles qui risquent d'être désavantagées financièrement à la rupture d'un couple hors mariage. L'analyse féministe peut être abordée à travers diverses approches, que je définirai maintenant.

1.2   Les types d'approches féministes

1.2.1 L'approche féministe libérale

L'approche féministe libérale utilise le concept d'égalité des femmes et des hommes. C'est le concept qui fut employé pour rechercher l'égalité dans l'emploi ou l'accès égal à l'éducation :

> For instance, liberal feminism has in the past been defined as that branch of feminism which is centrally concerned with the attainment of equal rights and opportunities, especially in employment and education, as the primary way to promoting the individual potential of women to the same degree as is already enjoyed by men. However liberal feminism has broken the boundaries of traditional liberal thought insofar as it recognizes the need to think carefully about the social structures which reinforce the subordination of women in various ways.[31]

C'est au féminisme libéral que l'on doit la position adoptée par le Conseil du statut de la femme, en 1979, selon laquelle créer une obligation alimentaire pour les couples non mariés irait à l'encontre du principe d'égalité et d'autonomie de l'individu[32] en lui imposant des

---

(1989) 11 *Women's Rights Law Journal* 7 ; Martha MINOW, « Feminist Reason : Getting it and Losing it », (1988) 38 *Journal of Legal Education* 47 ; Martha NUSSBAUM, *Women and Human Development : the Capabilities Approach*, New York, Cambridge University Press, 2000, chapter 1 ; Ruthann ROBSON, « Beginning From (My) Experience : The Paradoxes of Narrative », dans *Shappo Goes to Law School*, New York, Columbia University Press, 1998, p. 87-111 ; Shauna VAN PRAAGH, « Stories in Law School : An Essay on Language, Participation, And the Power of Legal Education », (1992) 2 *Columbia Journal of Gender and Law* 111 ; Heather Ruth WISHIK, « To Question Everything : The Inquiries of Feminist Jurisprudence », (1985) 1 *Berkeley Women's Law Journal* 64.

31. Margaret DAVIES, « Feminisms », dans *Asking the Law Question*, Sydney, Law Book, 1994, p. 174. Au sujet du féminisme libéral, voir aussi : Alison JAGGAR, « The Politics of Liberal Feminism », dans *Feminist Politics and Human Nature*, New Jersey, Rowman & Allanheld, 1983 ; Tracey HIGGINS, « Reviving the Public/Private Distinction in Feminist Theorizing », (2000) 75 *Chicago-Kent Law Review* 847 ; Wendy WILLIAMS, « Equality's Riddle : Pregnancy and the Equal Treatment/Special Treatment Debate », (1984/85) 13 *New York University Review Law and Social Change* 325.

32. CONSEIL DU STATUT DE LA FEMME, *op. cit.*, note 3.

obligations auxquelles il n'aurait pas souscrit. On reconnaît de ce fait qu'il y aurait là un avantage pour les femmes, et donc inégalité pour les hommes et cela même s'il était reconnu que les conjointes de fait vivaient alors souvent dans la pauvreté après la séparation[33] (encore davantage à cette époque compte tenu du peu de protection légale dont disposaient les femmes, même mariées, après une séparation). Le concept d'égalité a permis d'obtenir des droits importants pour les femmes, dans certains domaines, au début du féminisme en utilisant un argument indéniable. Par contre, en matière familiale, le concept d'égalité doit être remis en question dans la mesure où la famille constitue la structure sociale parfaite dans laquelle les femmes ont historiquement été placées en contexte de subordination[34] et maintenues ainsi sous le prétexte de l'ordre privé, donc du domaine de la non-intervention de l'État. Cette idéologie de la non-intervention de l'État dans les affaires familiales, dites privées, fait porter aux membres de la famille la seule responsabilité de leur situation personnelle, comme l'explique Regina Graycar :

> In discussions of the privacy of marital relations or of the boundaries of state intervention, the home, the family and the married couple remain an entity that is taken for granted. The couple is a unit, a black box, into which the law does not purport to peer. What goes on inside the box is not perceived as the law's concern. The belief is that it is for family members to sort out their personal relationships. What this overlooks is the power inequalities inside the family which are of course affected by structures external to it. This ideology of privacy and non-intervention has been articulated by legislators, by the judiciary and by legal scolars.[35]

Cette idéologie libérale véhiculée par le Conseil du statut de la femme, et constamment reprise depuis au sujet de l'encadrement légal des rapports entre conjoints de fait[36], est basée sur deux conceptions très préjudiciables à la cause des femmes :

- La première est la reconnaissance exclusive de la cellule familiale traditionnelle dans le mariage et, par conséquent, le refus de consi-

---

33. COMMISSION DES SERVICES JURIDIQUES, *op. cit.*, note 4.
34. Margaret DAVIES, *op. cit.*, note 31, p. 190, qui affirme « Feminist critiques of liberal thought have pointed out that the family is one of the central spheres of "women's oppression" ».
35. Regina GRAYCAR, « The Public/Private Dichotomy », dans Regina GRAYCAR, Jenny MORGAN (éd.), *The Hidden Gender of Law*, 2nd ed., Sydney, Federation Press, 2002, p. 169.
36. Voir à ce sujet : C.P. PRÉMONT et M. BERNIER, *loc. cit.*, note 5, où les auteures reprennent les mêmes arguments d'égalité et d'autonomie des femmes sans égard pour le contexte social dans lequel elles vivent.

dérer les autres structures familiales comme socialement accepta-
bles, et les femmes qui y adhèrent comme pouvant avoir des
besoins ;

- La deuxième est l'*a priori* de l'autonomie totale des femmes dans ce
  discours, en vertu duquel il est considéré que les femmes qui vivent
  en union de fait font ce choix en toute connaissance de cause et
  qu'elles sont autonomes financièrement.

C'est ainsi que l'on justifie que l'État n'a pas à prendre en considération la situation des femmes qui vivent en union de fait. Mais
comme Martha Minow le fait très justement remarquer, le droit
impose toujours des conséquences dans ce genre de situations et cela
même par son inaction[37].

L'auteure Ngaire Naffine pose ainsi la question de l'autonomie
des femmes dans le droit :

> Legal feminists have scrutinised some of the most fundamental
> philosophical problems bedeviling law. Perhaps the most basic
> problem is that associated with the fact of their own existence as
> active and vocal women who speak of female oppression and it
> concerns human agency. The conundrum is the well-worked one
> of free will versus determinism. How determined are women by
> their oppressive legal circumstances ? Is the feminist argument
> that female agency is damaged by law overstated and what merit
> is there in the orthodox liberal view that we are now all active and
> equal players in the law ?[38]

Naffine considère ici le concept de « sujet légal autonome ».
Citant William Blackstone, elle aborde la dichotomie entre *privé* et
public, constatant que ce « sujet légal autonome » semble bien plus
libre dans la sphère privée de sa vie :

> Blackstone wrote of "the natural liberty of mankind" which "con-
> sists properly in the power of acting, as one thinks fit, without
> any restraint and control, unless by the law of nature". To
> Blackstone "every man, when he enters into society, gives up part
> of his natural liberty, in consideration of receiving the advan-
> tages of mutual commerce".[39]

---

37. « The law always prescribes consequences for particular relationships, even by its
    inaction » : Martha MINOW, « Interpreting Rights : An Essay for Robert Cover »,
    (1987) 96 *Yale Law Journal* 1860-1888.
38. Ngaire NAFFINE, « In praise of Legal Feminism », (2002) 22 *Legal Studies* 71-81.
39. *Ibid.*, p. 83.

La contribution des féministes a donc été, comme le dit Naffine, de tenter de définir autrement ce « sujet légal autonome » qui n'est ni homme, ni femme, mais d'un genre neutre et ce, afin qu'il tienne compte davantage de la spécificité des femmes et même de la multiplicité des acteurs légaux. Elles n'y sont pas encore parvenues, et Naffine conclut que le droit tient encore davantage compte de la situation générale des hommes comme étant celle de l'acteur légal qu'on souhaiterait neutre :

> Feminists may therefore concede the creative and supple nature of personality as a legal device, while still insisting that it is not at present neutral as between men and women. Rather, men do better in law and law still has great difficulty in accommodating aspects of women's lives, because it still harbours an idea of a certain sort of autonomous individuated male as the ideal rightsholder. Men therefore tend to live fuller legal lives in more enriching legal relationships, at least materially so. Their characteristic way of life, their sex and their (hetero) sexualities make more sense in law. The legal form of life has been constituted by a certain type of male whose qualities have shaped the idea of what a legal actor should be like. Legal positivists simply cannot keep their legal language pure and apolitical.[40]

Ce « sujet légal autonome » hante notre droit et on en trouve facilement le reflet dans la jurisprudence canadienne. Ainsi, la Cour suprême du Canada a rendu quelques décisions importantes à propos de la discrimination en regard de l'état matrimonial. En décembre 2002, la cour réitère l'approche libérale conservatrice concernant le concept d'égalité en regard des conjoints de fait et des gens mariés. Dans l'affaire *Procureur général de la Nouvelle-Écosse* c. *Walsh et Bona*[41], le couple Walsh-Bona avait vécu en union de fait pendant 10 ans, union de laquelle sont nés deux enfants. Après la séparation, madame Walsh, qui n'avait pas travaillé depuis plusieurs années, s'est retrouvée totalement dépourvue et a demandé au tribunal de la Nouvelle-Écosse de déclarer inconstitutionnelle, comme contraire à l'article 15(1) de la *Charte canadienne des droits et libertés*[42], la définition de « conjoint » dans la *MPA*[43]. Cette loi vise le partage des biens matrimoniaux des conjoints mariés, et madame Walsh prétendait que l'exclusion des conjoints de fait de l'application de cette loi la privait de la présomption de partage égal des biens de son conjoint et était donc discriminatoire à l'égard des conjoints de fait, en portant

---

40. N. NAFFINE, *loc. cit.*, note 38, p. 100.
41. *Procureur général de la Nouvelle-Écosse* c. *Walsh et Bona*, précité, note 9.
42. L.R.C. (1985), App. II, n° 44.
43. Précitée, note 10.

atteinte à la dignité de ces personnes. La Cour suprême de la Nouvelle-Écosse[44] refusa sa prétention, mais la Cour d'appel de la Nouvelle-Écosse[45] a considéré les dispositions pertinentes de la *MPA*[46] comme inconstitutionnelles :

> Le juge Flinn est arrivé à la conclusion qu'une personne raisonnable se trouvant dans une situation semblable à celle de l'intimée, estimerait que la *MPA*, qui impose une différence de traitement, a pour effet de porter atteinte à la dignité de l'intimée (Walsh), de sorte qu'il en résulte une violation du par. 15(1). À son avis la *MPA* perpétue en fait l'opinion que les conjoints non mariés sont moins dignes d'être valorisés en tant que membres de la société canadienne, ce qui suffit à démontrer une atteinte au par. 15(1).[47]

La décision de la Cour suprême du Canada fut rendue par le juge Bastarache, qui se réfère à l'arrêt *Law* c. *Ministre de l'Emploi et de l'Immigration du Canada*[48], où la Cour a énoncé le test, en trois questions, applicable pour déterminer si une loi contrevient à la garantie d'égalité. Même si l'appelant (Bona) a admis que la *MPA*[49] crée une différence de traitement entre gens mariés et conjoints de fait au sens de l'article 15(1) de la *Charte canadienne des droits et libertés*, et que l'état matrimonial est maintenant reconnu comme un motif pouvant fonder une allégation de discrimination[50], la Cour a refusé de considérer la *MPA*[51] comme discriminatoire pour madame Walsh en analysant les quatre facteurs non exhaustifs établis dans l'arrêt *Law*[52], pour déterminer si une loi porte atteinte à la dignité humaine. Le juge Bastarache pose la question en ces termes :

> À mon sens, l'aspect le plus important de la question n'est pas de savoir si Mme Walsh et M. Bona se trouvaient, au moment du procès, dans une situation semblable à celle des personnes mariées, mais plutôt de se demander si les personnes qui décident de former une union conjugale sans se marier, s'engagent dans cette union aux mêmes conditions que les personnes qui se marient. D'une part, nous sommes en présence de personnes qui choisis-

---

44. (1999) 178 N.S.R. (2d) 151.
45. (2000) 183 N.S.R. (2d) 74.
46. Précitée, note 10.
47. *Procureur général de la Nouvelle-Écosse* c. *Walsh et Bona*, précité, note 9, j. Bastarache, par. 23.
48. [1999] 1 R.C.S. 497, REJB 1999-11412.
49. Précitée, note 10.
50. Et ce, depuis l'arrêt *Miron* c. *Trudel*, [1995] 2 R.C.S. 418, EYB 1995-67430.
51. Précitée, note 10.
52. Précitée, note 48.

sent de se marier et manifestent ainsi leur intention d'assumer les responsabilités et d'acquérir les droits légaux que la *MPA* attribue aux personnes ayant ce statut. Nous sommes, d'autre part, en présence de personnes dont on ne peut présumer qu'elles ont accepté toutes les obligations découlant du mariage....

[...] il faut toujours prendre en compte l'objet et le contexte pour déterminer si la différence est discriminatoire.

[...] j'estime que le tribunal doit être convaincu que l'allégation du demandeur (Mme Walsh), quant à l'effet dégradant que la différence de traitement imposée par la mesure a sur sa dignité, est étayée par une appréciation objective de la situation.[53]

Le juge poursuit ainsi en faisant référence au concept de la *personne raisonnable* et en considérant comme primordiale la liberté de choix (choix conscient) des conjoints qui refusent de se marier. Aussi, distinguant cette affaire de celle de l'arrêt *Miron*[54], où la Cour a jugé inconstitutionnelle une loi réservant des bénéfices d'assurance exclusivement aux conjoints mariés, le juge dit :

La distinction discriminatoire en cause dans *Miron* touchait les rapports du couple, vu comme une entité, avec les tiers. L'état matrimonial du couple n'aurait dû avoir aucune incidence sur l'admissibilité aux prestations.[55]

Ainsi, par des arguments tenant du libéralisme, comme le concept d'*égalité*, et même s'il n'est pas ici appliqué aux traitements entre hommes et femmes mais plutôt comme indice de comparaison des situations de groupes de personnes comme *femmes mariées* et *conjointes de fait*, on en est venu à exclure totalement de la sphère publique l'examen des rapports interpersonnels vécus par les conjointes de fait et leur conjoint, si nombreux au Québec.

Margaret Davies explique que la théorie libérale donne une place importante à la liberté dans la sphère privée en excluant l'intervention de l'État dans les rapports interpersonnels qui n'affectent pas les tiers :

In particular liberal thought has traditionally defended freedom in the "private" realm, where it is assumed, a person's actions will

---

53. *Procureur général de la Nouvelle-Écosse c. Walsh et Bona*, précité, note 9, par. 35 et 36.
54. Précitée, note 50.
55. *Procureur général de la Nouvelle-Écosse c. Walsh et Bona*, précité, note 9, par. 53.

not affect others in the same way that they will in public : the "private", notwithstanding the problems of defining it, must therefore be protected from interference by the state.[56]

Il me semble pourtant discutable d'exclure l'intervention de l'État quant aux rapports économiques entre conjoints qui risquent d'être à sa charge, à défaut par l'un d'eux d'assumer des responsabilités financières qui devraient lui incomber. Par l'utilisation et la référence à des concepts légaux clairement identifiés comme étant de conception masculine comme *la personne raisonnable*, qui était connue jusqu'à tout récemment encore dans le vocabulaire juridique comme *l'homme raisonnable*, comme *l'autonomie de la volonté* et *la liberté de choix*, on en arrive à argumenter, croire et transmettre l'idée que si ces femmes sont dans une situation financière frôlant la pauvreté à la rupture du couple, c'est en toute connaissance de cause, par choix et librement qu'elles y sont parvenues. Et c'est ainsi que le féminisme libéral ne fait que reproduire des valeurs masculines et ne permet pas d'ébranler suffisamment le monopole masculin :

> What liberal feminism does not confront is the liberal world-view itself, and the way society is accordingly organized.[57]

En concluant vitement et sans analyse du contexte social, que ces couples choisissent de ne pas se marier par refus d'un cadre juridique pour leurs rapports privés et par libre choix, on évite de se poser des questions essentielles sur la réalité que vivent ces femmes, par exemple :

- Choisissent-elles vraiment de ne pas se marier ou subissent-elles la décision d'un conjoint qui, lui, n'y voit assurément aucun avantage ? Ainsi, il faut être deux pour se marier et le refus de l'un, emporte le choix de l'autre.

- Ce *choix* est-il éclairé ? Savent-elles qu'aucune loi ne régit les rapports personnels des conjoints de fait ? Confondent-elles droit civil et droit social du fait que plusieurs lois à caractère social, comme la *Loi sur l'assurance automobile*[58] ou la *Loi sur le régime de rentes du Québec*[59], ont été uniformisées pour accorder les mêmes droits aux conjoints de fait qu'aux gens mariés ?

---

56. M. DAVIES, *op. cit.*, note 31, p. 179.
57. *Ibid.*, p. 190.
58. L.R.Q., c. A-25.
59. L.R.Q., c. R-9.

- Connaissent-elles les protections financières liées aux obligations du mariage lorsque survient une rupture, tel le partage du patrimoine familial, l'obligation de support mutuel ou obligation alimentaire ?

- Savent-elles que rien ne leur permet d'obtenir l'éviction de leur conjoint du domicile familial en cas de séparation (à moins qu'elles soient seules propriétaires de l'immeuble) et qu'elles ne peuvent obtenir un droit d'habitation de l'immeuble, droit qu'elles auraient en vertu de la *Loi sur le divorce*[60], même si le conjoint est seul propriétaire de l'immeuble ?

- Savent-elles qu'à défaut de testament, elles ne sont même pas héritières légalement de leur conjoint à son décès ?

- Sont-elles totalement désintéressées des questions de lois et de contrats ?

- Ont-elles une conception exclusivement romantique de leur union, loin de toutes considérations économiques ?

En fait, on peut certainement se demander : mais d'où vient cette assertion que les femmes qui vivent en union de fait en font une question de libre choix et d'autonomie, et qu'il s'agit de l'expression du refus de se marier ? Quelles en sont les conséquences à la rupture d'un couple moyen de conjoints de fait où la femme gagne un revenu inférieur à celui de son conjoint qui assume une plus grande part des dépenses familiales ? L'approche féministe nous invite à remettre les choses en question et, en les envisageant dans cette perspective, on peut certainement douter qu'une femme refuserait de se marier, pour respecter son autonomie, dans les circonstances suivantes :

- si, comme dans la majorité des couples, son conjoint gagne un revenu supérieur au sien ;

- si, en outre, elle a des enfants de cette union, ou projette d'en avoir ;

- si elle est informée de l'état du droit actuel, tant en regard des couples mariés que des conjoints de fait ;

- si, comme dans la majorité des couples, elle consacre davantage de temps aux responsabilités familiales que son conjoint et que cela a

---

60. Précitée, note 8.

des conséquences sur sa situation financière, ses perspectives de carrière, sa sécurité à la retraite ou sa santé ;

• si son conjoint lui propose le mariage !

Le féminisme libéral fut très critiqué[61] pour ne pas tenir suffisamment compte des valeurs propres aux femmes :

> In positing a single, abstract, sexless bearer of rights before the law, liberal jurisprudence, they argued, simply masked the fact that maleness was taken as the human norm ; in short, that the legal subject was a male subject. With the subject identified as gendered it became clear to many feminists that reasoning in terms of equality and rights could not sustain the objectivity and neutrality of law, and why a feminist politics of legal reform had to be grounded upon norms reflecting values and ideals which represented the female sex.[62]

Une analyse fondée sur une conception féministe plus radicale peut-elle nous apporter un autre éclairage ?

---

61. Les théories féministes se sont beaucoup développées autour des questions de genre (*gender*), d'*identité* (*identity*) et de *racisme*, et on peut lire sur ces sujets : Brenda COSSMAN, « Turning the Gaze Back on Itself : Comparative Law, Feminist Legal Studies, and Post-colonial Project », (1997) 2 *Utah Law Review Society* 525 ; Kimberlé CRENSHAW, « Mapping the Margins : Intersectionality, Identity Politics, and Violence against Women of Color », (1991) 43 *Stanford Law Review* 1241 ; Margaret DAVIES, « Taking the Inside Out », dans Ngaire NAFFINE et Rosemary J. OWENS (éd.), *Sexing the Subject of Law*, Sydney, Law Book, 1997 ; Nitya DUCLOS, « Lessons of difference : Feminist Theory on Cultural Diversity », (1990) 38 *Buffalo Law Review* 325 ; Parvin GHORAYSHI, « Women in Developing Countries : Methodological and Theoretical Considerations », (1996) 16 *Women and Politics* 89 ; Angela P. HARRIS, « Race and Essentialism in Feminist Legal Theory », (1990) 42 *Stanford Law Review* 581 ; Iris Marion YOUNG, « Dilemmas of Gender, Political Philosophy, and Policy », dans *Intersecting Voices*, New Jersey, Princeton University Press, 1997. Sur les questions liées à l'homosexualité (*Queer Theory*), et au transsexualisme (*Transgender Theory*), on peut consulter : Judith BUTLER, *Bodies that Matter : on the discursive limits of "sex"*, New York, Routledge London, 1993 ; Margaret DAVIES, *Asking the Law Question*, Sydney, Law Book, 1994, p. 243-249 ; Eve SEDGWICK, *Epistemology of the Closet*, New York, Penguin, 1994 ; Andrew SHARPE, « Scientia (Trans)sexualis », dans *Transgender Jurisprudence : Dysphoric Bodies of Law*, London & Sydney, Cavendish Publishing, 2002 ; Andrew SHARPE, « Transgender Jurisprudence and the Spectre of Homosexuality », (2000) 14 *Australia Feminist Law Journal* 23-37 ; Carl STYCHIN, « Towards a Queer Legal Theory », dans *Law's Desires : Sexuality and the Limits of Justice*, London & New York, Routledge, 1995, p. 140-156.
62. Maria DRAKOPOULOU, « The Ethic of Care, Female Subjectivity and Feminist Legal Scholarship », (2000) 8 *Feminist Legal Studies* 199-212.

1.2.2 L'approche féministe radicale

Catharine A. MacKinnon, professeure de droit à l'Université du Michigan et auteure prolifique, reste de loin la féministe radicale la plus influente. Elle définit cette approche particulière ainsi :

> The dominance approach, in that it sees the inequalities of the social world from the standpoint of the subordination of women to men, is feminist.[63]

Margaret Davies expose cette approche de la façon suivante :

> Those who know can use their knowledge to their own ends. More recent thought on this matter, including that of radical feminists and postmodernists of all varieties, suggests that the inverse is also the case : that the conditions of what counts as "knowledge" are in facts determined by relations of power. The structures and institutions which control society determine what is "true" and what is not. What feminists have pointed out, often in conjunction with detailed explanations of the forms of male power and the way in which the (male) culture defines women, is that the definitions we occupy are socially (not biologically) male, and that this is related to the empirical fact that men have power over women. It is men who traditionally have taken the position of knowers, and one of the things men have "known" is women.[64]

C'est une critique du féminisme libéral que Davies formule, avant de suggérer une approche plus radicale :

> They are, briefly, that liberal feminism ultimately accepts male and not neutral standards and values as appropriate goals for

---

63. Catharine A. MacKINNON, « Difference and Dominance : On Sex Discrimination », dans *Feminism unmodified*, Cambridge, Massachusetts, Harvard University Press, 1987, p. 32-43. Voir aussi de Catharine A. MacKINNON, « Feminism, Marxism, Method and the State – Toward Feminist Jurisprudence », dans Sandra HARDING (éd.), *Feminism and Methodology*, Bloomington, Indiana Press, 1987 et *Only Words*, Cambridge, Massachusetts, Harvard University Press, 1993. Sur le féminisme radical, voir aussi : Nadine STROSSEN, « A Feminist Critique of "The" Feminist Critique of Pornography », dans Kelly WEISBERG (éd.), *Application of Feminist Legal Theory to Women's Lives : Sex, Violence, Work, and Reproduction*, Philadelphia, Temple University Press, 1996 ; Carl STYCHIN, « The Porn Wars », dans *Law's Desires : Sexuality and the Limits of Justice*, London and New York, Routledge, 1995 ; Alison YOUNG, « The Waste Land of the Law : The wordless Song of the Rape Victim », (1998) 22 *Melbourne University Law Review* 442.

64. M. DAVIES, *op. cit.*, note 31, p. 176.

women, and secondly, that it is necessary to combat not only empirical and formal discrimination in order for women to attain full status as individuals, but more crucially, the cultural association of certain values with men.[65]

Pierre Bourdieu parle d'une « violence symbolique » :

La domination masculine trouve ainsi réunies toutes les conditions de son plein exercice. La préséance universellement reconnue aux hommes s'affirme dans l'objectivité des structures sociales et des activités productives et reproductives, fondées sur une division sexuelle du travail de production et de reproduction biologique et sociale qui confère à l'homme la meilleure part, et aussi dans les schèmes immanents à tous les habitus : façonnés par des conditions semblables, donc objectivement accordés, ils fonctionnent comme matrice des perceptions, des pensées et des actions de tous les membres de la société, transcendantaux historiques qui, étant universellement partagés, s'imposent à chaque agent comme transcendants. En conséquence, la représentation androcentrique de la reproduction biologique et de la reproduction sociale se trouve investie de l'objectivité d'un sens commun, entendu comme consensus pratique, doxique, sur le sens des pratiques. Et les femmes elles-mêmes appliquent à toute réalité, et, en particulier, aux relations de pouvoir dans lesquelles elles sont prises, des schèmes de pensée qui sont le produit de l'incorporation de ces relations de pouvoir et qui s'expriment dans les oppositions fondatrices de l'ordre symbolique. Il s'ensuit que leurs actes de connaissances sont, par là même, des actes de reconnaissance pratique, d'adhésion doxique, croyance qui n'a pas à se penser et à s'affirmer en tant que telle, et qui « fait » en quelque sorte la violence symbolique qu'elle subit.[66]

Bourdieu ajoute que mettre l'accent sur la violence symbolique ne veut pas dire minimiser le rôle de la violence physique. Il refuse cependant qu'elle s'entende exclusivement par opposition à réelle, effective et qu'alors elle serait une violence purement « spirituelle » et, en définitive, sans effet réel[67]. Il cherche ainsi à faire place dans la théorie à l'objectivité de l'expérience subjective des relations de domination[68]. Ainsi, comment ne pas tenir compte de la place de cette violence symbolique dans l'analyse du comportement, autrement

---

65. M. DAVIES, *op. cit.*, note 31, p. 182.
66. Pierre BOURDIEU, *La domination masculine*, Paris, Éditions du Seuil, 1998, p. 53-54.
67. *Ibid.*, p. 54.
68. *Ibid.*, p. 55.

inexplicable, de ces femmes qui, dans leurs rapports financiers aux hommes avec qui elles partagent leur vie, font souvent des choix allant à l'encontre de leurs intérêts ? Bourdieu ajoute :

> Ainsi, la logique paradoxale de la domination masculine et de la soumission féminine, dont on peut dire à la fois, et sans contradiction, qu'elle est spontanée et extorquée, ne se comprend que si l'on prend acte des effets durables que l'ordre social exerce sur les femmes (et les hommes), c'est-à-dire des dispositions spontanément accordées à cet ordre qu'elle leur impose.[69]

Bourdieu reconnaît la complicité des femmes à la domination masculine en disant que le pouvoir symbolique ne peut s'exercer sans la contribution de ceux qui le subissent et qui ne le subissent que parce qu'ils le *construisent* comme tel[70]. Et c'est ainsi que le féminisme radical suppose que la voix des femmes est tue, comme le dit MacKinnon :

> MacKinnon says that feminism is the "voice of women's silence" and "the centrality of our marginality". Feminism is thought which tries to start with the voices of women. Radical feminism is feminism "unmodified" because it is not a male-authored theory or perspective simply applied to women.
>
> [...] MacKinnon recognizes that reality is shaped by ideology, and that what women "see" is determined by the "truth" constructed by the male power. The starting point seems to be not an authentic women's experience, but rather whatever it is that we, as women, can use.[71]

C'est en contestation de l'ouvrage de Carol Gilligan, « In a Different Voice »[72], qui a posé clairement les différences dans le mode de pensée des hommes et des femmes (lesquelles seraient investies de véritables qualités morales, comme la faculté du *care*), que MacKinnon a élaboré la façon dont elle conçoit qu'en fait, les femmes sont réduites au silence dans notre société :

> Further, when you are powerless, you don't just speak differently. A lot, you don't speak. Your speech is not just differently articulated, it is silenced. Eliminated, gone. You are not just

---

69. *Ibid.*, p. 59.
70. *Ibid.*, p. 62.
71. M. DAVIES, *op. cit.*, note 31, p. 195.
72. Carol GILLIGAN, *In a Different Voice*, Cambridge, Massachusetts, Harvard University Press, 1982.

deprived of a language with which to articulate your distinctive-
ness, although you are ; you are deprived of a life out of which
articulation might come. Not being heard is not just a function of
lack of recognition, not just that no one knows how to listen to
you, although it is that ; it is also silence of a deep kind, the silence
of being prevented from having anything to say. Sometimes it is
permanent. All I am saying is that the damage of sexism is real,
and reifying that into differences is an insult to our possibili-
ties.[73]

Sa vision radicale de la question féministe l'amène à considérer
la question de l'égalité comme une question de pouvoir et de hiérarchie sociale :

There is an alternative approach, one that threads its way
through existing law and expresses, I think, the reason equality
law exists in the first place. It provides a second answer, a dissi-
dent answer in law and philosophy, to both the equality question
and the gender question. In this approach, an equality question is
a question of distribution of power. Gender is also a question of
power, specifically of male supremacy and female subordination.
The question of equality from the standpoint of what it is going to
take to get it, is at root a question of hierarchy, which – as power
succeeds in constructing social perception and social reality –
derivatively becomes a categorical distinction, a difference.[74]

La lecture de l'affaire *Procureur général de la Nouvelle-Écosse* c.
Walsh et Bona[75] ne fait que confirmer la puissance de cette hiérarchie, et plus encore lorsqu'on prend connaissance des commentaires
du juge Gonthier, qui non seulement souscrit aux motifs du juge Bastarache, plus amplement énoncés ci-dessus, mais réitère la primauté
d'une des institutions de base de notre société, qui est d'ailleurs un
modèle de cet ordre social dominant : le mariage et ce, en ces termes :

Je souscris aux motifs du juge Bastarache. Toutefois, je tiens
à ajouter quelques commentaires pour souligner l'importance,
pour les personnes et pour la société, du choix de contracter
mariage.

[...] Le mariage et la famille existent depuis bien avant qu'un
législateur quelconque décide de le réglementer. Depuis des
siècles, ils jouent un rôle primordial dans la société en contri-

---

73. C. MacKINNON, *Feminism unmodified, op. cit.*, note 63, p. 39.
74. *Ibid.*, p. 40.
75. *Procureur général de la Nouvelle-Écosse* c. *Walsh et Bona*, précité, note 9.

buant à sa cohésion et à sa structure fondamentale (voir *The New Encyclopaedia Britannica* (15e éd. 1990), vol. 19, p. 59-83). Selon le professeur J. Pineau, « L'État ne peut pas se désintéresser du mariage, car celui-ci assure la stabilité nécessaire à la vie d'une famille : "Pour qu'une république soit bien ordonnée, les principales lois doivent être celles qui règlent le mariage", disait Platon » (J. Pineau, *Mariage, séparation, divorce : L'état du droit au Québec* (1976), p. 16). Le mariage et la famille favorisent le bien-être psychologique, social et économique de tous les membres de l'unité familiale.

[...] Le mariage, un engagement qui est conclu sur la base du caractère permanent et irrévocable, donne une structure à la famille et lui procure la stabilité qui convient le mieux à l'éducation des enfants.

[...] Le mariage et la vie familiale ne sont pas des inventions du législateur, le législateur ne fait que reconnaître leur importance sociale.[76]

Le juge continue son réquisitoire pour le mariage en insistant sur les notions qu'il estime fondamentales : le mariage a un caractère permanent, irrévocable et réciproque ; le mariage est contractuel ; le mariage requiert le consentement libre et éclairé d'un homme et d'une femme. Même s'il distingue la présente affaire par le fait que les lois de la Nouvelle-Écosse protègent, dans une certaine mesure, madame Walsh en établissant une obligation alimentaire de monsieur Bona envers elle (ce qui n'existe pas au Québec, comme nous l'avons vu), il réitère s'opposer fermement à tout partage de biens entre eux, ne leur reconnaissant pas d'engagement contractuel libre et volontaire, par les liens du mariage, à un partage de leurs biens. Ainsi, il ne reconnaît aucun statut à cette union, dans une opinion qui semble punitive et en réprobation d'un choix social qui lui est inacceptable. Mais, s'il est vrai que les conjoints s'engagent volontairement dans le mariage, il faut nécessairement être deux pour s'y engager, et il n'est pas dit que tous ceux qui choisissent de se marier se soumettent en toute connaissance de cause à une loi sur le partage de leurs biens, surtout s'ils ne peuvent y renoncer (au Québec, la *Loi modifiant le Code civil du Québec et d'autres dispositions législatives afin de favoriser l'égalité économique des époux*[77] communément appelée *Loi sur le patrimoine familial* est d'ordre public et impose un

---

76. *Ibid.*, par. 190-192-194.
77. L.Q. 1989, c. 55, modifiée le 22 juin 1990 par L.Q. 1990, c. 18, ci-après appelée *Loi sur le patrimoine familial*, qui introduisait les articles 462.1 à 462.13 C.c.Q. devenus, en 1994, les articles 414 à 426 C.c.Q.

partage de biens entre époux auquel il est impossible de se soustraire). La contrainte légale faite aux couples qui se marient au Québec, par la constitution obligatoire d'un patrimoine familial entre eux, se trouve justifiée par leur consentement au mariage alors qu'une telle contrainte légale serait déraisonnable, selon le juge Gonthier, si elle était appliquée aux conjoints de fait. L'État ne se gêne pas, depuis longtemps, pour imposer aux conjoints de fait les dispositions de plusieurs lois à caractère fiscal et social, alors qu'il a tardé à leur reconnaître les avantages sociaux liés à leur statut, et ce, jusqu'à tout récemment, si bien que les conjoints de fait du Québec sont maintenant sur un pied d'égalité avec les couples mariés à tous égards, sauf à l'égard de leurs rapports économiques interpersonnels.

Il me semble aussi préoccupant que le droit québécois ne reconnaisse qu'un seul type de famille, celle issue du mariage, en faisant fi d'une diversité grandissante de relations conjugales. D'ailleurs la Commission du droit du Canada, dans un rapport transmis à la ministre de la Justice McLellan, le 21 décembre 2001, citait Suzanne Peters comme suit :

> Les hypothèses des 30 dernières années, que les Canadiens et les Canadiennes considéraient comme les pierres angulaires des relations entre des personnes, des familles et des gouvernements, ne tiennent plus. De nouveaux jalons doivent être plantés et un nouveau contrat social est en cours d'élaboration.[78]

et constatait les changements sociaux survenus au Canada de la façon suivante :

> Les Canadiens et les Canadiennes ont toujours formé un large éventail de rapports personnels entre adultes. Bien qu'environ la moitié de la population adulte soit mariée, un grand nombre de Canadiens et de Canadiennes choisissent de constituer des unions homosexuelles ou des unions conjugales non maritales avec une personne du sexe opposé. Il y a également un grand nombre de familles reconstituées, de familles monoparentales, de rapports domestiques non conjugaux et de familles où des enfants adultes habitent au foyer. Les familles dépendantes d'un seul soutien masculin sont rares.[79]

---

78. COMMISSION DU DROIT DU CANADA, *Au-delà de la conjugalité – La reconnaissance et le soutien des rapports de nature personnelle entre adultes*, 2001, p. 2 : <www.cdc.gc.ca>. Introduction, citant Suzanne PETERS, dans « How Families Cope and Why Policymakers Need To Know », Ottawa, Réseaux canadiens de recherche en politiques publiques, 1998.

79. *Ibid.*, p. 8.

La Commission ajoutait :

> Deux valeurs fondamentales devraient guider l'élaboration des politiques gouvernementales ayant une influence sur les rapports personnels étroits entre adultes : l'égalité et l'autonomie.
>
> [...] Premièrement, les gouvernements doivent respecter et promouvoir l'égalité de divers types de rapports – le présent document désigne cette notion par le terme « égalité relationnelle ». Deuxièmement, les gouvernements doivent être attentifs à la nécessité d'assurer l'égalité au sein même des rapports. Nous ne sommes pas encore parvenus à tourner la page sur une longue histoire de réglementation des rapports personnels ayant contribué à la subordination des femmes, des personnes handicapées et d'autres membres de groupes défavorisés. Les politiques de l'État doivent être structurées de façon à éviter la répétition des inégalités basées sur le sexe, la race, les handicaps, l'orientation sexuelle et autres motifs de distinction illicite.[80]

Pourtant l'*égalité* est déjà partie intégrante de la *Charte canadienne des droits et libertés*[81], et c'est l'interprétation jurisprudentielle du concept qui peut être source de discrimination à l'égard des femmes quand des juges lui accolent des valeurs morales qui sont de moins en moins universellement reconnues dans notre société.

Si l'approche féministe radicale nous permet d'analyser la situation des femmes du Québec, qui rejettent le mariage, comme la résultante de l'oppression qu'elles continuent de subir, elle n'apporte pas nécessairement de solution concrète au problème ainsi posé. Cette approche a cependant l'avantage de nous permettre d'aborder la question d'une façon nouvelle, et est sans conteste *consciousness raising*, comme le dit MacKinnon. Une fois posé le principe suivant lequel la famille est une des sphères centrales créatrices de l'oppression des femmes[82] ; que l'égalité est un concept élaboré par et pour les hommes et le plus souvent interprété jurisprudentiellement par eux, et que la plupart des structures sociales sont encore (force est de le constater) construites sur le schéma de la dominance et de la hiérarchie masculines, comment faire en sorte que les choses puissent changer pratiquement pour les femmes du Québec ?

---

80. *Ibid.*, p. 13.
81. Précitée, note 42.
82. M. DAVIES, *op. cit.*, note 31, p. 191.

1.2.3 Le dilemme de la différence

Le féminisme relationnel fut développé par les Américaines Jennifer Nedelsky et Martha Minow, laquelle le conçoit comme le *dilemme de la différence*[83]. Elles se sont d'abord inspirées des travaux de Carol Gilligan[84], psychologue féministe, qui, au début des années quatre-vingt, a élaboré une théorie basée sur la différence relationnelle entre hommes et femmes. Gilligan a développé un concept, la théorie de l'*Ethic of Care*, pour décrire les différences importantes entre le comportement de deux jeunes, garçon et fille, dans la mesure du développement de leur sens moral, bouleversant des connaissances développées par Piaget et Kohlberg. Alors qu'elle a démontré que, très jeune (10-11 ans) le garçon adoptait un mode de pensée calqué sur les mathématiques, déductif et rationnel, par lequel on estimait la maturité de son sens moral, la fille avait une meilleure compréhension des rapports humains qui l'avait fait juger comme moins rationnelle en fonction des échelles de mesures (masculines) jusque-là reconnues. La fille avait une compréhension du monde en fonction de sa préoccupation des autres (le *care*), ce qui échappait tout à fait au garçon, mais qui lui permettait d'avoir non pas un jugement moral inférieur, mais plutôt un jugement moral différent, qu'elle a appelé l'*Ethic of Care*. De là, elle a su développer de nouvelles explications sur les différences de comportement et de jugement hommes/femmes basées sur cette distinction importante.

S'appuyant sur cette théorie, Jennifer Nedelsky l'a développée en une approche dite relationnelle, que la professeure Marie-Claire Belleau définit ainsi :

> L'approche relationnelle tient pour acquis que les individus sont liés les uns aux autres, au lieu de partir de l'idée libérale de l'autonomie. Elle demeure cependant sceptique par rapport à l'organisation sociale qui construit les relations humaines par le biais de catégories immuables, de statuts fixes et de traits assi-

---

83. Martha MINOW, *Making all the difference*, Ithaca, Cornell University Press, 1990.

84. C. GILLIGAN, *op. cit.*, note 72. Voir aussi Ellen C. DUBOIS, Mary C. DUNLAP, Carol J. GILLIGAN, Catharine A. MacKINNON et Carrie J. MENKEL-MEADOW, « Feminist Discourse, Moral Values, and the Law – A Conversation », (1985) 34 *Buffalo Law Review, James McCormick Mitchell Lecture* 39 ; Colleen SHEPPARD, « Caring in Human Relations and Legal Approaches to Equality », (1993) 2 *National Journal of Constitutional Law* 305-345. Pour une critique du féminisme relationnel en regard de sa subjectivité voir : Maria DRAKOPOULOU, « The Ethic of Care, Female Subjectivity and Feminist Legal Scholarship », (2000) 8 *Feminist Legal Studies* 199-226.

gnés ou dont nous avons hérité. Les catégories restent suspectes parce qu'elles dissimulent et déguisent les actes de pouvoir par lesquels ceux qui nomment et décrivent les catégories nient leurs relations et leurs pouvoirs sur celles qu'ils nomment. Les relations de pouvoir souffrent d'une telle inégalité qu'elles permettent à ceux qui nomment, d'ignorer les perspectives des nommées. Puisque les tenantes de la perspective relationnelle considèrent les individus comme étant socialement liés, les différences constituent des commentaires sur les relations sociales, car elles manifestent des comparaisons qui expriment et distribuent le pouvoir. Cette approche suggère que les décideurs, dont les juges, n'imposent pas une « différence » à un groupe, par exemple aux femmes, mais procèdent par une comparaison entre groupes et instituent une hiérarchie de valeurs à certains éléments comparatifs.[85]

Nedelsky, traitant de la citoyenneté, affirme qu'il faut tenir compte et chercher à comprendre la structure des relations qui soustendent les valeurs que nous voulons promouvoir, comme la liberté, l'autonomie et la sécurité :

[...] The self is a fundamentally relational self, which requires constructive relationship for its potential to be fully realized.

[...] What we need to know in each instance is the conditions, the patterns and structures of relations, the institutions and practices that will foster those relations, that together can give effect to the values, such as liberty and autonomy and security, that we think flow from the basic claim of equal moral worth.

[...] Until this work is respected, neither children nor the earth will be properly taken care of. The bifurcation of the world into public and private realms, and the relegation of caretaking to the private, creates a disjuncture between those who make policy and those who know what is essential to policy-making.[86]

C'est ainsi que Nedelsky expose à quel point le concept d'*égalité* est difficile à saisir sans la perspective de la différence : nous ne naissons pas tous égaux en intelligence, force, talent, capacités diverses et, comme citoyens, nous ne vivons pas toujours la situation idéale

---

85. M.-C. BELLEAU, *loc. cit.*, note 15, p. 29.
86. Jennifer NEDELSKY, « Citizenship and Relational Feminism », dans Ronald BEINER et Wayne NORMAN (éd.), *Canadian Political Philosophy*, Oxford and New York, Oxford University Press, 2001, p. 133-135-142.

d'égalité les uns envers les autres, même si nous réclamons l'égalité formelle[87]. Les circonstances que les femmes sont appelées à vivre, particulièrement dans leurs relations d'éducatrices face aux enfants, les prédisposent au développement de relations basées sur le respect et l'autonomie et c'est là une force qu'elles devraient utiliser davantage dans le domaine public, et qu'on a tort de restreindre au domaine privé.

Dans un article paru en 2002, Mary Becker aborde l'opposition entre les théories *de la différence* et les théories radicales de MacKinnon qui, en critiquant les fondements du pouvoir, reproche à Gilligan de les reproduire en exploitant la différence hommes/femmes. Becker propose l'instauration d'un nouvel ordre social moins abstrait que celui basé sur l'égalité. Elle dit, en évoquant à Robin West[88] :

> We need to target both the cultural over-evaluation of masculine qualities and the cultural under-evaluation of feminine qualities, the cultural focus on men and their needs and the concomitant tendency to see women as less than fully human and their injuries or needs *as the result of their own (unfortunate) choices*.[89]

Citant aussi Mona Harrington, inspirée des travaux de Amartya Sen et Martha Nussbaum qui identifient le but premier du gouvernement comme étant la création d'un environnement dans lequel chaque individu se voit donner la possibilité de développer ses dispositions en rapport aux autres, son autonomie et ses compétences, elle affirme l'essentielle importance de promouvoir le bien-être de tous les membres de la société, valeur équivalente à celles de la liberté, de l'égalité et de la justice :

> [...] That is to assure good care to all members of the society should become a primary principle of our common life, along with the assurance of liberty, equality and justice.

---

87. *Ibid.*, p. 137.
88. Robin WEST, *Caring for Justice*, New York, New York University Press, 1997, p. 69. Pour une critique des différentes théories féministes à travers les perceptions hédonistes des femmes, du même auteur : « The Difference in Women's Hedonic Lives : A Phenomenological Critique of Feminist Legal Theory », dans FINEMAN et THOMADSEN (éd.), *At the Boundaries of Law : feminism and legal theory*, New York, Routledge, 1991, p. 115-134.
89. Mary BECKER, « Care and Feminists », (2002) 17 *Wisconsin Women's Law Journal* 57-60.

[...] It is also crucial to developing human social potential, to instilling and reinforcing in an individual a sense of positive connection to others. And it is this sense of connection that makes possible the whole range of mutual responsibilities that allow the people of a society to respect and work toward common goals. As political theorist Joan Tronto puts it, thinking about care seriously, recognizing that everyone at different times is both a *giver* and *receiver* of care, underscores for people the fact of their personal and social interdependence. And, she says, this insight can enhance a commitment to the responsibilities of democratic citizenship.[90]

Elle ajoute que les enfants doivent être considérés comme *public goods* et, à ce titre, ont le droit d'être élevés dans une société qui soutient ces valeurs. Mais comment faire en sorte que ces valeurs soient respectées et reproduites dans le droit ?

Carol Smart, parlant de Stang Dahl, expose la contribution que les femmes peuvent apporter au droit par leur expérience spécifique, et dit :

So, for example, she points out how Women's Law challenges the usual direction of law by encouraging "the use of legal sources "from below"". By this she means that greater reliance should be placed on custom and public opinion of what law ought to be. This, she argues, allows empirical evidence about women's lives greater influence on the law. So law would become more responsive to the "real" rather than its own internal imperatives. In this way she envisages law and the social sciences coming closer together and a greater role for the women's movement in influencing law.[91]

---

90. Mona HARRINGTON, *Care and Equality : Inventing a New Family Politics*, New York, Routledge, 2000, p. 48-49.
91. Carol SMART, *Feminism and the Power of Law*, New York & London, Routledge, 1989, c. 1, p. 25.

Les méthodes d'analyse féministe étant essentiellement expo-
sées[92], voyons ce qu'elles peuvent apporter à l'étude de notre sujet.

---

92. Nous n'avons pas traité du féminisme poststructuraliste (*poststructuralist feminism*) qui critique le droit comme instrument d'un pouvoir universel qui impose
ses propres définitions (par exemple, la définition juridique du *viol* devient universelle), lequel féminisme propose de définir les termes fondamentaux comme
vérité, justice, pouvoir ou *connaissance* à travers d'autres prismes, pour changer la
hiérarchie imposée par le droit, laquelle hiérarchie le privilégie au détriment des
autres sciences sociales. C'est ce que propose Carol SMART avec *Feminism and
the Power of Law*, New York & London, Routledge, 1989, en utilisant les concepts
développés par Foucault. Pour une critique de Smart à ce sujet, on peut lire :
Vanessa E. MUNRO, « Legal Feminism and Foucault : A Critique of the expulsion
of the Law », (2001) 28(4) *Journal of Law and Society* 546-567. À propos du
Poststructuralist Feminism, on peut consulter : Anne BARRON, « Feminism,
Aestheticism and the Limits of *Law* », (2000) 8 *Feminist Legal Studies* 275-317 ;
Peter GOODRICH, « Barron's Complaint : A Response to "Feminism, Aestheti-
cism and the Limits of Law" », (2001) 9 *Feminist Legal Studies* 149-170 ; Catha-
rine A. MacKINNON, « Points Against Postmodernism », (2000) 75 *Chicago-Kent
Law Review* 687-712.

2. LE CONTEXTE FACTUEL : LA SITUATION PERSONNELLE, PROFESSIONNELLE ET FAMILIALE DES FEMMES

2.1 Quelques statistiques sur la situation des femmes

Statistique Canada[93] compile des données sociales importantes qui ont été enrichies de nouveaux facteurs de comparaison selon le sexe, depuis 2001. Cela nous permet maintenant de faire certains constats quant à la réalité sociale québécoise.

2.1.1 Le revenu

Nous avons déjà vu qu'au Canada, le revenu des femmes diffère encore substantiellement de celui des hommes. Voyons quelques chiffres, en dollars constants de 2005 :

- Les gains moyens selon le sexe et le régime de travail[94], pour les travailleurs à temps plein toute l'année, sont de :

  ➢ Hommes : 55 700 $

  ➢ Femmes : 39 200 $

  ➢ Les femmes qui travaillent à temps plein, gagnent donc 70,5 % des gains des hommes.

- Les gains moyens selon le sexe et le régime de travail[95], pour l'ensemble des travailleurs gagnant un revenu, sont de :

  ➢ Hommes : 41 900 $

---

93. *Op. cit.*, note 6.
94. STATISTIQUE CANADA, voir Tableau III « Gains moyens selon le sexe et le régime de travail (Travailleurs à temps plein toute l'année), 1996 à 2005 », <www40.statcan.ca/102/cst01/labor01b_f.htm>, *infra*, p. 180.
95. STATISTIQUE CANADA, voir Tableau IV « Gains moyens selon le sexe et le régime de travail (Ensemble des travailleurs gagnant un revenu), 1996 à 2005 », <www40.statcan.ca/102/cst01/labor01a_f.htm>, *infra*, p. 181.

➢ Femmes : 26 800 $

➢ Les femmes qui travaillent à temps plein ou partiel gagnent donc 64 % des gains des hommes.

Statistique Canada offre une publication, *Le Quotidien*, qui fait état des compilations récentes à divers égards. Il est surprenant d'apprendre que l'écart entre le revenu des hommes et des femmes reste stable :

> De même, l'écart entre les gains des femmes et des hommes n'a pas beaucoup changé au cours de la dernière décennie.[96]

À propos des données de 2003 concernant le revenu des familles au Canada, on peut y lire :

> En moyenne, le revenu après impôt des quelque 541 000 familles monoparentales ayant une femme à leur tête est demeuré inchangé en 2003 (30 000 $), du fait principalement du revenu du marché qui est demeuré constant à 23 800 $.
>
> Cette stabilité a fait suite à un gain moyen important de 52 % du revenu du marché pour les familles monoparentales ayant une femme à leur tête entre 1996 et 2001, soit l'équivalent d'un taux de croissance annuel de 8,7 %. Il s'agit de l'une des augmentations les plus importantes parmi les divers types de familles.
>
> Environ 82 % des femmes de ces familles ont eu des gains d'emploi en 2003, soit la même proportion que l'année précédente, mais bien au-dessus des 62 % enregistrés en 1996.
>
> Le taux de faible revenu des familles monoparentales ayant une femme à leur tête en 2003 représentait environ quatre fois la moyenne pour toutes les familles. Parmi les 541 000 familles monoparentales ayant une femme à leur tête en 2003, environ 38 %, ou 208 000, étaient en situation de faible revenu. Cette proportion était de 39 % en 2002.[97]

---

96. STATISTIQUE CANADA, *Le Quotidien*, « Les femmes au Canada », 7 mars 2006, <www.statcan.ca/Daily/francais/060307/q060307a.htm>.
97. STATISTIQUE CANADA, *Le Quotidien*, « Revenu familial – 2003 », 12 mai 2003, <www.statcan.ca/Daily/francais/050512/q050512a.htm>, p. 3.

On peut donc dire que même si le nombre de femmes en situation de famille monoparentale qui travaillent a augmenté d'une façon
importante depuis 1996, leur revenu moyen demeure très faible. On
sait aussi qu'en 2006, parmi les familles monoparentales du Québec,
77 940 avaient un homme à leur tête, alors que 274 890 étaient dirigées par des femmes[98].

On constate aussi que le taux de faible revenu des femmes âgées
vivant seules était de 19 % en 2003, comparativement à 15 % pour
leurs homologues de sexe masculin[99]. Ainsi donc, on peut dire que
non seulement les femmes gagnent encore aujourd'hui beaucoup
moins que les hommes, mais que cette différence perdure chez les
personnes âgées, et ce, d'une façon significative. En outre, les femmes
assument plus souvent la responsabilité des enfants après la séparation, comme l'indique la très grande proportion de familles monoparentales qui ont une femme à leur tête, soit dans 77,91 % des cas
(274 890 sur un total de 352 830, au Québec, en 2006) et elles le font
avec un revenu faible et bien inférieur à celui des hommes placés
dans cette situation. Voici la situation à cet égard, en 2005 :

➤ Revenu annuel moyen <u>après impôt</u>, familles monoparentales
   ayant un homme à leur tête : 51 500 $[100]

➤ Revenu annuel moyen <u>après impôt</u>, familles monoparentales
   ayant une femme à leur tête : 36 000 $[101]

➤ Revenu annuel moyen <u>total</u>, familles monoparentales ayant
   un homme à leur tête : 64 200 $[102]

➤ Revenu annuel moyen <u>total</u>, familles monoparentales ayant
   une femme à leur tête : 40 100 $[103]

---

98. STATISTIQUE CANADA, voir Tableau II « Familles de recensement dans
    les ménages privés selon la structure familiale et la présence d'enfants, par
    province, Recensement 2006 », <www40.statcan.ca/102/cst01/famil54b_f.htm>,
    infra, p. 179.
99. STATISTIQUE CANADA, *Le Quotidien*, *op. cit.*, note 95, p. 4.
100. STATISTIQUE CANADA, *op. cit.*, note 6, voir Tableau I « Revenu moyen après
    impôt selon le type de famille économique, 2001-2005 », <www40.statcan.ca/
    102/cst01/famil21a_f.htm>, *infra*, p. 177.
101. *Ibid.*
102. STATISTIQUE CANADA, *op. cit.*, note 6, voir Tableau V « Revenu moyen total
    selon le type de famille économique, 2001-2005 », <www40.statcan.ca/102/
    cst01/famil05a_f.htm>, *infra*, p. 182.
103. *Ibid.*

2.1.2 Les responsabilités familiales

Ce n'est que depuis 2001 que Statistique Canada offre des données sur les heures consacrées aux responsabilités familiales, sous différents rapports (les chiffres n'étaient pas compilés pour les données de 2006, au moment d'écrire ces lignes). L'écart entre les hommes et les femmes ayant trait à la répartition du travail existe toujours quoiqu'il rétrécisse lentement[104]. Quant aux heures consacrées au soin des enfants, sans paye ou sans salaire[105], on constate ceci :

	2001		
	Canada	Québec	Ontario
	Nombre de personnes		
Population âgée de 15 ans et plus	**23 901 360**	**5 832 345**	**9 048 040**
Aucune heure	14 799 060	3 618 980	5 599 705
Moins de 5 heures	2 340 885	654 075	870 040
De 5 à 14 heures	2 363 360	616 420	905 300
De 15 à 29 heures	1 632 290	415 675	621 495
De 30 à 59 heures	1 235 825	280 195	477 220
60 heures ou plus	1 529 940	247 000	574 280
Hommes âgés de 15 ans et plus	11 626 790	2 831 445	4 382 155
Aucune heure	7 625 985	1 852 335	2 867 025
Moins de 5 heures	1 245 300	343 950	465 370
De 5 à 14 heures	1 206 835	303 395	464 905
De 15 à 29 heures	749 090	179 280	285 720
De 30 à 59 heures	440 325	93 430	169 450
60 heures ou plus	359 255	59 055	129 685
Femmes âgées de 15 ans et plus	12 274 565	3 000 900	4 665 890
Aucune heure	7 173 070	1 766 650	2 732 680
Moins de 5 heures	1 095 585	310 125	404 670
De 5 à 14 heures	1 156 525	313 025	440 395
De 15 à 29 heures	883 200	236 395	335 780
De 30 à 59 heures	795 500	186 760	307 770
60 heures ou plus	1 170 685	187 945	444 595

104. STATISTIQUE CANADA, *Le Quotidien*, « Enquête sociale générale : Travail rémunéré et non rémunéré », 19 juillet 2006, <www.statcan.ca/Daily/francais/060719/q060719b.htm>.
105. STATISTIQUE CANADA, *op. cit.*, note 6.

C'est donc dire que 66,6 % des personnes consacrant de 30 à 59 heures par semaine aux soins des enfants (sans salaire) sont des femmes (186 760 femmes sur un total de 280 195 personnes), alors que 76 % des personnes consacrant plus de 60 heures par semaine aux soins des enfants (sans salaire) sont également des femmes (187 945 femmes sur un total de 247 000 personnes).

On peut aussi connaître les raisons pour lesquelles les personnes ont un travail à temps partiel, plutôt qu'à temps plein. En 2005, ce sont 36,5 % des femmes de 25 à 44 ans qui le faisaient pour prendre soin des enfants, alors que 3,4 % des hommes du même âge le faisaient pour ce motif[106].

À cette charge additionnelle des femmes par rapport aux hommes, s'ajoute aussi le plus grand nombre d'heures consacrées aux travaux ménagers[107], sans paye ou sans salaire, et cela d'une façon tout aussi éloquente, comme suit :

(voir page suivante pour tableau)

---

106. STATISTIQUE CANADA, Tableau « Raisons du travail à temps partiel selon le sexe et l'âge », <www.statcan.ca/l02/cst01/labor63b_f.htm>.

107. STATISTIQUE CANADA, *op. cit.*, note 6.

	2001		
	Canada	Québec	Ontario
	Nombre de personnes		
Population âgée de 15 ans et plus	**23 901 355**	**5 832 350**	**9 048 035**
Aucune heure	2 475 110	633 850	935 605
Moins de 5 heures	5 625 165	1 514 415	2 109 480
De 5 à 14 heures	7 540 180	1 860 530	2 891 915
De 15 à 29 heures	4 716 120	1 096 970	1 807 180
De 30 à 59 heures	2 524 015	550 700	937 040
60 heures ou plus	1 020 765	175 880	366 820
Hommes âgés de 15 ans et plus	11 626 785	2 831 445	4 382 145
Aucune heure	1 550 265	406 775	569 370
Moins de 5 heures	3 486 140	928 410	1 297 260
De 5 à 14 heures	3 890 035	918 020	1 500 590
De 15 à 29 heures	1 786 960	394 670	685 895
De 30 à 59 heures	689 980	144 770	255 180
60 heures ou plus	223 405	38 800	73 855
Femmes âgées de 15 ans et plus	12 274 570	3 000 910	4 665 890
Aucune heure	924 845	227 075	366 235
Moins de 5 heures	2 139 030	586 005	812 215
De 5 à 14 heures	3 650 145	942 510	1 391 320
De 15 à 29 heures	2 929 165	702 310	1 121 280
De 30 à 59 heures	1 834 035	405 930	681 870
60 heures ou plus	797 360	137 080	292 965

Ainsi, 64 % des personnes consacrant de 15 à 29 heures par semaine aux travaux ménagers (sans salaire) sont des femmes (702 310 femmes sur un total de 1 096 970 personnes) ; 73,7 % des personnes consacrant de 30 à 59 heures par semaine aux travaux ménagers (sans salaire) sont des femmes (405 930 femmes sur un total de 550 700 personnes), et 77,9 % des personnes consacrant plus de 60 heures par semaine aux travaux ménagers (sans salaire) sont aussi des femmes (137 080 femmes sur un total de 175 880 personnes).

De plus, 64,5 % des personnes consacrant de 5 à 9 heures par semaine à des soins ou de l'aide à des personnes âgées (sans salaire) sont des femmes (126 185 femmes sur un total de 195 725 personnes), et 67 % des personnes consacrant plus de 10 heures / semaine à ces tâches sont des femmes (84 765 femmes sur un total de 125 785 personnes)[108].

Cette analyse nous permet de conclure aisément à une différence de traitement des femmes par rapport aux hommes, au Québec, à divers égards. D'abord en regard du revenu, il ne fait aucun doute que les femmes gagnent moins que les hommes, encore en 2005, et cela avec un écart important. Ceci se reflète sur le taux de pauvreté des femmes jusqu'à l'âge de la retraite. À cela, il faut reconnaître le nombre très supérieur de femmes en situation de famille monoparentale qui non seulement doivent vivre avec des revenus inférieurs à ceux des hommes assumant cette tâche, mais doivent en plus assumer des responsabilités familiales importantes, ce qui a certainement un impact non négligeable sur leur capacité de gains. On doit aussi reconnaître un autre facteur de discrimination en ce que ce sont toujours les femmes qui assument le plus grand nombre de tâches familiales non rémunérées, incluant les soins à des personnes âgées, dans notre société.

Au mirage de l'atteinte d'une parfaite égalité sociale des femmes dans notre société, il faut opposer ces réalités de discrimination de fait persistante sur une échelle importante. Même si les femmes ont accédé en grand nombre à l'éducation, et qu'elles sont maintenant plus nombreuses que les hommes à obtenir des diplômes universitaires[109], l'écart des revenus, qui est minime au sortir des études, va en augmentant avec l'âge. Cet écart devient important lorsque les femmes atteignent la trentaine, période où elles commencent en plus grand nombre à avoir des enfants et à assumer des responsabilités familiales[110]. L'écart se maintient longtemps car après avoir assumé la plus grande partie des soins aux enfants et de l'entretien ménager, elles assument les soins aux aînés dans une plus grande proportion que les hommes. Ces faits ont nécessairement un impact financier sur la vie des femmes, particulièrement celles qui ont des enfants.

Il faut admettre, et reconnaître, que les désavantages sociaux que subissent les femmes à cet égard ne sont pas uniquement le résul-

---

108. STATISTIQUE CANADA, Tableau « Population de 15 ans et plus selon les heures consacrées à offrir des soins ou de l'aide aux personnes âgées, sans paye ou salaire, par province et territoire, Recensement de 2001 », <www.statcan.ca/l02/cst01/famil57b_f.htm>.

109. *Supra*, voir Avant-propos, page XI.

110. CONSEIL DU STATUT DE LA FEMME, *Vers un nouveau contrat social pour l'égalité entre les femmes et les hommes, op. cit.*, notes 20 et 21.

tat de leurs choix de vie. Il faut reconnaître socialement, d'une façon ou d'une autre, le travail non rémunéré que les femmes doivent assumer pour le bénéfice de la famille et trouver des moyens de faire en sorte qu'elles ne soient pas les seules à en payer le prix. Il est étonnant que l'on continue de prétendre que les femmes ont acquis leur pleine autonomie, dans un tel contexte. Il est encore plus étonnant qu'elles soient les premières à y croire et à le prétendre. Même si cela est assez vrai en ce qui concerne les femmes qui n'ont pas d'enfants, qui sont libres et sans entrave au niveau professionnel, ce n'est pas le cas de la grande majorité de celles qui choisissent d'avoir des enfants. Elles en paient le plus grand prix. D'ailleurs, dans un rapport de recherche sur l'approche intégrée à l'égalité entre les femmes et les hommes (AIÉ) datant de 2004, le Conseil du statut de la femme reconnaît l'urgence d'adopter des politiques visant l'égalité effective entre les femmes et les hommes :

> Pour sa part, l'approche intégrée à l'égalité entre les femmes et les hommes (AIÉ) est née de la volonté de faire appel à de nouvelles stratégies pour s'attaquer aux points de résistance empêchant la réalisation d'une égalité effective entre les sexes. Les femmes demeurent, en effet, sous-représentées dans la prise de décision et dans les lieux de pouvoir politique et économique. Elles restent encore les principales responsables des soins et des travaux domestiques bien qu'elles soient davantage intégrées au marché du travail, des tâches qu'elles effectuent gratuitement dans la sphère privée et qui sont sous payées dans la sphère publique. Elles n'ont pas atteint l'égalité sur le plan économique et sont encore victimes de la violence sous diverses formes en raison de leur sexe.

> Il est donc apparu nécessaire de s'interroger sur les valeurs, les préjugés, les pratiques, les institutions et l'organisation sociale qui fondent et perpétuent les inégalités, la hiérarchie entre les sexes et les rôles sociaux. Le développement de nouveaux savoirs et de nouveaux concepts a permis d'enrichir la réflexion, notamment sur les notions de genre (en tant que construction sociale du sexe biologique) et de diversité (l'importance de tenir compte du croisement entre le sexe et d'autres caractéristiques comme l'âge, l'origine ethnique, la couleur, le handicap, l'orientation sexuelle, etc.). On a pris à nouveau conscience que la juste répartition des responsabilités humaines souhaitée passait par une transformation des rôles, tant masculin que féminin, et des institutions sociales. L'objectif de l'égalité entre les sexes ne devait désormais plus être porté seulement par les femmes, mais également par les

hommes. Cet objectif devait également être partagé par tous les acteurs sociaux au profit de l'ensemble de la société.[111]

Comment, dans ces circonstances, parler d'égalité des hommes et des femmes au Québec ?

2.2 Les impacts économiques de la maternité

Si les femmes ont majoritairement intégré le monde du travail, il n'en reste pas moins qu'elles se heurtent de plus en plus au dilemme : mère, travailleuse ou les deux ? Alors que la société québécoise, par son histoire religieuse, a longtemps exercé sur les femmes une forte pression vers la maternité, elles sont de plus en plus nombreuses à choisir de ne pas avoir d'enfant ou sont plus âgées lors de la naissance du premier enfant[112]. Ces choix sont souvent conditionnés par le manque de mesures sociales adéquates pour faciliter la conciliation travail-famille car *maternité* et *travail* demeurent encore très difficiles à concilier, ce que reconnaissait encore récemment le Conseil du statut de la femme[113].

---

111. CONSEIL DU STATUT DE LA FEMME, Recherche, *L'approche intégrée à l'égalité entre les femmes et les hommes (AIÉ) : une approche transversale dans l'administration publique*, n° 205-04-R, juin 2005, p. 7, <www.csf.gouv.qc.ca>.

112. CONSEIL DU STATUT DE LA FEMME, *Vers un nouveau contrat social pour l'égalité entre les femmes et les hommes, op. cit.*, note 20, p. 28. Aussi STATISTIQUE CANADA, *Le Quotidien*, « Naissances – 2002 », 19 avril 2004, <www.statcan.ca/daily/francais/040419/q040419b.htm>, qui mentionne : « En 2002, le taux brut de natalité du Canada, c'est-à-dire le nombre de naissances vivantes pour 1 000 habitants, a atteint un creux sans précédent à la suite d'une autre baisse du nombre de naissances vivantes. Le taux brut de natalité est tombé à 10,5 naissances vivantes pour 1 000 habitants, soit la valeur la plus faible depuis le lancement du programme national de la statistique de l'état civil en 1921. Au cours des 10 dernières années seulement, le taux a baissé de 25,4 %. » On y mentionne aussi que l'âge moyen des femmes canadiennes qui ont donné naissance à leur premier enfant est en hausse à plus de 30 ans. On explique ceci par le fait que les jeunes femmes peuvent donner priorité à leur travail et augmenter leur gains à long terme si elles n'ont pas d'enfant dans les premières années où elles accèdent au monde du travail, voir *Le Quotidien*, « Mariage, maternité et rémunération : le choix du moment importe-t-il ? », 2 mai 2002, <www.statcan.ca/daily/francais/020501/q020501a.htm> ; et « Tendances récentes de la fécondité canadienne et américaine », 3 juillet 2002, <www.statcan.ca/daily/francais/020703/q020703a.htm>.

113. CONSEIL DU STATUT DE LA FEMME, *Vers un nouveau contrat social pour l'égalité entre les femmes et les hommes, op. cit.*, note 20, p. 24, où on peut lire : « Plusieurs facteurs expliquent la persistance des écarts. Un des premiers concerne les conséquences toujours réelles **de la maternité et des responsabilités familiales**. De nos jours, même si les pères s'engagent un peu plus que par le passé dans la sphère privée, les femmes, même les plus scolarisées, voient

Ainsi, on ne peut nier l'émergence de plusieurs questions sociales importantes liées à l'inégalité persistante entre les sexes et à ses conséquences sur la famille : la chute de la natalité, particulièrement au Québec ; la modification dans les rapports à l'argent dans le couple moderne, de gens mariés ou conjoints de fait, pendant l'union et aux différentes étapes de la vie : naissance des enfants, séparation, retraite, etc. ; l'impact du haut taux de divorce et de séparation et les conséquences de la baisse du niveau de vie des membres du couple mais aussi des enfants à la rupture ; la multiplicité d'unions avec enfants qui fait que, de plus en plus, ces derniers risquent de vivre à la solde de parents aux prises avec les nombreuses obligations qu'ils ont contractées à l'égard des membres de leurs familles successives. Ce sont toutes là des questions qui mettent en cause la pertinence de l'intervention de l'État en la matière et même la pertinence du support de l'État en regard de la famille. Ce sont toutes là des questions qui se posent avec plus d'acuité lorsqu'on parle de familles hors mariage. Ce sont surtout là des questions qui ne peuvent se concevoir sans considération des valeurs sociales que l'État souhaite promouvoir. Le Conseil du statut de la femme incite fortement l'État à intervenir à cet égard dans la sphère publique[114], alors qu'aucune action concertée n'est proposée dans la sphère privée.

À ce sujet, June Carbone[115] expose bien l'opposition entre deux idéologies féministes, la *libérale* qui vise à inciter les femmes à se mesurer aux hommes en nivelant la différence par l'exigence de l'égalité, et celle dite *de la différence* qui risque de cantonner les femmes dans des rôles traditionnels qui les privent de ressources financières, donc de pouvoir[116]. Elle examine la position de certains

---

leur autonomie économique se fragiliser avec la venue d'un enfant. Ce désavantage va persister toute la vie, en commençant par un retrait momentané ou partiel du travail, augmentant ainsi les écarts salariaux ; la maternité est encore un facteur qui ralentit la carrière, faute de mesures de **conciliation travail-famille** adéquates et d'un partage équitable des tâches familiales et domestiques entre les conjoints. »

114. CONSEIL DU STATUT DE LA FEMME, *Vers un nouveau contrat social pour l'égalité entre les femmes et les hommes, op. cit.*, note 20.

115. June CARBONE, *From partners to parents : The Second Revolution in Family Law*, New York, Colombia, 2000.

116. Elle présente l'idéologie *libérale* à travers l'ouvrage de Susan MOLLER OKIN, *Justice, Gender and the Family*, New York, Basic Books, 1989, qui aborde le sujet de la *famille* à travers les théories politiques modernes. La famille traditionnelle étant un des éléments de reproduction des inégalités par les rôles qu'elle encourage de pourvoyeur-*breadwinner* et de personne (femme ?) au foyer-*homemaker*. Carbone traite aussi de l'idéologie dite *de la différence* qu'elle présente à travers l'ouvrage de Martha FINEMAN, *The Neutered Mother, the*

auteurs en regard des mesures sociales qu'ils proposent pour influer sur la discrimination persistante des sexes. Elle cite Okin, tenante de mesures sociales incitatives au travail des femmes, alors que Fineman insiste sur le changement de certains rapports entre individus allant même jusqu'à proposer l'annulation du mariage comme « catégorie légale » produisant des conséquences juridiques pour certains individus seulement : les gens mariés. Elle souligne que les positions respectives d'Okin et Fineman ne sont pas nécessairement en opposition et ajoute :

> Fineman's critique, in contrast, is as concerned with the relationship between family and society as it is with the relationships within. Fineman believes that the equality Okin seeks will come only with greater social support for caretaking itself, "for the dependents who need protection". She explains : "If marriage has no legal significance and the traditional family is not state subsidized and supported, these dependencies will be more visible. Hopefully, they will also become the object of generalized societal concern." Fineman insists on recognition that we all lead "subsidized lives", and she advances her most radical proposal – the call to end marriage as a legal category – in an effort to make "dependencies" more visible, and to shift subsidization from the traditional family to those providing the care. Where Okin sometimes seems to envision paid nannies as the only fulltime caretakers, Fineman insists on support for anyone who would undertake the task.[117]

Carbone fait aussi état des questions de moralité liées à la famille en citant William Galston, conseiller politique du président américain Bill Clinton, sur la réforme du système d'aide sociale, et sur sa vision d'un certain libéralisme classique, et elle le cite :

> What is distinctive about liberalism is not the absence of a substantive conception of the good, but rather a reluctance to move this conception to full-blown public coercion of individuals.[118]

Sexual Family and Other Twentieth Century Tragedies, New York, Routledge, 1995, et dont nous avons traité précédemment au titre 1.2.3 : « Le dilemme de la différence ».

117. J. CARBONE, *op. cit.*, note 115, p. 25-28.
118. William A. GALSTON, *Liberal Purposes : Goods, Virtues, and Diversity in the Liberal State*, Cambridge, Cambridge University Press, New York, 1991.

Elle critique les idées de Galston, expert des politiques économiques, qui suggère que l'État adopte des politiques moralisatrices pour influer sur les structures de la famille afin d'induire certaines valeurs morales qu'il préconise. Galston insiste sur le fait que dans les familles avec enfants « moral categories such as duty, continuing responsibility, and basic interests come into play »[119]. Dans ce nouvel ordre proposé, ces principes doivent être conciliés avec les libertés individuelles et les choix personnels, et c'est ainsi que Galston préconise l'intervention de l'État pour inciter les parents à assumer plus de responsabilités à l'égard des enfants et, dans cet ordre familial, c'est la parentalité (*parenthood*) qui devient primordiale, plutôt que les rapports entre parents (*partnership*). Carbone critique Galston qu'elle qualifie de politicologue dont l'expertise touche plutôt aux obligations de l'État, et non au sujet spécifique de la famille. Il faut reconnaître que même si l'approche de Galston peut sembler conservatrice, elle a l'avantage de mettre au premier plan l'intérêt des enfants, en relayant celui des adultes au second plan. Les enfants étant certainement des *public goods*, comme l'affirme Mona Harrington[120], ce qui se confirme dans un contexte de dénatalité, l'État a un intérêt évident dans leur avenir et doit s'assurer qu'ils soient traités également par la loi indépendamment du statut matrimonial de leurs parents.

L'examen du rôle de l'État à cet égard est intéressant mais nous éloignerait du sujet. Il reste cependant indéniable que la grande majorité des femmes qui ont des enfants en supportent le plus grand prix social par la réduction de leurs obligations professionnelles et donc de leur revenu, quand ce n'est pas un renoncement complet ou partiel à une carrière, au profit des tâches liées à l'éducation et aux soins des enfants, aux tâches familiales et aux soins des aînées. Il est aussi indéniable que ce sont les hommes qui en bénéficient indirectement en se trouvant plus libres de se consacrer à leurs propres obligations professionnelles.

La Cour suprême a d'ailleurs reconnu cette réalité de manière non équivoque lorsqu'elle a été appelée à interpréter les fondements

---

119. J. CARBONE, *op. cit.*, note 115, p. 40.
120. *Op. cit.*, note 90.

de l'obligation alimentaire[121] entre époux et ex-époux, particulièrement dans les arrêts *Moge*[122], *Willick*[123] et *Bracklow*[124].

Ainsi, la juge Claire L'Heureux-Dubé a-t-elle mis en évidence la
situation de dépendance économique des femmes à la séparation.
Elle n'a pas hésité à utiliser le *Feminist Practical Reasoning*[125] pour
introduire de nouvelles perspectives dans l'application des critères
d'évaluation du droit aux aliments prévu dans la *Loi sur le divorce*[126].
On peut relire ses propos en se rappelant que, même en 2008, l'égalité
économique des hommes et des femmes est loin d'être acquise.

Dans l'affaire *Moge* c. *Moge*[127], au-delà de l'établissement d'importants principes de droit quant aux pouvoirs des tribunaux de
modifier les ordonnances alimentaires, la juge L'Heureux-Dubé,
parlant pour la majorité, préconise la reconnaissance d'une compensation pour la perte économique subie par les femmes, qu'elles travaillent ou non, en regard de leur investissement personnel dans la
famille. Ne retenant pas comme importante la distinction faite par

---

121. Au Québec, les fondements de l'obligation alimentaire se trouvent au *Code civil
du Québec*, précité, note 7, et à la *Loi sur le divorce*, précitée, note 8. Ainsi, l'article 585 C.c.Q. se lit comme suit :
« Les époux et conjoints unis civilement de même que les parents en ligne directe
au premier degré se doivent des aliments. »
La *Loi sur le divorce* traite des aliments dus à un époux par l'autre à l'article
15.2, comme suit :
« (1) Sur demande des époux ou de l'un d'eux, le tribunal compétent peut rendre
une ordonnance enjoignant à un époux de garantir ou de verser, la prestation,
sous forme de capital, de pension ou des deux, qu'il estime raisonnable pour les
aliments de l'autre époux.
[...] (6) L'ordonnance ou l'ordonnance provisoire rendue pour les aliments d'un
époux, au titre du présent article, vise :
a) À prendre en compte les avantages ou les inconvénients économiques qui
découlent pour les époux, du mariage ou de son échec ;
b) À répartir entre eux les conséquences économiques qui découlent du soin de
tout enfant à charge, en sus de toute obligation alimentaire relative à tout
enfant à charge ;
c) À remédier à toute difficulté économique que l'échec du mariage leur cause ;
d) À favoriser, dans la mesure du possible, l'indépendance économique de chacun d'eux dans un délai raisonnable. »
122. [1992] 3 R.C.S. 813, EYB 1992-67141.
123. [1994] 3 R.C.S. 670, EYB 1994-67936.
124. [1999] 1 R.C.S. 420, REJB 1999-11414.
125. Voir *supra*, section 1.1 « La pertinence d'une approche féministe ». Voir aussi
K.T. BARTLETT, *loc. cit.*, note 25.
126. Précitée, note 8.
127. Précité, note 122.

certains entre mariage « traditionnel » et mariage « moderne », elle cite l'arrêt *Patrick* c. *Patrick*[128], de la Cour suprême de la Colombie-Britannique :

> [TRADUCTION] On pourrait conclure que le mariage en l'espèce n'est pas un mariage traditionnel puisqu'il n'a duré que dix ans, que les parties sont relativement jeunes et en bonne santé et que les deux sont des professionnels diplômés. Si on applique les facteurs prescrits par le par. 15(7) de la *Loi sur le divorce*, toutefois, il est évident que Mme Patrick subira des inconvénients économiques permanents par suite de l'échec du mariage au sens de l'al. a), et que le soin de Vincent entraînera des conséquences économiques en sus de celles qui sont normalement compensées au moyen d'aliments au profit de l'enfant, au sens de l'al. b). Il est vrai que Mme Patrick n'a pas, comme l'avaient fait les épouses dans les affaires *Brockie* et *Swift* c. *Swift*, précitées, quitté le marché du travail pendant de nombreuses années afin de se dévouer au foyer, et qu'elle ne souffre pas de maladies mentales ou physiques qui nuiraient gravement à son indépendance. Toutefois, la preuve montre clairement que, par suite de l'échec de son mariage et en raison de la poursuite de son rôle d'éducatrice, elle sera désavantagée économiquement et professionnellement, autant en comparaison de la situation qui aurait prévalu si le mariage s'était poursuivi que de celle qu'elle aurait connue si le mariage n'avait pas eu lieu. À mon avis, l'obligation alimentaire conjugale en vertu du par. 15(7) a pour fonction légitime, voire impérieuse en vertu de cette disposition, de compenser dans une certaine mesure cet inconvénient et d'obliger l'époux qui n'a pas la garde de l'enfant à verser une quote-part équitable.[129]

Elle cite aussi l'arrêt *Mullin* c. *Mullin*[130] :

> [TRADUCTION] Il ne fait aucun doute qu'il s'agit en l'espèce d'un mariage traditionnel et que l'appelante, selon les faits constatés par le juge de première instance, a besoin des aliments pour maintenir un niveau de vie raisonnable. Ce besoin découle du fait qu'elle a fait passer le bien-être de sa famille avant sa carrière. Elle s'est privée de chances d'avancement professionnel pour le bien-être de sa famille et, ce faisant, elle a perdu de l'avancement professionnel, de l'ancienneté et des prestations de retraite.[131]

---

128. (1991) 35 R.F.L. (3d) 382, 398 et 399.
129. *Moge* c. *Moge*, précité, note 122, par. 38.
130. (1989) 24 R.F.L. (3d) 1-16, de la Cour suprême de l'Île-du-Prince-Édouard, division d'appel.
131. *Moge* c. *Moge*, précité, note 122, par. 39.

La juge fait ensuite état des avantages de l'union conjugale et des conséquences économiques de sa rupture :

Le mariage peut indiscutablement être pour eux [les partenaires] une source d'avantages qu'il est difficile de quantifier économiquement. Nombreux sont ceux qui croient que le mariage et la famille assurent le bien-être émotif, économique et social des membres de la cellule familiale. Celle-ci peut être un havre de sécurité et de confort, ainsi qu'une oasis où ses membres ont leur contact humain le plus intime. Le mariage et la famille représentent un système de soutien émotif et économique aussi bien qu'un lieu d'intimité. À cet égard, la cellule familiale sert des intérêts personnels vitaux et elle peut être liée au développement d'un « sens global de la personnalité ». Le mariage et la famille constituent un magnifique environnement pour élever et éduquer les jeunes de notre société en leur fournissant le premier milieu de développement des capacités d'interaction sociale. Ces institutions constituent, en outre, le moyen de transmettre les valeurs que nous jugeons essentielles à notre sens de la collectivité.

En revanche, le mariage et la famille exigent souvent des deux parties le sacrifice de priorités personnelles dans l'intérêt d'objectifs partagés. Tous ces éléments ont une importance indéniable dans l'élaboration du caractère global de chaque mariage. Dans le contexte du divorce, toutefois, l'obligation alimentaire ne concerne pas les avantages émotifs et sociaux du mariage. Le but de l'obligation alimentaire est plutôt de remédier à toute difficulté économique qui découle « du mariage ou de son échec ». Quels que soient les avantages respectifs que peuvent en retirer les parties sur d'autres plans, le processus d'évaluation de l'obligation alimentaire conjugale après la rupture du mariage doit mettre l'accent sur l'effet positif ou négatif qu'a eu le mariage sur les possibilités économiques respectives de chacun des partenaires.

Cette méthode s'harmonise avec les conceptions tant modernes que traditionnelles du mariage en ce sens que le mariage est, entre autres choses, une unité économique qui engendre des avantages financiers (voir M.A. Glendon, *The New Family and The New Property* (1981)). La Loi reflète le fait que dans les rapports matrimoniaux d'aujourd'hui, les partenaires doivent s'attendre, et ont droit, au partage de ces avantages financiers.

[...] Un partage équitable n'exige toutefois pas une comptabilisation minutieuse et détaillée du temps, de l'énergie et de l'argent dépensés pendant la vie matrimoniale quotidienne ; il n'entraîne pas non plus une pleine compensation des pertes économiques dans tous les cas. Il implique plutôt l'élaboration de paramètres qui serviront à évaluer les avantages et inconvénients respectifs pour chaque époux en raison de son rôle au sein du mariage, comme point de départ pour déterminer le niveau de soutien alimentaire à accorder. À mon avis, c'est ce que la Loi exige.[132]

Elle établit clairement que le critère de l'*atteinte de l'indépendance économique* n'en est qu'un parmi d'autres et qu'aucun des quatre critères de la loi ne doit avoir priorité sur les autres. Cherchant à établir l'intention du législateur quant aux critères d'octroi des aliments, elle insiste sur l'importance de reconnaître la réalité des femmes après un divorce car, d'après les principes d'interprétation des lois, on doit supposer que le législateur est conscient du contexte social et historique dans lequel il manifeste son intention, selon elle[133]. Ainsi, la juge L'Heureux-Dubé nous réfère aux données de Statistique Canada pour souligner l'état de pauvreté des femmes après un divorce[134] et elle conclut que les principes d'interprétation législative ne permettent pas de justifier l'application du seul modèle de l'indépendance économique en matière d'aliments[135]. C'est ainsi qu'elle préconise le modèle de la pension alimentaire *compensatoire* plutôt que celui de la *stricte indépendance économique*, en citant la Commission du droit du Canada elle-même, citant un article de la juge Abella[136] ; la juge ajoute :

Les femmes ont eu tendance à subir les inconvénients économiques qui découlent du mariage ou de son échec en raison de la répartition traditionnelle des tâches qu'on y retrouve. Dans l'histoire, ou du moins l'histoire récente, les femmes apportaient une contribution non monétaire à l'union conjugale sous forme de travail au foyer, notamment les soins du ménage et l'éducation des enfants. De nos jours, bien que de plus en plus de femmes travaillent à l'extérieur du foyer, leur emploi continue de jouer un rôle secondaire et des sacrifices doivent encore être faits pour des motifs d'ordre domestique. Ces sacrifices empêchent souvent la personne qui les fait (habituellement l'épouse) de maximiser sa capacité de gain parce qu'elle risque de renoncer à des chances de formation et de développement professionnel. Ces sacrifices peuvent aussi permettre à l'autre conjoint (habituellement l'époux)

---

132.   *Moge* c. *Moge*, précité, note 122, par. 42-44 et 46.
133.   *Moge* c. *Moge*, précité, note 122, par. 62, se référant à Pierre-André CÔTÉ, *Interprétation des lois*, 2ᵉ éd., Cowansville, Éditions Yvon Blais, 1990, p. 392.
134.   *Moge* c. *Moge*, précité, note 122, par. 57-59.
135.   *Moge* c. *Moge*, précité, note 122, par. 64.
136.   *Moge* c. *Moge*, précité, note 122, par. 67, citant Rosalie S. ABELLA, « Economic Adjustment on Marriage Breakdown : Support », (1981) 4 *Fam. L. Rev.* 1-3.

d'accroître sa capacité de gagner sa vie puisque, ainsi libéré des tâches assumées par l'autre, il peut envisager des avantages économiques.

[...] Cette restriction de l'emploi à l'extérieur du foyer a évidemment des incidences importantes sur la capacité future de gagner sa vie. En effet, selon certaines études, la femme au foyer perd 1,5 pour 100 de sa capacité de gagner sa vie pour chaque année où elle n'est pas sur le marché du travail.[137]

Elle admet que ce modèle ne s'applique pas à tous les couples et qu'il arrive que, dans un couple, les deux conjoints se consacrent prioritairement à leur travail en se répartissant également les tâches de l'éducation des enfants et les tâches domestiques, cas rarissimes qu'elle qualifie de vision utopique[138], ce que confirment d'ailleurs les statistiques, comme nous l'avons vu. Elle estime que la conséquence économique la plus importante du mariage ou de son échec découle habituellement de la naissance d'enfants qui oblige généralement l'épouse à restreindre son activité professionnelle rémunérée sur le marché du travail afin de prendre soin des enfants, ce qui met en péril sa capacité d'assurer la sécurité de son propre revenu et de parvenir à l'indépendance économique[139]. Elle souligne la nécessité de comprendre les relations complexes entre la famille, le travail et l'État qui donnent lieu à la pauvreté et à la dépendance de certains de ses membres. Elle reconnaît que pour parvenir à des solutions définitives, il faudra procéder à des rajustements dans tous ces domaines[140].

Certains seront tentés de répondre qu'il revient aux conjoints eux-mêmes de prendre conscience de ce contexte et d'éviter de se retrouver dans une situation de désavantage économique en privilégiant leur indépendance économique par le travail, ce à quoi la juge McLachlin répond :

Les arguments hypothétiques présentés après le fait sur les différents choix que les personnes auraient pu faire et qui auraient pu avoir des résultats différents ne sont pas pertinents, à moins que les parties aient agi de manière déraisonnable ou injuste.[141]

---

137. *Moge* c. *Moge*, précité, note 122, par. 70-71.
138. *Moge* c. *Moge*, précité, note 122, par. 74.
139. *Moge* c. *Moge*, précité, note 122, par. 80.
140. *Moge* c. *Moge*, précité, note 122, par. 75, citant Marie-Thérèse MEULDERS-KLEIN, « Famille, état et sécurité économique d'existence dans la tourmente », dans M.T. MEULDERS-KLEIN et J. EEKELAAR (dir.), *Famille, État et sécurité économique d'existence*, vol. II, Bruxelles, Story-Scientia, 1988, p. 1077.
141. *Moge* c. *Moge*, précité, note 122, par. 113.

Dans l'affaire *Willick* c. *Willick*[142], le juge Sopinka, qui écrit aussi pour les juges La Forest, Cory et Iacobucci, souscrit aux conclusions de la juge L'Heureux-Dubé sans recourir à une *abondante preuve extrinsèque* et en se basant plutôt sur les règles d'interprétation[143]. La juge L'Heureux-Dubé, écrivant aussi pour les juges Gonthier et McLachlin, aborde autrement la question des critères de modification de la pension alimentaire pour enfants, et subsidiairement de celle de l'ex-époux, en interprétant l'article 17(4) de la *Loi sur le divorce*[144]. Elle cite l'affaire *Moge*[145] pour réaffirmer l'importance de tenir compte du contexte social du divorce[146]. Elle précise que la Cour suprême des États-Unis consulte régulièrement les données des sciences sociales pour rechercher les fondements des règles de droit et pour les soumettre à la critique[147], en ajoutant :

> En outre, depuis l'école du réalisme juridique et la « théorie socio-logique du droit » (sociological jurisprudence) de Roscoe Pound, il est reconnu que le droit n'est pas au-dessus des autres institutions sociales et qu'il n'existe pas en vase clos. La distinction largement reçue, établie par des juristes éminents tel Kenneth Culp Davis, entre « faits en litige » – se rapportant spécifiquement à l'espèce en cause – et « faits législatifs » – intervenant dans des décisions de droit ou de politique générale – démontre clairement que le droit et la société entretiennent des liens d'interdépendance inextricables et que les faits sociaux font partie intégrante du processus d'élaboration des lois. Lorsqu'elles sont pertinentes dans la création d'une règle de droit, les données et les recherches sociales revêtent un caractère général qui va bien au-delà du contexte précis dans lequel celles-ci ont été utilisées. Elles deviennent une partie constitutive de la règle de droit qu'elles contribuent à étayer. De fait, elles représentent une partie des sources dont cette règle de droit tire son autorité. À ce titre, la théorie selon laquelle les sciences sociales ont valeur d'autorité en droit est intrinsèque à la notion même de science du droit. Sont à leur tour intrinsèques à la science du droit le pouvoir et, dans une certaine mesure, la responsabilité du tribunal d'acquérir la connaissance des sources qui l'aideront à apprécier le bien-fondé des arguments juridiques qui lui sont présentés et à en tirer, en dernier ressort, ses conclusions de droit. Le rôle bien établi des tribunaux comme juges de l'intérêt public les amène parfois à

---

142. Précitée, note 123.
143. *Willick* c. *Willick*, précité, note 123, par. 1.
144. *Loi sur le divorce*, précitée, note 8.
145. *Moge* c. *Moge*, précité, note 122.
146. *Willick* c. *Willick*, précité, note 123, par. 44-45 et 46.
147. *Willick* c. *Willick*, précité, note 123, par. 47.

puiser dans les données des sciences sociales lors même que les parties n'ont pas présenté de preuve pertinente sur des questions pertinentes de politique générale : G. Perry et G. Melton, « Precedential Value of Judicial Notice of Social Facts : Parham as an Example » (1983-84, 22 *J. Fam. L.* 633, à la p. 642). Dans la grande majorité des cas, les juges sont parfaitement capables d'acquérir à tout le moins une compréhension pratique de ces données, d'y porter un regard critique et de leur attribuer le poids approprié dans leurs délibérations (Monahan et Walker, « Social Authority », *loc. cit.*, aux p. 508 à 512).

[...] Plus vaste est la question, plus grande est en effet la probabilité que les faits de l'espèce ne suffiront pas à étayer une décision (Perry & Melton, *loc. cit.*). Cette observation explique en partie pourquoi les tribunaux ont couramment recours à des études répertoriées de façon indépendante dans le contexte de questions constitutionnelles, mais elle n'exclut pas l'utilisation de cette méthodologie dans des contextes non constitutionnels où sont néanmoins en jeu des questions générales d'intérêt public. À plusieurs égards, le droit de la famille se prête parfaitement à cette démarche en raison de son caractère largement prospectif et de ses profondes répercussions sur les attitudes des individus et du public en général envers l'institution de la famille.[148]

Cette approche étant exposée, la juge L'Heureux-Dubé mentionne deux faits de nature générale et incontestable – le fort taux de pauvreté chez les enfants de familles monoparentales et l'omission des tribunaux de tenir compte des coûts cachés dans le calcul des aliments destinés aux enfants – qu'elle documente par des études statistiques et sociales et qui sous-tendent son analyse. Elle ajoute :

Reconnaître la valeur du travail au foyer – dont l'éducation des enfants peut constituer une part importante – oblige à reconnaître que ce travail, tout comme la perte de possibilités de carrière qu'il suppose, représente un coût caché pour la personne qui en assume la responsabilité. Simultanément, aux fins des aliments destinés aux enfants, la reconnaissance de ces coûts implique la reconnaissance qu'il s'agit de services fournis en réponse aux besoins des enfants. Comme je l'ai fait remarquer dans l'arrêt *Moge* (à la p. 862), le fait que les femmes supportent souvent la plus grande part des coûts cachés lorsque la famille demeure unie ne donne pas lieu à contestation, d'un point de vue économique tout au moins, si telle est l'entente des parties. Tou-

---

148. *Willick* c. *Willick*, précité, note 123, par. 48-49.

tefois, l'omission de reconnaître ces coûts devient contestable lorsque survient la rupture du mariage et que le tribunal néglige de tenir compte de ces coûts, de ces besoins, comme étant des facteurs réels à prendre en considération dans la répartition de l'obligation alimentaire envers le conjoint et les enfants. Le fait qu'il s'agisse de coûts cachés n'en rend pas les conséquences moins importantes, moins réelles ou moins « financières ». On ne peut ignorer ces coûts sans ignorer les besoins auxquels ils répondent.

[...] Toutefois, les coûts liés au soin des enfants ne peuvent pas tous être inclus dans la pension alimentaire des enfants. Le conjoint qui assume la garde engagera souvent d'importants coûts d'option, tels la perte de possibilités de carrière, la diminution ou le vieillissement des qualifications professionnelles et la perte d'occasions de contribuer à un régime de pension, pour n'en nommer que quelques-uns. L'effet de ces coûts peut se faire sentir pendant une longue période même après que le parent gardien ait cessé d'être formellement responsable du bien-être des enfants du mariage. *Les tribunaux considèrent, à juste titre à mon avis, que l'indemnisation pour ce type de conséquences financières relève de l'obligation alimentaire conjugale sous le régime des al. 15(7)b) et 17(7)b) de la Loi* (voir à titre d'exemples, Brockie, précité, et Payne, *op. cit.*, à la p. 93, ainsi que les notes afférentes).[149]

La Cour suprême du Canada reconnaît donc que les contributions plus importantes de l'un des parents aux soins des enfants nécessitent compensation au-delà de la pension alimentaire des enfants. Cela ne s'applique pas aux couples de conjoints de fait qui vivent pourtant les mêmes réalités, puisque l'indemnisation est une conséquence juridique de la rupture du mariage. Doit-on en conclure qu'il est socialement acceptable que certaines contributions aux coûts cachés du soin aux enfants issus de couples non mariés soient assumées exclusivement par le parent gardien à la rupture ? Est-ce à dire qu'au Québec, le droit tolère que les conséquences financières de la répartition de ces coûts cachés dépendent du statut matrimonial des parents séparés ? Comment tenir compte spécifiquement des coûts cachés liés aux soins des enfants, qui sont reconnus comme partie intégrante de la pension alimentaire entre ex-époux, en ce qui a trait aux conjoints de fait ? Ne devrait-on pas reconnaître qu'il s'agit là de questions d'ordre public qui ne peuvent relever du choix exclusif d'un des conjoints de refuser le mariage ?

---

149. *Willick* c. *Willick*, précité, note 123, par. 84-86.

Le principe de l'obligation alimentaire compensatoire étant maintenant posé depuis l'affaire *Moge*[150], le concept fut l'objet de certaines distinctions dans l'affaire *Bracklow*[151], où la juge McLachlin, rendant la décision pour la Cour, redéfinit les fondements de l'obligation alimentaire entre époux :

> Je conclus cependant que le droit reconnaît trois fondements conceptuels au droit d'un époux à des aliments : (1) compensatoire, (2) contractuel et (3) non compensatoire. Ces trois fondements du droit à des aliments découlent des dispositions législatives applicables et de la jurisprudence pertinente, et s'inspirent plus largement des différentes philosophies et théories sur le mariage et l'échec du mariage.[152]

La juge McLachlin précise ensuite ces fondements dans le cadre des deux modèles conceptuels reconnus du mariage : le modèle de « l'obligation mutuelle » ou de « l'obligation sociale fondamentale », en vertu duquel c'est à l'ex-époux, et non pas au gouvernement, qu'il incombe principalement de subvenir aux besoins de son ex-conjoint[153] et celui de « l'indépendance et de la rupture nette », selon lequel un ex-époux, après avoir procédé à l'indemnisation, au sens de restitution, des coûts économiques du mariage imposés à l'autre époux, poursuit son chemin, peut-être pour s'engager dans d'autres relations du même genre[154]. Les partisans de chaque théorie n'y adhèrent pas tous de la même façon, mais les deux modèles conceptuels sont reconnus par notre droit. Le modèle du mariage indépendant et de la rupture nette constitue le fondement théorique de la pension alimentaire *compensatoire* alors que le modèle de l'obligation sociale fondamentale sous-tend ce qui peut être qualifié de pension alimentaire *non compensatoire*[155] :

> Ces valeurs et politiques générales étayent la théorie du fondement compensatoire du droit à des aliments (et, dans une certaine mesure, aussi la théorie du fondement contractuel). Les aliments contractuels et compensatoires ont pour prémisse fondamentale l'égalité des parties. Par conséquent, quand la relation prend fin, les parties ont droit à ce qu'elles recevraient dans le monde commercial – ce que les individus se sont engagés par contrat à faire et ce qu'ils ont perdu à cause du mariage et de son

---

150. Précitée, note 122.
151. *Bracklow* c. *Bracklow*, précité, note 124.
152. *Bracklow* c. *Bracklow*, précité, note 124, par. 15.
153. *Bracklow* c. *Bracklow*, précité, note 124, par. 23.
154. *Bracklow* c. *Bracklow*, précité, note 124, par. 24.
155. *Bracklow* c. *Bracklow*, précité, note 124, par. 25.

échec. Dans la mesure où le mariage peut avoir créé des dépendances, il incombe aux époux dépendants de chercher à s'en défaire et de parvenir à l'indépendance économique complète, et ainsi de limiter le besoin d'indemnisation permanente.

[...] Le modèle de l'obligation mutuelle et le modèle de l'indépendance et de la rupture nette représentent des réalités importantes et abordent des questions de politique générale et des valeurs sociales importantes. Le Parlement et les législatures ont, par leurs lois respectives, reconnu les deux modèles. Ni l'une ni l'autre des théories ne permet à elle seule de parvenir à une loi équitable en matière de pension alimentaire au profit d'un époux. L'importance des objectifs de politique générale servis par les deux modèles est incontestable. Il est primordial de reconnaître et d'encourager l'autonomie et l'indépendance des deux époux. Il est également essentiel de reconnaître que les personnes divorcées peuvent passer à d'autres relations et assumer de nouvelles obligations qu'elles ne pourront peut-être pas remplir si elles sont tenues de conserver au complet leurs fardeaux financiers découlant de relations antérieures. Par ailleurs, il est également important de reconnaître que les objectifs d'indépendance réelle sont parfois entravés par des formes de dépendance maritale, que trop souvent l'indépendance économique à la fin du mariage est une utopie et que le mariage est une association économique qui repose sur la prémisse (bien que réfutable) de l'obligation alimentaire mutuelle. La vraie question dans de tels cas est de savoir si l'État devrait automatiquement assumer les coûts de ces réalités, ou si on devrait demander à la famille, y compris les ex-époux, de subvenir aux besoins selon les ressources disponibles. Certains laissent entendre qu'il serait préférable que l'État assume automatiquement les coûts dans ces situations : Rogerson, « Judicial Interpretation of the Spousal and Child Support Provisions of the *Divorce Act*, 1985 (Part I) », *loc. cit.*, à la p. 234, n. 172. Toutefois, comme nous le verrons, le Parlement et les législatures en ont décidé autrement en exigeant que les tribunaux tiennent compte non seulement des facteurs compensatoires, mais également des « besoins » et des « ressources » des parties. Il ne s'agit pas de choisir un modèle ou l'autre. Il s'agit plutôt d'appliquer les facteurs pertinents et d'établir l'équilibre qui sert le mieux la justice dans l'affaire particulière dont le tribunal est saisi.[156]

La juge L'Heureux-Dubé conclut que « l'indemnisation est désormais le principal motif d'attribution d'aliments[157], même si

---

156. *Bracklow* c. *Bracklow*, précité, note 124, par. 29 et 32.
157. *Bracklow* c. *Bracklow*, précité, note 124, par. 49.

elle n'en est pas la seule source. L'indemnisation par le versement d'aliments entre époux est basée sur un principe d'égalité entre eux, lequel ne permet pas l'exploitation de l'un par l'autre. Dans la mesure où la principale source d'inégalité entre conjoints réside dans le fait que, dans la grande majorité des familles, un des conjoints se consacre davantage à l'éducation des enfants et au bien-être de la famille, ce qui engendre nécessairement une perte financière pour lui à l'avantage de l'autre conjoint, le droit québécois devrait prévoir des modalités de compensation adéquates pour rétablir l'égalité entre conjoints de fait à la rupture et pallier les abus qui sont autrement inévitables. Cela s'impose d'autant plus vu l'augmentation importante du nombre d'unions hors mariage au Québec, ce qui est confirmé par les statistiques de 2006 :

> Au Québec, le nombre de familles formées de couples en union libre est l'un des principaux signes distinctifs des structures familiales de la province depuis plusieurs années. Le nombre de familles formées de couples en union libre a augmenté de 20,3 % entre 2001 et 2006 et a atteint 611 855. Ces familles formaient 44,4 % des familles au Canada. Près du quart (23,4 %) de l'ensemble des familles formées de couples en union libre au Canada vivaient dans les deux régions métropolitaines de recensement de Montréal et de Québec.[158]

---

158. STATISTIQUE CANADA, *Le Quotidien*, « Recensement de 2006 : Familles, état matrimonial, ménages et caractéristiques des logements », 12 septembre 2007, <www.statcan.ca/Daily/francais/070912/q070912a.htm>.

3. LE CONTEXTE LÉGISLATIF : LA SITUATION DES CONJOINTS DE FAIT AU CANADA

3.1 Une définition historique du *common law marriage*

En 1969, Daniel Dhavernas a fait une étude de la définition et des effets du *common law marriage*, dans le cadre des travaux du Comité du droit des personnes et de la famille de l'Office de révision du Code civil[159]. Il y décrit l'introduction du concept de *common law marriage* (ou mariage contracté sans célébration) en Angleterre, au haut Moyen-Âge, puis aux États-Unis :

> Il y a alors trois façons de se marier : *per verba de praesenti*, qui lie tout de suite (« je te prends pour époux ») ; *per verba de futuro* qui n'est valable que lorsqu'il y a cohabitation (« je te prendrai... ») ; et enfin le mariage *facie ecclesiae* que le common law favorise de plus en plus. Après la réforme, l'Église évolue en ce sens en exigeant de ses fidèles qu'ils se marient devant un ministre du culte :
>
> > marriages celebrated merely *per verba de praesenti* or *de futuro subsequente copula*, although still regarded as valid in the ecclesiastical courts, *had no civil consequences*, for they gave no dower, issue could not inherit....[160]

Il explique que le concept juridique s'est maintenu, même au delà de 1753, pour reconnaître les unions par simple accord dans les cas où il était impossible d'avoir accès à un prêtre, les tribunaux leur reconnaissant cependant des effets variés, mais limités. Au Canada, la jurisprudence éprouvera de la réticence et reconnaîtra d'abord surtout des unions entre Blancs et Indiens, contractées en régions éloignées[161], puis donnera effet aux unions de bonne foi avec longue cohabitation. Dhavernas écrit :

---

159. Daniel DHAVERNAS, *Le « Common Law Marriage » définition et effets*, OFFICE DE RÉVISION DU CODE CIVIL, Comité du droit des personnes et de la famille, juin 1969.
160. *Ibid.*, p. 3-4, citant E.L. JOHNSON, *Family Law*, London, Sweet & Maxwell, 1955.
161. *Ibid.*, p. 7.

L'affaire *Blanchett* c. *Hansell* en définit même trois éléments constitutifs :

1.   l'un discuté : la présence d'un ministre du culte,

2.   la capacité juridique pour les parties de se marier,

3.   l'accord des volontés :

> *whatever else* the requirements of a common law Marriage are, two essentials have to be present : legal capacity to marry, and an agreement to marry.[162]

Dhavernas souligne ensuite les revers de la jurisprudence américaine et les difficultés de preuve de l'intention des parties et ajoute qu'une fois établies, ces unions produisent les mêmes effets que le mariage, l'objectif étant de protéger des innocents, surtout les enfants[163]. En conclusion, il souligne la principale différence du droit québécois qui n'établit aucune présomption quant au lien entre époux, qui doit être prouvé par un certificat valide, et il écrit :

> [notre droit] A-t-il raison ? Le droit étant fait pour servir les hommes et non le contraire, il faudrait en examiner minutieusement les conséquences non seulement juridiques, mais sociologiques et éthiques. Où est la justice ? La réponse n'est pas évidente.[164]

Comme les propos de Dhavernas datent de 1969, soit presque de 40 ans, peut-être est-il temps de relancer ce débat ! Auparavant, voyons ce qu'il en est des rapports juridiques entre conjoints de fait dans les autres provinces canadiennes.

3.2   Les conjoints de fait dans les provinces de common law

Winifred H. Holland et Barbro E. Stalbecker-Pountney dirigent, depuis 1990, un ouvrage mis à jour annuellement sur la situation juridique des conjoints de fait au Canada[165] et elles reconnaissent, d'entrée de jeu, les fondements de l'obligation alimentaire entre eux :

> The legislative framework governing spousal support varies considerably from province to province. While there is diversity in the approaches taken by the provincial and territorial legisla-

---

162.   *Ibid.*, p. 8, citant *Blanchett* c. *Hansell*, [1943] W.W.R. 275, [1944] 1 D.L.R. 21.
163.   *Ibid.*, p. 15.
164.   *Ibid.*, p. 18.
165.   Winifred H. HOLLAND et Barbro E. STALBECKER-POUNTNEY (dir.), *Cohabitation : the law in Canada*, Toronto, Carswell, 1990.

tures, there is a growing political recognition that cohabiting couples should be subject to the spousal support regime that applies to married couples.

[...] Excluding cohabiting couples from the scope of the spousal support provisions of the *Alberta Domestic Relations Act* (R.S.A. 1980, c. D-37) was successfully challenged in a recent case of the Alberta Court of Appeal (*Taylor* v. *Rossu* (1998), 39 R.F.L. (4th) 242, 161 D.L.R. (4th) 266 (Alta. C.A.)). In that case, a common-law wife of 30 years brought a successful action for spousal support under the *Alberta Act*. The court held that ss. 15 and 22 of the Act offended the equality rights section of the *Canadian Charter of Rights and Freedoms* by excluding from their operation common-law spouses. Furthermore, the exclusion of common-law spouses from the definition of "spouse" was not a reasonable limit and was not justified in a free and democratic society. Alberta has enacted the *Adult Interdependance Relationships Act* (S.A., c. A-4.5) which allows an "interdependent couple" to enter into an agreement pursuant to that Act thereby assuming similar obligations to married.[166]

Ainsi, toutes les provinces et territoires canadiens, sauf le Québec, ont adopté des lois concernant les rapports juridiques entre conjoints de fait. Les lois comportent toutes une obligation alimentaire entre ces conjoints et certaines prévoient d'autres mesures de protection. Comme elles sont toutes semblables, je me contenterai de souligner ce qu'il en est plus particulièrement en Ontario, première province à légiférer en la matière. Je ferai aussi état de la législation de quelques autres provinces canadiennes.

3.2.1 L'Ontario

L'Ontario fut la première province canadienne à légiférer pour établir une obligation alimentaire entre conjoints ayant cohabité pendant au moins cinq ans ou ayant établi une relation de concubinage permanente alors que des enfants étaient issus de leur relation, et ce, dès 1978[167]. La période requise de 5 ans de cohabitation nécessaire à la création du lien juridique fut réduite à 3 ans, en 1986[168]. En 1999, la Cour suprême du Canada a déclaré que l'article 29 de la loi, qui restreignait la définition de conjoints à ceux de sexes opposés,

---

166. *Ibid.*, p. 3-6.
167. *Ibid.*, p. 3-8, citant le *Family Law Reform Act*, S.O. 1978, c. 2, art. 14.
168. *Family Law Act*, S.O. 1986, c. 4, art. 29.

était contraire à la *Charte canadienne des droits et libertés*[169], dans l'arrêt *M. c. H.*[170].

La loi ontarienne, la *Loi sur le droit de la famille*[171], définit le terme « conjoint » au paragraphe 1(1) comme « personne mariée » et comporte aussi les définitions suivantes, en regard de l'obligation alimentaire :

> « conjoint » s'entend au sens du paragraphe 1(1). Sont également compris (*sic*) l'une ou l'autre de deux personnes qui ne sont pas mariées ensemble et qui ont cohabité, selon le cas :
>
> a)   de façon continue depuis au moins trois ans ;
>
> b)   dans une relation d'une certaine permanence, si elles sont les parents naturels ou adoptifs d'un enfant. (« spouse »)[172]

L'article 30 aussi prévoit que « Chaque conjoint est tenu de subvenir à ses propres besoins et à ceux de son conjoint dans la mesure de ses capacités et des besoins »[173]. Même si les conjoints peuvent con-

---

169.   *Charte canadienne des droits et libertés*, précitée, note 42.
170.   Précité, note 18, par. 2 et 3, où la Cour suprême mentionne :
       « Notre opinion relativement à la question principale peut être résumée de la façon suivante. La définition du mot « conjoint » à l'art. 29 de la LDF porte atteinte au par. 15(1) de la Charte. Cette définition, qui ne s'applique qu'à la partie III de la LDF, établit une distinction entre les personnes qui forment une union conjugale d'une durée déterminée avec une personne de sexe différent et celles qui forment une union conjugale d'une durée déterminée avec une personne du même sexe. Nous soulignons que la définition donnée au mot « conjoint » au par. 1(1) de la LDF, laquelle s'applique à d'autres parties de la LDF, ne vise que les personnes mariées et n'est pas en cause dans le présent pourvoi. Essentiellement, la définition du mot « conjoint » à l'art. 29 de la LDF étend l'obligation alimentaire entre conjoints, que l'on retrouve à la partie III de la LDF, au-delà du cercle des personnes mariées de manière à inclure les personnes formant une union conjugale d'une certaine permanence avec une personne de sexe différent. Les unions entre personnes de même sexe peuvent à la fois être conjugales et durables, mais les personnes qui forment de telles unions se voient néanmoins refuser l'accès au régime de l'obligation alimentaire prévu par la LDF et mis en application par les tribunaux. Cette différence de traitement est fondée sur une caractéristique personnelle, savoir l'orientation sexuelle, que la jurisprudence antérieure a jugée analogue aux caractéristiques expressément mentionnées au par. 15(1).
       Le nœud de la question en litige est que cette différence de traitement établit réellement une discrimination en portant atteinte à la dignité humaine des personnes formant une union avec une personne du même sexe. »
171.   L.R.O. 1990, c. F.3.
172.   Précitée, note 171, art. 29.
173.   Précitée, note 171, telle qu'amendée par L.R.O. 1990, c. F.3, art. 30 ; 1999, c. 6, art. 25(3).

clure des « accords de cohabitation » avant, pendant ou après la vie commune et renoncer ainsi à leurs obligations légales, ce sont des contrats familiaux annulables en vertu de la loi[174], et toute renonciation qui s'y trouve peut être annulée si la situation ainsi créée est inadmissible[175].

Holland et Stalbecker-Pountney citent l'affaire *Molodowich* c. *Penttinen*[176] quant aux critères à retenir dans l'interprétation de cette obligation alimentaire, qu'elles résument ainsi :

1. Shelter :

    a) Did the parties live under the same roof ?

    b) What were the sleeping arrangements ?

    c) Did anyone else occupy or share the available accommodation ?

2. Sexual and Personal Behaviour :

    a) Did the parties have sexual relations ? If not, why not ?

    b) Did they maintain an attitude of fidelity to each other ?

    c) What were their feelings toward each other ?

    d) Did they communicate on a personal level ?

    e) Did they eat their meals together ?

    f) What, if anything, did they do to assist each other with problems or during illness ?

    g) Did they buy gifts for each other on special occasions ?

3. Services :

    What was the conduct and habit of the parties in relation to :

    a) Preparation of meals ;

    b) Washing and mending clothes ;

    c) Shopping

    d) Household maintenance and ;

---

174. *Loi sur le droit de la* famille, précitée, note 171, art. 53(1) et 56(4).
175. *Loi sur le droit de la* famille, précitée, note 171, art. 33(4).
176. (1980), 17 R.F.L. (2d) 376-381 et 382 (Ont. Dist. Ct.).

e)   Any other domestic services ?

4.   Social :

a)   Did they participate together or separately in neigh-
     bourhood and community activities ?

b)   What was the relationship and conduct of each of them
     toward members of their respective families and how
     did such families behave towards the parties ?

5.   Societal :

What was the attitude and conduct of the community toward
each of them and as a couple ?

6.   Support (economic) :

a)   What were the financial arrangements between the
     parties regarding the provision of or the contribution
     toward the necessaries of life (food, clothing, shelter,
     recreation, etc.) ?

b)   What were the arrangements concerning the acquisi-
     tion and ownership of property ?

c)   Was there any special financial arrangement between
     them which both agreed would be determinant of their
     overall relationship ?

7.   Children :

What was the attitude and conduct of the parties concerning children ?[177]

La relation de concubinage ne peut donner lieu à des obligations
légales si l'un des conjoints est toujours marié à une autre personne[178] et, comme en mariage, le fait de maintenir une résidence

---

177.   W.H. HOLLAND et B.E. STALBECKER-POUNTNEY, *op. cit.*, note 165, p. 3-10.
       Aussi cités par les auteurs : *Routley* c. *Dimitrieff* (1982), 36 O.R. (2d) 302-304
       (Ont. Master) ; *Stoikiewicz* c. *Filas* (1978), 7 R.F.L. (2d) 366 : *Jansen* c. *Mont-
       gomery* (1982), 30 R.F.L. (2d) 332 (N.S. Co. Ct.), et *MacIntyre* c. *MacDonald*
       (1989), 90 N.S.R. (2d) 410 (N.S. Fam. Ct., infirmé le 2 janvier 1990, Doc. CH.
       66712, C.S. Co. Ct., infirmé le 13 juin 1990, Doc. S.C.A. 02232, N.S. C.A. ; *Jede-
       mann* c. *Seemayer* (1990), 1990 CarswellOnt 1342 (Ont. Fam. Ct.) ; *Charbot* c.
       Hood (1990), 1990 CarswellOnt 1408 (Ont. Fam. Ct.).
178.   W.H. HOLLAND et B.E. STALBECKER-POUNTNEY, *op. cit.*, note 165, p. 3-12,
       citant l'affaire *Mahoney* c. *King* (1998), 39 R.F.L. (4th) 361 (Ont. Gen. Div.).

distincte n'empêche pas l'établissement du lien juridique face à une situation comportant tous les autres critères d'application de la loi[179], et particulièrement celui d'avoir l'intention de former un couple. Il s'agit donc d'une question de faits laissée à l'appréciation du tribunal[180], les principales difficultés de preuve vécues par la partie demanderesse étant la date du début de la cohabitation et, s'il en est, la durée et le motif des interruptions de la cohabitation[181]. Le recours est soumis à la prescription générale de deux ans, ainsi qu'à certaines conditions établies en vertu de la *Loi de 2002 sur la prescription des actions*[182]. La pension, si elle est accordée, peut être

---

179. W.H. HOLLAND et B.E. STALBECKER-POUNTNEY, *op. cit.*, note 165, p. 3-12, citant les affaires *Thauvette* c. *Malyon* (1996), 23 R.F.L. (4th) 217 (Ont. Gen. Div.) ; *Lehner* c. *Grundl* (1999), 1999 CarswellOnt 1318 (Ont. C.A.), modifiant (1995), 1995 CarswellOnt 2077 (Ont. Gen. Div.) ; *Davies* c. *Vriend* (1999), 48 R.F.L. (4th) 43 (Ont. Gen. Div.) ; *Smith* c. *Marks* (8 mars 1995, Doc. Toronto D2092/93-A (Ont. Gen. Div.)) ; *Sullivan* c. *Letnik* (1997), 27 R.F.L. (4th) 79 (Ont. C.A.).

180. W.H. HOLLAND et B.E. STALBECKER-POUNTNEY, *op. cit.*, note 165, SUPP – 2007, 3-2, citant les affaires récentes suivantes : *S. (Y.)* c. *B. (S.)*, 2006 CarswellOnt 2797, 2006 ONCJ 162 (Ont. C.J.) où il fut déclaré que les parties n'avaient pas établi de relation de « common law spouses » mais avaient plutôt été colocataires ; alors qu'au contraire la preuve fut jugée suffisante dans *Jones* c. *Wilson* (2007), 2007 CarswellOnt 1447 (Ont. C.J.) ; voir aussi p. 3-14, citant les affaires *Burke* c. *Poste* (1996), 1996 CarswellOnt 2900 (Ont. Gen. Div.) : statut refusé ; *Bell* c. *Bailey* (1999), 1999 CarswellOnt 3661 (Ont. S.C.J.), modifié par (2001), 20 R.F.L. (5th) 272 (Ont. C.A.) : statut reconnu ; *Macmillan-Dekker* c. *Dekker* (2000), 10 R.F.L. (5th) 352 (Ont. S.C.J.) : statut reconnu ; *Sturgess* c. *Shaw* (2002), 2002 CarswellOnt 3206 (Ont. S.C.J.) : statut refusé.

181. W.H. HOLLAND et B.E. STALBECKER-POUNTNEY, *op. cit.*, note 165, p. 3-17 et 3-18, citant les affaires *Sanderson* c. *Russell* (1979), 9 R.F.L. (2d) 81 (Ont. C.A.) : séparation de 5 jours ne constituant pas une interruption de cohabitation ; *Feehan* c. *Attwells* (1979), 24 O.R. (2d) 248 (Ont. Co. Ct.) : il s'agit d'une question d'intention des parties ; *Harris* c. *Godkewitsch* (1983), 41 O.R. (2d) 779 (Ont. Prov. Ct.) et *Kossakowski* c. *Sierchio* (1983), 36 R.F.L. (2d) 395 (Ont. Co. Ct.) : le fardeau de preuve est sur la partie demanderesse s'il y a interruption de vie commune de démontrer que les parties ont maintenu l'intention de faire vie commune ; *MacFarlane* c. *Eberhardt* (1994), 1994 CarswellOnt 1973 (Ont. Gen. Div.) : statut refusé car cohabitation interrompue avant les 3 ans de vie commune même si la conjointe a allégué violence physique comme motif de séparation ; *Tchakarova* c. *Rofaiel* (1994), 1994 CarswellOnt 2107 (Ont. Prov. Div.) : statut reconnu après 4½ ans de vie commune malgré plusieurs interruptions sans intention de terminer définitivement la relation ; au même effet, après 20 ans de vie commune et 3 enfants, le statut fut reconnu dans *Robertson* c. *Hotte* (1996), 21 R.F.L. (4th) 452 (Ont. Gen. Div.)

182. L.O. 2002, ch. 24, annexe B, article 4, qui est applicable à la *Loi sur le droit de la famille*, précitée, note 168, en vertu de son article 33(2.1). D'ailleurs c'est la même prescription que prévoyait l'article 50 de la *Loi sur le droit de la famille*, qui a été abrogé en 2002. Voir aussi W.H. HOLLAND et B.E. STALBECKER-POUNTNEY, *op. cit.*, note 165, p. 3-23, citant les affaires *Kelman* c. *Stibor*

à terme[183] et la jurisprudence évolue suivant les mêmes principes que ceux applicables aux gens mariés considérant la similitude de critères des deux lois applicables[184]. D'ailleurs, la *Loi sur le droit de la famille*[185] détermine les facteurs en fonction desquels des aliments peuvent être accordés, comme suit :

> Dans le calcul du montant et de la durée des aliments éventuellement dus en fonction des besoins à fournir à un conjoint ou au père ou à la mère, le tribunal tient compte de la situation globale des parties, notamment des points suivants :
>
> a) les ressources et l'actif actuels de la personne à charge et de l'intimé ;
>
> b) les ressources et l'actif dont disposeront vraisemblablement la personne à charge et l'intimé dans l'avenir ;
>
> c) la capacité de la personne à charge de subvenir à ses propres besoins ;
>
> d) la capacité de l'intimé de fournir des aliments ;
>
> e) l'âge et la santé physique et mentale de la personne à charge et de l'intimé ;

(1998), 55 C.R.R. (2d) 165 (Ont. Prov. Div.), où il fut plaidé sans succès que cette prescription était contraire à l'article 15 de la *Charte canadienne des droits et libertés*, précitée, note 8 ; et *Bell* c. *Bailey*, précitée, note 177.

183. W.H. HOLLAND et B.E. STALBECKER-POUNTNEY, *op. cit.*, note 165, p. 3-24, citant les affaires *Dicks* c. *Zavitz* (1979), 13 R.F.L. (2d) 179 (Ont. Prov. Ct.) : pour une période de 3 ans ; *Wonch* c. *Sakeris* (1978), 1 F.L.R.A.C. 247 (Ont. Prov. Ct.) : pour une période de 19 mois ; *Labbe* c. *McCullough* (1979), 23 O.R. (2d) 536 (Ont. Prov. Ct.) : pour 1 an ; *D.* c. *I.* (1978), 6 R.F.L. (2d) 242 (Ont. Prov. Ct.) : où une somme globale fut accordée ; *Parkes* c. *Reidpath* (1994), 1994 CarswellOnt 2105 (Ont. U.F.C.) : où la pension fut accordée pour 3 ans après 18 ans de cohabitation ; *C. (L.M.)* c. *E. (R.)* (1997), 1997 CarswellOnt 1145 (Ont. Prov. Div.) : où la pension fut accordée pour 7 mois après 5 ans de cohabitation ; *Kent* c. *Frolick* (1996), 23 R.F.L. (4th) 1 (Ont. C.A.) : où la Cour d'appel a annulé le terme.

184. W. H. HOLLAND et B.E. STALBECKER-POUNTNEY, *op. cit.*, note 165, p. 3-24 et 3-26, citant les affaires *Truyens* c. *Lenz* (1996), 1996 CarswellOnt 3445 (Ont. Gen. Div.), motifs additionnels le 6 septembre 1996, Doc. Barrie 3518 (S.C.O.) (Ont. Gen. Div.) : pension à durée indéfinie après 16 ans de cohabitation, conjointe âgée de 52 ans ; *Clark* c. *Vanderhoeven* (1997), 28 R.F.L. (4th) 152 (Ont. Gen. Div.) : pension à durée indéfinie après 15 ans de cohabitation, conjointe âgée de 53 ans ; *Pavicic* c. *Pavicic* (1996), 1996 CarswellOnt 3025 (Ont. Gen. Div.), confirmé par (1998), 1998 CarswellOnt 887 (Ont. C.A.) : somme globale de 175 000 $ après 28 ans de cohabitation.

185. Précitée, note 171, art. 33(9).

f) les besoins de la personne à charge, compte tenu du niveau de vie habituel lorsque les parties résidaient ensemble ;

g) les mesures à la disposition de la personne à charge pour qu'elle devienne capable de subvenir à ses propres besoins, et le temps et l'argent nécessaires à la prise de ces mesures ;

h) toute autre obligation légale pour l'intimé ou la personne à charge de fournir des aliments à une autre personne ;

i) l'opportunité que la personne à charge ou l'intimé reste à la maison pour prendre soin d'un enfant ;

j) l'apport de la personne à charge à la réalisation du potentiel professionnel de l'intimé ;

k) ABROGÉ : 1997, chap. 20, par. 3(3).

l) si la personne à charge est un conjoint :

    (i) la durée de sa cohabitation avec l'intimé,

    (ii) l'effet des responsabilités dont le conjoint s'est chargé pendant la cohabitation sur sa capacité de gain,

    (iii) les soins que le conjoint a pu fournir à un enfant qui a dix-huit ans ou plus et qui est incapable, en raison d'une maladie, d'une invalidité ou pour un autre motif, de se soustraire à la dépendance parentale,

    (iv) l'aide que le conjoint a pu apporter à la continuation de l'éducation d'un enfant de dix-huit ans ou plus qui est incapable pour cette raison de se soustraire à la dépendance parentale,

    (v) dans le cas d'un conjoint, les travaux ménagers ou domestiques que le conjoint a faits pour la famille, ainsi que les soins donnés aux enfants, comme si le conjoint consacrait ce temps à un emploi rémunéré et apportait les gains de cet emploi au soutien de la famille,

    (v.1) ABROGÉ : 2005, chap. 5, par. 27(12) ;

    (vi) l'effet, sur les gains du conjoint ou partenaire de même sexe et sur son développement professionnel, de la responsabilité qui consiste à prendre soin d'un enfant ;

m) les autres droits alimentaires de la personne à charge, sauf ceux qui seraient prélevés sur les deniers publics.[186]

La loi décrit ainsi les objectifs des dispositions concernant l'obligation alimentaire, à l'article 33(8) :

L'ordonnance alimentaire à l'égard d'un conjoint devrait :

a) reconnaître l'apport du conjoint à l'union et les conséquences économiques de l'union pour le conjoint ;

b) distribuer équitablement le fardeau économique que représentent les aliments à fournir à un enfant ;

c) comprendre des dispositions équitables en vue d'aider le conjoint à devenir capable de subvenir à ses propres besoins ;

d) alléger les difficultés financières, si les ordonnances rendues en vertu de la partie I (Biens familiaux) et de la partie II (Foyer conjugal) ne l'ont pas fait.[187]

La loi ontarienne prévoit donc une obligation alimentaire entre conjoints de fait, dans certaines circonstances, dont les critères d'attribution sont très semblables à ceux de la *Loi sur le divorce*[188]. Ses critères d'application ont été interprétés et précisés par les tribunaux et son application est largement reconnue. Il faut souligner qu'en outre de cette obligation alimentaire, les conjoints de fait peuvent exiger le partage des biens familiaux acquis par l'un ou l'autre pendant l'union, et cela en vertu de certains critères et aux conditions prévues dans la *Loi sur le droit de la famille*[189]. Le but de ces dispositions d'égalisation de la valeur nette des biens des conjoints est de reconnaître que les soins à donner aux enfants, la gestion du ménage et l'apport financier constituent des responsabilités communes aux conjoints, et d'affirmer que la contribution de chacun des conjoints, financière ou autre, en vue d'assumer ces responsabilités est implicite dans une relation matrimoniale[190].

---

186. *Loi sur le droit de la* famille, précitée, note 171, art. 33(9), modifiée par 1997, c. 20, art. 3(2) et (3) ; par 1999, chap. 6, par. 25(6) à (9) ; par 2005, chap. 5, par. 27(10) à (13).

187. Précitée, note 171, telle qu'amendée par L.R.O. 1990, c. F.3, art. 33(8) ; 1999, c. 6, art. 25(5) ; 2005, chap. 5, par. 27(9).

188. Précitée, note 8.

189. Précitée, note 171, art. 5(1).

190. *Loi sur le droit de la famille*, précitée, note 171, art. 5(7).

3.2.2 La Colombie-Britannique

La *Family Relations Act*[191] prévoit une obligation alimentaire[192] entre conjoints ayant cohabité dans une relation semblable à celle du mariage pendant une période minimale de deux ans. Le recours doit être intenté dans l'année de la cessation de la cohabitation[193]. Les critères d'application de la loi se trouvent à la section 7 et sont résumés ainsi par Holland et Stalbecker-Pountney :

> Under part 7 of the *Family Relations Act* the following criteria are provided for determining the obligation to support : the role of each spouse in their family ; an express or implied agreement between the spouses that one has the responsibility to support and maintain the other ; custodial obligations respecting a child ; the ability and capacity of, and the reasonable efforts made by, either or both spouses to support themselves ; the economic circumstances. Except as provided by these factors, a spouse or former spouse is required to be self sufficient in relation to the other spouse or former spouse (sect. 89).[194]

La preuve de tels faits étant faite, il n'existe aucune distinction dans le traitement légal des conséquences de la séparation en matière d'aliments, que les conjoints soient ou non mariés[195]. On remarque qu'il n'y a pas de partage de biens familiaux entre conjoints de fait puisque la définition de « spouse » à l'article 1 les exclut de l'application des sections 5 (Matrimonial Property) et 6 (Division of Pension Entitlement) de la loi[196].

3.2.3 Le Nouveau-Brunswick

La *Loi sur les services à la famille*[197] du Nouveau-Brunswick prévoit une obligation alimentaire entre époux comme entre conjoints de fait. L'article 112 se lit comme suit :

> **112.** (1) Tout conjoint est tenu de pourvoir à son propre soutien et à celui de l'autre conjoint, selon les besoins et dans la mesure où il en est capable.

---

191. R.S.B.C. 1996, c. 128.
192. R.S.B.C. 1996, c. 128, art. 89.
193. R.S.B.C. 1996, c. 128, art. 1. Voir W.H. HOLLAND et B.E. STALBECKER-POUNTNEY, *op. cit.*, note 165, p. 3-49.
194. W.H. HOLLAND et B.E. STALBECKER-POUNTNEY, *op. cit.*, note 165, p. 3-51.
195. W.H. HOLLAND et B.E. STALBECKER-POUNTNEY, *op. cit.*, note 165, p. 3-51, citant *Gostlin* c. *Kergin* (1986), 1 R.F.L. (3d) 448, 3 B.C.L.R. (2d) 264 (C.A.C.-B.).
196. R.S.B.C. 1996, c. 128, art. 1.
197. S.N.B. 1980, c. F-2.2, art. 1, telle qu'amendée par S.N.B. 2000, c. 59, art. 1.

[...]

(3) L'obligation énoncée au paragraphe (1) s'applique aussi à deux personnes, non mariées l'une à l'autre, qui ont vécu ensemble

a)   continuellement pendant au moins trois ans dans une relation familiale où l'une a été substantiellement dépendante de l'autre pour son soutien, ou

b)   dans une relation familiale, de façon assez continuelle, lorsqu'il y a eu naissance d'un enfant dont elles sont les parents naturels, et qui ont ainsi vécu ensemble au cours de l'année précédente.

Les tribunaux s'en sont remis à l'interprétation faite par les tribunaux ontariens, quant à ces dispositions, compte tenu des similarités entre les deux lois[198]. En donnant primauté aux obligations d'une personne à l'égard de celle à qui elle est ou était légalement mariée et de tout enfant issu de ce mariage[199], ainsi qu'une priorité générale aux aliments octroyés aux autres enfants à charge[200], l'article 115 prévoit aussi les éléments que le tribunal doit prendre en considération dans l'attribution d'aliments pour une personne à charge telle que précédemment définie, et ce, comme suit :

Avant de fixer, eu égard au besoin, le montant de la prestation de soutien pour une personne à charge qui n'est pas un enfant ou qui n'est pas un enfant majeur, si prestation il y a, la cour doit prendre en considération tous les éléments de la situation des parties, y compris

a)   les biens et les moyens de la personne à charge et du défendeur ainsi que les prestations ou pertes de prestations au titre d'une pension ou d'une rente ;

b)   la capacité de la personne à charge de pourvoir elle-même à son soutien ;

c)   la capacité du défendeur de verser des prestations de soutien ;

d)   l'âge et l'état de santé physique et mentale de la personne à charge et du défendeur ;

---

198.   W.H. HOLLAND et B.E. STALBECKER-POUNTNEY, *op. cit.*, note 165, p. 3-32.
199.   Précitée, note 197, art. 115(7).
200.   Précitée, note 197, art. 115.1(1).

e) la présence d'un handicap physique ou mental ou d'une autre cause réduisant la faculté de la personne à charge de pourvoir elle-même à son soutien ;

f) la durée de cohabitation de la personne à charge et du défendeur ;

g) les besoins de la personne à charge, compte tenu du niveau de vie auquel elle était habituée à l'époque où les parties cohabitaient ;

h) les mesures que peut prendre la personne à charge pour acquérir son indépendance financière ainsi que le temps dont elle aura besoin pour prendre ces mesures et le coût correspondant ;

i) l'obligation légale du défendeur de pourvoir au soutien de toute autre personne ;

j) l'opportunité pour la personne à charge ou le défendeur de demeurer à la maison pour se charger d'un enfant ;

k) la part que la personne à charge a prise à la réalisation du potentiel professionnel du défendeur ;

l) Abrogé : 1997, c. 59, art. 3.

m) Abrogé : 1997, c. 59, art. 3.

n) Abrogé : 1997, c. 59, art. 3.

o) lorsque la personne à charge est un conjoint, l'effet des responsabilités assumées durant la cohabitation sur sa capacité de gain ;

p) lorsque la personne à charge est un conjoint, le fait pour elle d'avoir entrepris de se charger d'une autre personne à charge âgée de dix-neuf ans et plus qui ne peut se passer de son appui pour cause de maladie, de handicap ou pour toute autre raison ;

q) lorsque la personne à charge est un conjoint, le fait pour elle d'avoir entrepris d'aider une autre personne à charge âgée de dix-neuf ans et plus à poursuivre ses études si celle-ci, pour cette raison, ne peut se passer de son appui ;

r) lorsque la personne à charge est un conjoint, tous les soins consacrés au ménage, à un enfant ou tout autre service domestique fourni par le conjoint pour la famille tout comme si le conjoint consacrait à un emploi rémunérateur le temps passé à fournir ce service et affectait au soutien de la famille les gains dérivés de cet emploi ;

s) tout autre droit de soutien que la loi reconnaît à la personne à charge, à l'exclusion du soutien obtenu en vertu de programmes publics d'assistance, et

t) la conduite des parties, si cette conduite précipite, prolonge ou accentue de façon déraisonnable le besoin de soutien ou si elle réduit de façon déraisonnable la faculté de payer les prestations de soutien.[201]

Non seulement cette loi prévoit-elle une obligation alimentaire entre conjoints de fait, mais elle prévoit aussi, à l'article 116(1), plusieurs mesures de protection diverses en faveur du conjoint dans le besoin comme, entre autres, le versement de prestations alimentaires sous diverses formes et même après décès, le paiement de frais de justice, le maintien en vigueur des assurances-vie et aussi la possibilité de requérir l'usage du foyer conjugal et des meubles le garnissant, pendant une période à être déterminée par le tribunal. La loi ne prévoit cependant pas la constitution d'un patrimoine familial commun.

3.2.4 La Nouvelle-Écosse

La *Maintenance and Custody Act*[202] de la Nouvelle-Écosse comporte la définition suivante :

"common-law partner" of an individual means another individual who has cohabited with the individual in a conjugal relationship for a period of at least two years.

L'article 3 de la loi prévoit ce qui suit :

The court may, on application by either or both spouses or common-law partners, make an order requiring a spouse or common-law partner to secure or pay, or to secure and pay, such lump sum or periodic sums, or such lump sum and periodic sums, as the court thinks reasonable for the maintenance of the other spouse or common-law partner.

---

201. Précitée, note 197, art. 115(6).
202. R.S.N.S. 1989, c. 160, art. 1 ; 2000, c. 29, art. 2.

Les facteurs à considérer par la cour sont mentionnés à l'article 4 :

In determining whether to order a person to pay maintenance to that person's spouse or common-law partner and the amount of any maintenance to be paid, the court shall consider

(a) the division of function in their relationship ;

(b) the express or tacit agreement of the spouses or common-law partners that one will maintain the other ;

(c) the terms of a marriage contract or separation agreement between the spouses or common-law partners ;

(d) custodial arrangements made with respect to the children of the relationship ;

(e) the obligations of each spouse or common-law partner towards any children ;

(f) the physical or mental disability of either spouse or common-law partner ;

(g) the inability of a spouse or common-law partner to obtain gainful employment ;

(h) the contribution of a spouse or common-law partner to the education or career potential of the other ;

(i) the reasonable needs of the spouse or common-law partner with a right to maintenance ;

(j) the reasonable needs of the spouse or common-law partner obliged to pay maintenance ;

(k) the separate property of each spouse or common-law partner ;

(l) the ability to pay of the spouse or common-law partner who is obliged to pay maintenance having regard to that spouse's or common-law partner's obligation to pay child maintenance in accordance with the Guidelines ;

(m) the ability of the spouse or common-law partner with the right to maintenance to contribute to his own maintenance.[203]

---

203. *Maintenance and Custody Act*, précitée, note 202, telle qu'amendée, 1997 (2e session), c. 3, art. 3 ; 2000, c. 29, art. 5.8.

En outre, l'article 7 permet l'attribution de l'usage exclusif de la résidence familiale à l'un des conjoints, qu'il en soit ou non propriétaire ou copropriétaire. La loi prévoit aussi les conditions qui permettent au tribunal de réduire ou de mettre un terme à l'obligation alimentaire entre conjoints, par exemple dans le cas où le créancier se marie ou se remarie ou cohabite avec une autre personne dans une relation conjugale[204]. L'obligation alimentaire y est ainsi décrite :

> A maintained spouse or common-law partner has an obligation to assume responsibility for his own maintenance unless, considering the ages of the spouses or common-law partners, the duration of the relationship, the nature of the needs of the maintained spouse or common-law partner and the origin of those needs, it would be unreasonable to require the maintained spouse or common-law partner to assume responsibility for his maintenance, and it would be reasonable to require the other spouse or common-law partner to continue to bear this responsibility.[205]

Le recours doit être intenté dans les six mois de la fin de la cohabitation[206] et les aliments peuvent être réduits ou annulés, entre autres, lorsque le conjoint créancier maintient une conduite qui constituerait un motif suffisant de séparation si les conjoints étaient mariés[207]. La loi prévoyant le partage des biens familiaux en cas de séparation ne s'applique qu'aux époux, si bien qu'il ne peut y avoir de partage d'actifs entre conjoints de fait (si ce n'est par consentement mutuel dans le cadre d'un contrat de séparation, bien sûr)[208].

3.2.5 L'Alberta

L'Alberta est l'une des dernières provinces à avoir légiféré pour encadrer les relations interpersonnelles des conjoints de fait, et cela, à la suite de la décision de la Cour d'appel dans *Taylor* c. *Rossu*[209] qui a déclaré que la loi provinciale restreignant l'obligation alimentaire aux personnes mariées était contraire à la *Charte canadienne des droits et libertés*[210]. La province a, par la suite, amendé la *Domestic*

---

204. *Maintenance and Custody Act*, précitée, note 202, art. 6.
205. *Maintenance and Custody Act*, précitée, note 202, art. 5, telle qu'amendée par 2000, c. 29, art. 8.
206. *Maintenance and Custody Act*, précitée, note 202, art. 21(1). Voir W.H. HOLLAND et B.E. STALBECKER-POUNTNEY, *op. cit.*, note 165, p. 3-42.
207. *Maintenance and Custody Act*, précitée, note 202, art. 4, 5 et 6(2). Voir W.H. HOLLAND et B.E. STALBECKER-POUNTNEY, *op. cit.*, note 165, p. 3-43.
208. *Matrimonial Property Act*, R.S.N.S. 1989, c. 275 ; 1995-96, c. 13, s. 83.
209. (1998), 39 R.F.L. (4th) 242 (Cour d'appel de l'Alberta).
210. Précitée, note 42.

Relations Act[211] et la *Adult Interdependent Relationships Act*[212], puis a complètement modifié le droit familial en adoptant la *Family Law Act*[213], entrée en vigueur en 2005, qui prévoit l'obligation alimentaire aux articles 56 à 63. L'article 60 établit les objectifs de ces dispositions comme suit :

A spousal or adult interdependent partner support order should

(a) recognize any economic advantages and disadvantages to the spouses or adult interdependent partners arising from the relationship or its breakdown,

(b) apportion between the spouses or adult interdependent partners any financial consequences arising from the care of any child of the relationship over and above the obligation apportioned between the spouses or adult interdependent partners pursuant to a child support order or a child support agreement,

(c) relieve any economic hardship of the spouses or adult interdependent partners arising from the breakdown of the relationship, and

(d) insofar as practicable, promote the economic self-sufficiency of each spouse or adult interdependent partner within a reasonable period of time.

Par ailleurs, c'est la *Adult Interdependent Relationships Act*[214] qui définit les relations interdépendantes visées, en précisant à l'article 5, qu'un adulte ne peut avoir plus d'un partenaire « en relation interdépendante » à la fois ou devenir partenaire « en relation interdépendante » tant qu'il est marié. Il doit y avoir eu cohabitation continue pour une période d'au moins trois ans ou que les conjoints soient parents d'un même enfant[215], le fardeau de la preuve reposant sur celui qui allègue qu'il y a eu relation de concubinage donnant ouverture à l'application de la loi[216]. La loi définit ainsi les rapports visés :

---

211. R.S.A. 1980, c. D-37.
212. S.A. 2002, c. A-4.5.
213. S.A. 2003, c. F-4.5. Sur l'application dans le temps de l'une ou l'autre de ces 3 lois, la *Domestic Relations Act*, la *Adult Interdependent Relationships Act* et la *Family Law Act*, voir *R. (F.D.) c. P. (M.D.)*, 2006 CarswellAlta 458, 25 E.T.R. (3d) 103 (Alta. Q.B.).
214. S.A. 2002, c. A-4.5.
215. Art. 3(1).
216. Art. 11.

(2) In determining whether 2 persons function as an economic and domestic unit for the purposes of subsection (1)(f)(iii), all the circumstances of the relationship must be taken into account, including such of the following matters as may be relevant :

(a) whether or not the persons have a conjugal relationship ;

(b) the degree of exclusivity of the relationship ;

(c) the conduct and habits of the persons in respect of household activities and living arrangements ;

(d) the degree to which the persons hold themselves out to others as an economic and domestic unit ;

(e) the degree to which the persons formalize their legal obligations, intentions and responsibilities toward one another ;

(f) the extent to which direct and indirect contributions have been made by either person to the other or to their mutual well-being ;

(g) the degree of financial dependence or interdependence and any arrangements for financial support between the persons ;

(h) the care and support of children ;

(i) the ownership, use and acquisition of property.

Par ailleurs, il n'y a pas de prescription extinctive spécifique dans la loi albertaine, à cet égard[217]. La loi indique spécifiquement que le *Partnership Act*[218] ne s'applique pas aux relations d'interdépendance définies par la loi[219], et donc ces conjoints ne peuvent invoquer qu'une société s'est formée entre eux du seul fait de leur cohabitation pour demander un partage d'actifs entre eux. La loi prévoyant le partage des biens familiaux en cas de séparation ne s'applique qu'aux époux, si bien qu'il ne peut y avoir de partage d'actifs entre conjoints de fait (si ce n'est par consentement mutuel dans le cadre d'un contrat de séparation, bien sûr)[220].

---

217. W.H. HOLLAND et B.E. STALBECKER-POUNTNEY, *op. cit.*, note 165, p. 3-62, citant *McManus* c. *Marchuk* (1998), 40 R.F.L. (4th) 105 (Alta. Q.B.), motifs additionnels à (1998), 220 A.R. 150 (Alta. Q.B.).
218. *Partnership Act*, R.S.A. 2000, c. P-3.
219. *Adult Interdependent Relationships Act*, précitée, note 207, art. 12.
220. *Matrimonial Property Act*, R.S.A. 2000, c. M-8.

3.2.6 Le Manitoba

La *Loi sur l'obligation alimentaire du Manitoba*[221] définit le « conjoint de fait » comme une personne qui, selon le cas :

    a)   a fait enregistrer avec une autre personne une union de fait en vertu de l'article 13.1 de la *Loi sur les statistiques de l'état civil* ;

    b)   a vécu dans une relation maritale avec une autre personne sans être mariée avec elle :

        (i)   soit pendant une période d'au moins trois ans,

        (ii)   soit pendant une période d'au moins un an, si elles sont les parents d'un même enfant. (« common-law partner »)

Les articles 4 et 5 prévoient une obligation alimentaire entre conjoints qui ont vécu une relation de dépendance économique pendant la période mentionnée de cohabitation continue, sans considération de la conduite fautive des parties. C'est l'article 7(1) qui expose les éléments servant à l'appréciation de la demande, comme suit :

> Lorsqu'il évalue l'opportunité de rendre une ordonnance en vertu de la présente partie ou de l'article 46, qu'il décide des dispositions qu'elle devrait contenir et, en particulier, qu'il détermine ce qui est raisonnable en vertu des articles 4, 5 et 6 pour l'application de l'ordonnance, le tribunal tient compte de tous les éléments de la situation des conjoints ou des conjoints de fait, y compris :
>
> a)   les besoins financiers de chacun ;
>
> b)   les moyens financiers, les gains et la capacité de gain de chacun ;
>
> c)   leur niveau de vie ;
>
> d)   toute obligation d'un des conjoints ou conjoints de fait concernant la fourniture d'aliments à un enfant ou à une autre personne que l'autre conjoint ou conjoint de fait ;
>
> e)   toute contribution d'un conjoint ou d'un conjoint de fait au sens du paragraphe (2) ;

---

221. L.R.M. 1987, c. F20 ; C.P.L.M. 2005, c. F20.

f)   le montant de tout partage des biens entre eux ;

g)   lorsqu'un des conjoints en question est à la charge de l'autre,
les mesures dont il dispose pour acquérir son indépendance
financière ainsi que le temps dont il aura besoin pour prendre ces mesures et le coût correspondant ;

h)   tout effet défavorable du mariage ou de l'union de fait sur la
capacité de gain et la situation financière d'un conjoint ou
d'un conjoint de fait ;

i)   lorsqu'un des conjoints en question est à la charge de l'autre,
le fait de savoir s'il se conforme aux exigences de l'article 6 et
dans quelle mesure il s'y conforme ;

j)   la durée du mariage ou de l'union de fait.

Cette loi du Manitoba comporte une particularité : elle reconnaît à l'article 7(2) que le conjoint qui s'occupe du ménage et du soin
aux enfants, ou qui fournit des services domestiques à la famille, rem-
plit son obligation tout comme s'il contribuait à la famille à même les
revenus d'un emploi. Il s'agit donc d'une contribution financière au
sens de la loi, ce qui peut donner lieu à une pension alimentaire en cas
de séparation. Aucune prescription ne peut s'appliquer, ce que prévoit spécifiquement l'article 63 de la loi. La *Loi sur les biens familiaux*[222] prévoit le partage de certains biens familiaux acquis pendant
la vie commune entre les conjoints de fait, à certaines conditions.

On peut s'en remettre à la jurisprudence ontarienne quant à
l'interprétation des dispositions pertinentes de la loi du Manitoba[223].

3.2.7 *Toutes les autres provinces canadiennes imposent l'obligation alimentaire entre conjoints de fait*

On pourrait continuer ainsi avec toutes les autres provinces
canadiennes. Toutes prévoient en effet une obligation alimentaire
entre conjoints de fait[224]. Certaines prévoient d'autres protections

---

222.   C.P.L.M., c. F25, art. 2.1(1) et 2.1(2).
223.   W.H. HOLLAND et B.E. STALBECKER-POUNTNEY, *op. cit.*, note 165, p. 3-36.
224.   **Île-du-Prince-Édouard** : *Family Law Act*, R.S.P.E.I. 1988, c. F-2.1, cohabitation d'une durée minimale de 3 ans ou d'une certaine permanence si les conjoints
sont parents et il n'y a pas de prescription extinctive spécifique ; **Nunavut** : *Loi
sur le droit de la famille*, L.T.N.-O. 1997, c. 18, qui réitère les dispositions de la
loi des Territoires du Nord-Ouest. Voir aussi *Loi sur le Nunavut*, L.C. 1993, c. 28,
art. 29(1), telle qu'amendée par L.C. 1998, c. 15, art. 4 ; **Saskatchewan** : *Family*

pour le conjoint dans le besoin, tel un droit d'usage de la résidence familiale ou la possibilité de l'octroi d'une somme globale. Plusieurs imposent un partage des biens familiaux acquis par les conjoints de fait pendant la vie commune. Bien sûr, les conjoints de fait peuvent conclure des transactions quant à leurs obligations légales mais les transactions seront révisables suivant certains critères élaborés dans les lois ou par la jurisprudence.

Seul le Québec n'a pas légiféré pour encadrer les rapports inter-personnels des conjoints de fait.

3.3 Les conjoints de fait au Québec

3.3.1 *Survol historique du cadre juridique applicable à la famille en mariage*

3.3.1.1 *Les premiers gains juridiques des femmes*

Le droit de la famille a une bien courte histoire au Québec. Il est indéniable qu'il doit son avancement aux femmes qui ont cherché à prendre leur place dans une société qui leur en laissait bien peu, à l'origine. Rappelons d'abord que, jusqu'en 1954, les femmes mariées étaient considérées légalement comme des incapables[225] ; que cette puissance maritale n'a été officiellement abolie que le 1er juillet 1964, date à laquelle est entrée en vigueur la *Loi sur la capacité juridique de la femme mariée*[226], et que la puissance paternelle ne fut remplacée par l'autorité parentale conjointe qu'en 1977[227]. Jusque-là, la

---

Maintenance Act, S.S. 1997, c. F-6.2, cohabitation d'une durée minimale de 3 ans ou d'une certaine permanence si les conjoints sont parents et il n'y a pas de prescription extinctive spécifique ; **Terre-Neuve** : *Family Law Act*, R.S.N. 1990, c. F-2, cohabitation d'une durée minimale de 2 ans ou d'un an si les conjoints sont parents et le recours doit être intenté dans les 2 ans de la cessation de la cohabitation ; **Territoires du Nord-Ouest** : *Loi sur le droit de la famille*, L.T.N.-O. 1997, c. 18, cohabitation d'une durée minimale de 2 ans ou d'un an si les conjoints sont parents ; **Yukon** : *Loi sur le patrimoine et l'obligation alimentaire*, R.S.Y. 1986, c. 63, art. 35, aucune période minimale de cohabitation requise, mais le recours doit être intenté dans les 3 mois de la fin de la cohabitation.

225. CONSEIL DU STATUT DE LA FEMME, *Pour les Québécoises : égalité et indépendance*, Politique d'ensemble de la condition féminine, présentée à la ministre Lise Payette, 20 septembre 1978, p. 28.

226. S.Q. 1964, c. 66. Voir, à ce sujet, Alain ROY, *Le contrat de mariage réinventé, perspectives socio-juridiques pour une réforme*, Montréal, Éditions Thémis, 2002, p. 23.

227. *Loi modifiant le Code civil*, L.Q. 1977, c. 72, modifiant les articles 242 et suivants du *Code civil du Bas-Canada*.

femme québécoise ne pouvait jouir de droits égaux à ceux de l'homme à l'égard de la famille. Voyons donc comment cette évolution s'est produite.

Au XIXe siècle, les femmes québécoises n'étant que rarement admises dans le monde du travail[228], c'est à travers le bénévolat et la bienfaisance qu'elles vont sentir le besoin de s'affranchir de l'autorité maritale. Orphelinats, asiles, crèches, hôpitaux, foyers, refuges, patronages, bibliothèques, associations pieuses sont les lieux de prédilection du travail féminin québécois non rémunéré du XIXe siècle et du début du vingtième[229]. Les femmes de la grande bourgeoisie vont s'y impliquer : Caroline Béique, dont le mari financier est un homme fortuné, Marie Gérin-Lajoie, épouse d'avocat, Justine Lacoste-Beaubien, épouse d'un avocat et banquier, Marie Thibaudeau, épouse d'un sénateur, pour ne nommer que celles-là[230], vont s'affairer à fonder, entre autres, des hôpitaux, l'Assistance maternelle, les Gouttes de lait, la Ligue des petites mères, la Fédération nationale Saint-Jean-Baptiste et c'est à cette occasion qu'elles réaliseront les limites de leurs droits lorsqu'elles se butèrent à la nécessité d'obtenir l'approbation ou la signature de leurs maris pour toute chose[231].

Si les femmes québécoises vont gagner quelques affranchissements pratiques de leurs maris pour exercer leurs bonnes œuvres, elles perdront aussi des droits sous l'influence de la colonie britan-

---

228. Nous vous référons ici surtout à l'excellent livre de Micheline DUMONT et Michèle JEAN, Marie LAVIGNE, Jennifer STODDART, *L'histoire des femmes du Québec depuis quatre siècles*, Montréal, Les Quinze, 1982, lesquelles expliquent bien le contingentement du travail féminin québécois au XIXe siècle, à certains domaines spécifiques très mal rémunérés comme celui du travail domestique qui conduisait parfois à la prostitution, celui d'ouvrière, surtout du textile, ou de maîtresse d'école. La seule façon d'échapper à un travail si mal rémunéré qui conduisait directement à la pauvreté, était par le mariage ou le voile. Le travail des femmes mariées et des religieuses s'organisa autour de la charité qui était une activité sociale encouragée et valorisée et c'est justement à travers l'exercice de la charité que les femmes vont exiger plus de droits. Voir chapitre VII – Travailler sous un autre toit, p. 197-237. À ce sujet, on peut lire aussi : Suzanne D. CROSS, « La majorité oubliée : le rôle des femmes à Montréal au XIXe siècle », dans Marie LAVIGNE et Yolande PINARD, *Les femmes dans la société québécoise, aspects historiques,* Montréal, Boréal Express, 1977 ; et Marie LAVIGNE, « Lobby des femmes et promotion des droits », dans Hélène DUMONT (dir.), Les Journées Maximilien-Caron 1991, *Femmes et droit, 50 ans de vie commune... et tout un avenir*, Montréal, Éditions Thémis, 1993, p. 17, aux p. 18 et s.
229. M. DUMONT et autres, *op. cit.*, note 228, p. 256.
230. *Ibid.*, p. 260.
231. *Ibid.*, p. 261.

nique. Avant l'introduction du *Code civil du Bas-Canada*[232], c'est la *Coutume de Paris* qui règle les relations entre individus. Certaines de ses dispositions seront modifiées par le nouveau gouvernement de l'Union pour faciliter le commerce. C'est le cas du douaire, qui disparaît peu à peu :

> Le principal changement est la mise en désuétude du douaire. Comme on le sait, par le droit de douaire, une femme et ses enfants peuvent conserver, après la mort du mari propriétaire, la jouissance de certains biens, même s'ils ont déjà été vendus ou hypothéqués. De cette manière, un propriétaire du Bas-Canada, au début du 19e siècle, peut découvrir que l'immeuble qu'il a acquis quelques années auparavant est, suite au décès du vendeur, maintenant sujet au douaire de l'épouse, douaire dont il ignorait parfois l'existence. On comprend pourquoi les hommes d'affaires britanniques protestent vigoureusement contre ces dispositions qui enfreignent, disent-ils, la spéculation immobilière.
>
> Dès l'établissement du nouveau gouvernement de l'Union, la loi est modifiée. Les femmes peuvent désormais renoncer à l'ancienne protection matérielle du douaire pour elles et leurs enfants et libérer ainsi les titres de propriété de leurs maris. Pour la renonciation du droit au douaire, ni elles ni les enfants ne se voient accorder une indemnité ou une compensation. Même si les femmes ne sont pas obligées de renoncer au douaire, en pratique, elles doivent le faire. En effet, quel acheteur avisé est intéressé à acquérir un bien dont il aura la propriété, mais non la jouissance ?
>
> L'instauration de bureaux d'enregistrement, en 1841, ne fait que renforcer, pour les femmes, l'obligation de renoncer au douaire. Le système de bureaux d'enregistrement, qui n'existait pas sous la Coutume de Paris, permet à l'acquéreur de consulter le registre et de voir qui est le véritable propriétaire de l'immeuble qu'il veut acheter, et avec quelles hypothèques ou douaires celui-ci est grevé. Le conflit entre les droits du douaire et le principe de l'enregistrement se termine par la défaite des anciens droits des femmes et ce, à une époque où c'est une femme, la reine Victoria, qui siège sur le trône d'Angleterre.[233]

Les auteures de *L'histoire des femmes du Québec* nous apprennent aussi que le Code civil de 1866[234] fut encore plus précis à cet

---

232. *Acte concernant le Code civil du Bas-Canada*, Législature de la province du Canada, 1865, c. 41.
233. M. DUMONT et autres, *op. cit.*, note 228, p. 150.
234. Précité, note 232.

égard en spécifiant qu'aucun douaire ne pouvait être valable à moins d'avoir été enregistré sur la propriété sur laquelle il portait, ce qui fera tomber ce droit, à toutes fins utiles, en désuétude car :

> [...] il semble qu'on néglige de plus en plus, souvent par igno-rance, de faire cet enregistrement. Au début du 20e siècle, les féministes constatent que le droit de douaire est, pour la plupart des femmes, un droit fictif. Dorénavant, il doit être enregistré pour être valide contre des acheteurs ou des créanciers du mari.
>
> La famille tout entière voit ses droits s'effriter au profit d'une nouvelle conception plus individualiste de la propriété.[235]

Les auteures ne retracent aucune contestation des dispositions visant l'incapacité juridique de la femme mariée, lors de l'entrée en vigueur du *Code civil du Bas-Canada*[236], en 1866. Elles imputent ce silence au fait que, jusqu'à la fin du XIXe siècle, les femmes québécoi-ses ont plus de droits que les femmes des provinces de common law qui n'ont aucune existence légale séparée de leur mari, lequel a le con-trôle absolu de la personne et des biens de son épouse. Les femmes des autres provinces canadiennes et des États-Unis feront pression pour modifier cette situation et, au début du XXe siècle, la plupart des pro-vinces canadiennes auront adopté des lois instituant un régime matrimonial du type séparation de biens[237], ce qui fait dire aux auteures que « les Québécoises ont alors la situation légale la moins enviable au Canada ». Pourtant, les Québécoises bénéficient du régime matrimonial légal de la communauté de biens qui, s'il risque de les rendre responsables des dettes de leur mari, leur permet toute-fois de bénéficier du partage de la richesse familiale. En fait, ce ne sont que les femmes fortunées ou les rares femmes qui sont en affai-res qui ont avantage à bénéficier d'un régime matrimonial de sépara-tion de biens pour avoir accès à la gestion de leurs biens. Il faut reconnaître qu'à la fin du XIXe siècle, la plupart des femmes québécoi-ses n'ont que peu ou pas de biens personnels[238] mais les auteures ne traitent pas de cet aspect et trouvent surtout archaïque, avec raison d'ailleurs, le fait que la femme mariée québécoise d'alors soit privée de sa capacité juridique, en négligeant de considérer les avantages, pour ces femmes, d'un régime matrimonial de communauté de biens. Les historiennes abordent avec un constat l'arrivée du XXe siècle :

---

235. M. DUMONT et autres, *op. cit.*, note 228, p. 152.
236. Précité, note 232.
237. M. DUMONT et autres, *op. cit.*, note 228, p. 154.
238. *Ibid.*, p. 163.

Et pourtant, ce siècle [XIXe] aura dessiné une autre place pour les femmes : elles perdent leurs anciens droits, et la vie politique et économique devient résolument masculine. L'importance des femmes dans l'économie familiale diminue : plusieurs deviennent des ménagères dépendantes d'un mari pourvoyeur. Les hommes définissent la nouvelle société qui s'instaure en fonction de ce qu'ils font, eux, et ils en excluent les femmes. Les hommes redéfinissent seuls cette nouvelle société. Ils définissent également ce que sont les femmes et ce qu'elles doivent faire et ne pas faire. Ils leur réservent une toute petite place où elles sont prisonnières : la sphère domestique.[239]

Marie Gérin-Lajoie, qui, en 1910, publie un *Traité de droit usuel*[240] à l'intention des femmes, sera la plus grande revendicatrice de modifications au *Code civil du Bas-Canada*[241]. En 1913, elle revendique sans grand succès la réforme des régimes matrimoniaux. Devant sa ténacité et celles d'autres femmes qui exigent une commission d'enquête sur leurs droits depuis 1914, le premier ministre Taschereau institue la Commission Dorion, du nom du juge qui la préside[242], vers la fin des années 20, pour apaiser les féministes. Pourtant, elles y requièrent certains changements d'une façon plutôt conservatrice : limiter le pouvoir du mari de dissiper les biens de la communauté ou de les donner sans le consentement de sa femme ; que certains biens meubles soient exclus de la communauté ; qu'elles puissent obtenir une part fixe garantie au décès du mari et la liberté totale sur les biens appartenant aux femmes séparées ; elles veulent pouvoir devenir tutrices aux enfants mineurs et curatrices aux personnes interdites ; que l'âge du mariage soit modifié pour les filles et le consentement de la mère des mineures obligatoire ; que les procédures de séparation soient simplifiées et moins coûteuses et, surtout, que soit reconnu le droit des femmes à la séparation car alors, seuls les hommes peuvent demander la séparation pour adultère de l'épouse, celle-ci ne pouvant l'obtenir que si le mari établit sa concubine sous le toit familial[243] ! Par contre :

> Personne ne suggère l'abolition du régime matrimonial de la communauté de biens ni du principe de l'obéissance de l'épouse. Quelques voix seulement remettent en question la position vénérée du chef de famille, mais personne ne suggère que les époux devraient gérer la famille ensemble.

---

239. *Ibid.*, p. 233.
240. Marie GÉRIN-LAJOIE, *Traité de droit usuel*, Montréal, Beauchemin, 1910.
241. Précité, note 232.
242. M. DUMONT et autres, *op. cit.*, note 228, p. 333.
243. *Ibid.*, p. 334-335.

[...] La commission Dorion écrit son rapport en trois volumes. Dans le premier, celui qui donne le ton, les commissaires justifient le statu quo des femmes au Québec et la nécessité, si l'on veut préserver l'ordre social, de laisser intact le Code civil. « La théorie des "droits égaux" est absurde, disent-ils, parce que la fonction de la femme est spéciale et différente de celle de l'homme. Les femmes doivent se sacrifier au bien général de la famille. » Même si les commissaires reconnaissent que le Code civil pose parfois quelques inconvénients aux femmes, ce ne saurait être, selon eux, que des cas exceptionnels. Plutôt que d'admettre la justesse des arguments féminins, ils les minimisent en les attribuant aux femmes qui ont mal choisi leur conjoint.[244]

Quelques recommandations novatrices seront cependant incorporées au *Code civil du Bas-Canada*[245] comme, entre autres, la création d'une catégorie de biens réservés aux femmes mariées, la gestion de l'argent gagné par les femmes qui sont maintenant seules à pouvoir toucher leur salaire et la libre disposition des biens acquis avec cet argent, malgré que celles qui restent au foyer n'ont pas plus accès à l'argent gagné par leur mari pourvoyeur. La Commission ne remettra pas en question l'autorité du mari pour nombres d'actes légaux que peut accomplir son épouse, ni l'inégalité des époux face à l'adultère[246].

Alors que Duplessis promulgue la *Loi instituant l'assistance aux mères nécessiteuses*[247], en 1937, faisant suite au rapport de la Commission des assurances sociales du Québec, dite Commission Montpetit, c'est une loi amputée de plusieurs des recommandations de la Commission qui sera adoptée en excluant de ses bénéfices les « mères séparées, divorcées dont le mari est en prison, ainsi que les immigrantes récemment arrivées »[248] :

Elle [la loi] exige d'avoir au moins 2 enfants de moins de 16 ans, d'être mariée, d'être sujet britannique depuis au moins 15 ans et d'avoir résidé dans la province durant les 7 dernières années. De plus, il faut offrir des garanties raisonnables d'habileté à donner à ses enfants les soins de bonne mère, condition qui fait entrer en considération la conduite morale des mères.

---

244. *Ibid.*, p. 335-336.
245. Précité, note 232.
246. M. DUMONT et autres, *op. cit.*, note 228, p. 337.
247. *Ibid.*, p. 263.
248. *Ibid.*, p. 263.

[...] En 1938, l'application de la loi permet au gouvernement du Québec de redistribuer 2 000 000 $ et de secourir 5 000 femmes chefs de famille, alors que, la même année, l'Ontario secourt 12 000 femmes et dépense 5 000 000 $.[249]

Ce sont les étudiantes de l'Université McGill qui vont revendiquer le plus fermement leurs droits et la première graduée, Annie MacDonald Langstaff, recevra un diplôme de droit en 1911, profession qu'elle ne peut cependant pratiquer, le Barreau refusant d'admettre les femmes jusqu'en 1942[250].

C'est sous la poussée de la *Montreal Suffrage Association* et de sa fondatrice, Carrie Derrick, que les femmes obtiennent le droit de vote au fédéral, en 1918. Marie Gérin-Lajoie fonde alors, avec Mme Walter Lyman, le *Comité provincial du suffrage féminin*[251] et, en 1927, Idola Saint-Jean fonde l'*Alliance canadienne pour le vote des femmes du Québec* et se présente aux élections de 1930[252]. Puis, Thérèse Casgrain devient présidente du Comité provincial et, en 1929, lui donne le nom de *Ligue des droits des femmes*. En 1938, Thérèse Casgrain, dont le mari est alors président des Communes, devient vice-présidente des *Femmes libérales du Canada* et fait élire 40 femmes, lesquelles ajoutent le suffrage féminin à leur programme[253]. Adélard Godbout devient chef du parti et, une fois premier ministre, il respectera sa promesse électorale d'accorder le droit de vote aux femmes[254]. C'est en 1940 que les femmes québécoises l'obtiennent, finalement[255].

L'accession des femmes au droit de vote n'apporte pas les changements sociaux escomptés, car elle survient pendant la Deuxième Guerre qui sera suivie au Québec du retour, en 1944, de Maurice Duplessis comme premier ministre. Célibataire, il se targue que « les

---

249. *Ibid.*, p. 264.
250. *Ibid.*, p. 319.
251. *Ibid.*, p. 344-345.
252. Elle ne sera cependant pas élue.
253. Thérèse FORGET CASGRAIN, *Une femme chez les hommes*, Montréal, Éditions du Jour, 1971.
254. M. DUMONT et autres, *op. cit.*, note 228, p. 347-348.
255. <www. assnat.qc.ca/fra/patrimoine/femmes.htlm>. On peut aussi consulter sur le sujet : Marie LAVIGNE et Yolande PINARD, Suzanne CROSS et autres, *Travailleuses et féministes : les femmes dans la société québécoise*, Montréal, Boréal express, 1983 ; Marie LAVIGNE et Jennifer STODDART, *Analyse du travail féminin à Montréal entre les deux guerres*, Thèse (M.A.), Montréal, Université du Québec, 1973 ; Simonne MONET CHARTRAND, *Ma vie comme rivière*, Montréal, Éditions du Remue-ménage, 1981-1992, 4 tomes.

évêques viennent manger dans ma main »[256], ce qui n'est rien pour faire avancer les droits des femmes. Il faudra attendre sa mort, en 1959, et le début de la *révolution tranquille* pour que la première femme soit élue sous la bannière du gouvernement libéral, en 1961, Claire Kirkland Casgrain qui devient aussitôt ministre[257]. C'est elle qui présentera le projet de loi 16 visant à modifier le statut juridique de la femme mariée en la relevant de son incapacité[258]. On remarque alors le peu d'enthousiasme que suscite l'entrée en vigueur de la loi :

> Au fond, cette loi nous renseigne sur deux phénomènes qui n'ont rien à voir avec les clauses même de la loi qui vient d'être votée. D'une part, on constate que les femmes, comme groupe, sont assez peu préoccupées par les lois qui les concernent. Et, de toute manière, les femmes n'ont aucun pouvoir direct pour intervenir au niveau des législateurs. Cela est particulièrement vrai, en ce début des années 60, alors qu'aucune association féminine n'assure la défense des intérêts des femmes.[259]

Mentionnons que c'est en 1954 qu'a été aboli le double standard en matière de séparation qui permettait au mari de demander la séparation au motif d'adultère de sa femme, laquelle ne pouvait l'obtenir que si le mari établissait sa concubine sous le toit familial[260]. Après les États-Unis en 1961-63, l'Allemagne de l'Ouest en 1962-66, la France, le Royaume-Uni, la Finlande, les Pays-Bas et l'Autriche, en 1966, sous la pression renouvelée des femmes, le gouvernement du Canada institue une commission royale d'enquête sur la situation de la femme au Canada, en 1967. C'est la Commission Bird, du nom de sa présidente, une journaliste ontarienne[261], dont l'impact au Québec sera considérable par l'ébullition qu'elle suscite[262].

3.3.1.2 La réforme du régime matrimonial légal

Jusqu'en 1970, le régime matrimonial légal du Québec est celui de la communauté de meubles. Ainsi, à défaut d'établir un autre régime de partage de biens, par contrat de mariage, les époux sont

---

256. M. DUMONT et autres, *op. cit.*, note 228, p. 357.
257. *Ibid.*, p. 426.
258. *Loi sur l'incapacité juridique de la femme mariée*, précitée, note 226.
259. M. DUMONT et autres, *op. cit.*, note 228, p. 429.
260. *Ibid.*, p. 428.
261. *Ibid.*, p. 459-460.
262. Sur le sujet, on peut lire : Francine BARRY, *Le travail de la femme au Québec : l'évolution de 1940 à 1970*, Montréal, Les Presses de l'Université du Québec, 1977 ; Mona-Josée GAGNON, *Les femmes vues par le Québec des hommes : 30 ans d'histoire des idéologies, 1940-1970*, Montréal, Éditions du Jour, 1974.

automatiquement régis par les dispositions du *Code civil du Bas Canada*[263] sur la communauté de biens, qui centralisent les pouvoirs d'administration des biens entre les mains du mari. Ce régime légal comportait certains inconvénients pour les femmes, dont celui de ne leur laisser que la gestion du produit de leur travail (et seulement à partir de 1931, comme nous l'avons vu), et aussi celui de grever le patrimoine commun en cas de faillite. Il faut cependant admettre que très peu de femmes étaient aux prises avec ces inconvénients, car rares étaient celles qui travaillaient et rares aussi les familles qui devaient subir les affres de la faillite, à cette époque. Le fait que seul le mari conservait la gestion des actifs familiaux peut difficilement être perçu comme un inconvénient en regard de la seule option disponible, la séparation de biens, qui privait l'épouse d'un accès légitime au partage de la richesse familiale, en cas de séparation. On peut facilement penser qu'en fait, le choix du régime matrimonial n'intéressait que très peu les futures épouses dans un contexte où le divorce n'était pas encore une réalité sociale.

Le professeur Alain Roy, faisant référence à une étude du notaire Comtois, écrit que dès 1932, 43 % des couples choisissaient la séparation de biens, 47 % en 1942 et 62 % en 1952[264]. À l'époque, très peu de femmes travaillaient à l'extérieur du foyer au Québec, et elles n'avaient certainement aucun avantage à opter pour la séparation de biens, qui les laisserait totalement dépourvues en cas de séparation. Me Roy ajoute :

> Plusieurs raisons ont été avancées pour expliquer ce renversement d'attitude chez les conjoints. L'une d'elles serait attribuable aux recommandations faites aux futurs conjoints par les notaires appelés à les conseiller sur le choix d'un régime matrimonial.

> [...] De façon générale, il semble que les notaires déconseillaient l'assujettissement au régime légal (de communauté) en raison de sa lourdeur administrative et de la complexité de ses règles de fonctionnement.[265]

Ainsi en 1970, ce sont 70 % des couples qui se mariaient sous le régime de la séparation de biens[266]. C'est alors que le législateur du Québec, aux termes du « Bill » 10[267], a modifié ce régime légal pour le

---

263. Précité, note 232.
264. A. ROY, *op. cit.*, note 226, p. 58.
265. *Ibid.*, p. 59.
266. *Ibid.*, p. 62.
267. *Loi concernant les régimes matrimoniaux*, L.Q. 1969, c. 77, introduisant au Code civil les articles 1266c) à 1267d), aujourd'hui les articles 448 à 484 C.c.Q.

remplacer par celui de la société d'acquêts, offrant ainsi à chaque conjoint la pleine administration de ses biens. Ce régime matrimonial, qui est toujours en vigueur, permet à chacun des époux de posséder des biens propres (généralement acquis avant mariage et par héritage) et des biens acquêts (généralement acquis avec le fruit du travail, pendant le mariage) qui deviennent partageables au décès de l'un des époux, à la séparation ou au divorce. On a applaudi à l'entrée en vigueur de ces nouvelles règles de partage des biens familiaux, plus équitables et mieux adaptées à une société où hommes et femmes se voulaient égaux et également respectés dans le mariage. Comment expliquer alors qu'entre 1971 et 1980, 63 % des couples faisaient encore un contrat de mariage pour choisir un autre régime matrimonial (le plus souvent celui de la séparation), et que 49 % continuaient de le faire entre 1981 et 1989 (mais environ 11 % choisissaient le régime de société d'acquêts dans leur contrat, ce qui permet de croire qu'environ 38 % choisissaient encore la séparation de biens)[268].

Le motif le plus souvent avancé par les auteurs pour expliquer la popularité de la séparation de biens, soit le manque d'intérêt des notaires face au régime légal considéré comme trop compliqué, ne peut à lui seul justifier qu'une telle pratique professionnelle ait été exercée si longtemps, à une si grande échelle, au détriment des femmes du Québec. De plus, on sait que le régime légal fut changé en celui de la société d'acquêts en 1970, régime en vertu duquel chaque conjoint est seul gestionnaire de tous ses biens sujet à la créance de l'autre pour sa part des biens acquêts, à la séparation, au divorce ou au décès. Dès lors, la lourdeur des règles de fonctionnement du régime matrimonial légal ne pouvait plus justifier qu'on optât encore en si grand nombre pour celui de la séparation de biens.

La *Loi sur le divorce*[269] est entrée en vigueur au Canada en 1968 et, avant cette date, on ne pouvait divorcer que par loi privée, ce qui rendait le divorce accessible à seulement un petit nombre de couples. Dès après, les couples se sont vus de plus en plus menacés par la réalité du divorce[270] (et du partage des biens familiaux, si en société

---

268. *Ibid.*, p. 63.
269. Précitée, note 8.
270. En 1969, il y aura 5 436 dossiers de divorce ouverts au Québec ; 6 256 en 1970 ; 7 627 en 1971 ; 9 922 en 1972 ; puis l'explosion : 14 666 dossiers en 1973 ; 17 299 en 1974 ; 17 773 en 1975 et 17 946 en 1976. Voir CONSEIL DES AFFAIRES SOCIALES ET DE LA FAMILLE, Études et avis du Conseil des affaires sociales et de la famille au ministre des Affaires sociales, *La situation des familles québécoises*, 1978, p. 29, citant le deuxième rapport annuel de la Commission

d'acquêts ou en communauté de biens). Face à cette nouvelle réalité sociale, le *choix* du régime matrimonial du couple prenait de plus en plus d'importance. Le régime matrimonial de séparation de biens, généralement adopté, désavantageait les femmes et privilégiait les hommes, en cas de séparation, lesquels avaient un intérêt évident à opter pour ce régime.

On ne peut ignorer que la connaissance acquise par les femmes de leurs droits avant le mariage a toujours été celle des hommes auxquels elles ont fait confiance. C'est ainsi que les femmes elles-mêmes en sont venues à croire que le régime de séparation de biens auquel elles souscrivaient, en renonçant au régime légal de communauté de biens alors qu'elles ne travaillaient pas pour la plupart, était plus avantageux pour elles. Elles ne remettaient pas en question cet « ordre des choses ». Comme l'affirme Margaret Davies :

> The last point is particularly important. The claim is not that "objectivity" is of necessity male. Rather, the position of the "knower", and thus of objectivity (since modern knowledge is regarded as good only insofar as it is objective), has been socially and philosophically male. It is one of the political tasks of feminism not only to ensure that women get access to the position of the subject, but also that the non-situated, non-subjective, paradigm of knowledge is challenged. Such a challenge is important because the ideal of objective knowledge has, as I indicated above, worked to silence or stigmatise as "subjective" views which do not reflect the orthodox epistemological order.[271]

Appliquant à ces faits la méthode d'analyse du *Feminist Practical Reasoning,* proposée par Katharine T. Bartlett[272] dans son ouvrage « Feminist Legal Methods », on peut certainement avancer qu'une des raisons qui faisaient opter les femmes pour le régime matrimonial de la séparation de biens à l'encontre de leurs intérêts les plus évidents, est qu'elles suivaient aveuglément les conseils des professionnels (notaires, hommes le plus souvent[273]) et de leur mari,

---

des services juridiques, 31 mars 1974 et les communications du registraire de Bureau central d'enregistrement des divorces, ministère de la Justice Canada.

271. M. DAVIES, *op. cit.*, note 31, p. 176.

272. K.T. BARTLETT, *loc. cit.*, note 25.

273. La première femme admise à la pratique notariale fut Bérengère Gaudet, en 1960. En 1991, 38 % des membres de la Chambre des notaires étaient des femmes. Voir Louise MAILHOT, « L'histoire des femmes dans le droit et dans la magistrature d'ici : les pionnières », dans Hélène DUMONT (dir.), Les Journées Maximilien-Caron 1991, *Femmes et droit, 50 ans de vie commune... et tout un avenir, op. cit.*, note 216, p. 25, à la p. 34.

à ce sujet. On peut certainement aussi émettre l'hypothèse, si choquante soit-elle, que les femmes **ne choisissaient pas** le régime matrimonial de la séparation de biens, mais qu'elles acceptaient le choix de leur futur mari, sans en connaître précisément les conséquences. On doit envisager qu'il s'agissait là de l'une des formes de la domination masculine de l'époque, à travers l'institution du mariage. Et comme l'écrit Margaret Davies :

> Those who know can use their knowledge to their own ends. More recent thought on this matter, including that of radical feminists and postmodernists of all varieties, suggests that the inverse is also the case : that the conditions of what counts as "knowledge" are in facts determined by relations of power. The structures and institutions which control society determine what is "true" and what is not. What feminists have pointed out, often in conjunction with detailed explanations of the forms of male power and the way in which the (male) culture defines women, is that the definitions we occupy are socially (not biologically) male, and that this is related to the empirical fact that men have power over women. It is men who traditionally have taken the position of knowers, and one of the things men have "known" is women.[274]

3.3.1.3 L'instauration du principe de l'égalité formelle

Les changements sociaux importants des années 70 ont rendu nécessaire la modernisation du *Code civil du Bas-Canada*[275], et l'Office de révision du Code civil s'est affairé pendant cette période. C'est la section portant sur le droit de la famille qui sera la première mise en vigueur, le 2 avril 1981, par la *Loi instituant un nouveau Code civil et portant réforme du droit de la famille* aussi nommée *Loi 89*[276].

Dans le *Code civil du Québec : Comparé et coordonné au Code civil du Bas-Canada*[277], les auteurs reconnaissent que le nouvel article 441[278] du *Code civil du Québec*[279] apporte enfin l'égalité totale

---

274. M. DAVIES, *op. cit.*, note 31, p. 176.
275. Précité, note 232.
276. *Loi instituant un nouveau Code civil et portant réforme du droit de la famille*, L.Q. 1980, c. 39, entrée en vigueur le 2 avril 1981. Ci-après nommée « *Loi 89* ».
277. Gérald TRUDEL et Renée DESROSIERS DE LANAUZE, « *Code civil du Québec* : Comparé et coordonné au *Code civil du Bas-Canada* », Livre II, *De la Famille*, Société québécoise d'information juridique, 1981.
278. L'article 441 du Code civil (L.Q. 1980, c. 39) est devenu l'article 392 C.c.Q., qui prévoit que : « Les époux ont, en mariage, les mêmes droits et les mêmes obligations. Ils se doivent mutuellement respect, fidélité, secours et assistance. Ils sont tenus de faire vie commune. »
279. Précitée, note 276.

de droits des époux dans le mariage[280]. Les auteurs citent aussi le rapport de l'Office de révision du Code civil :

> Cet article reprend la substance de l'article 173 du Code civil. Il énonce, en outre, le principe essentiel de l'égalité entre les époux qui sous-tend la réforme du droit familial depuis 1964. La *Loi sur la capacité juridique de la femme mariée* avait amorcé l'introduction d'une telle égalité dans le Code civil : la *Loi concernant les régimes matrimoniaux* avait ensuite continué l'évolution dans le cadre des relations pécuniaires entre époux. Le principe d'égalité a été réaffirmé dans la *Charte des droits et libertés de la personne*.
>
> On a voulu parfaire cette œuvre en donnant aux époux un statut de partenaires égaux dans toutes les décisions concernant la famille. Cette tendance vers l'égalité se retrouve d'ailleurs dans les législations modernes, notamment la France et dans la législation de New York ; on la retrouve dans les recommandations de la Commission de réforme du droit de l'Ontario et dans l'effort général entrepris pour améliorer la condition féminine dans tous les domaines de l'activité.[281]

Il faut souligner certaines autres modifications importantes que cette réforme apporte : les enfants jusque-là dits « naturels » sont mis sur un pied d'égalité avec ceux alors appelés « légitimes », en affirmant clairement le principe de leur égalité juridique quelles que soient les conditions de leur naissance, et, l'abolition de la prohibition des donations entre conjoints de fait[282]. Le professeur Goubau y voit une reconnaissance importante du fait que le mariage n'est plus le cadre obligé de la famille[283].

Devenues partenaires dans les décisions et responsabilités familiales, les femmes du Québec se sont enfin crues égales. En cette décennie, des libertés nouvelles et inespérées s'offraient maintenant

---

280. G. TRUDEL et R. DESROSIERS DE LANAUZE, *op. cit.*, note 277, p. 40-41.

281. OFFICE DE RÉVISION DU CODE CIVIL, *Rapport sur le Code civil*, vol. II, commentaires, tome I, livres 1 à 4, Éditeur officiel du Québec, 1977, p. 139.

282. D. GOUBAU, « La spécificité patrimoniale de l'union de fait : le libre choix et ses « dommages collatéraux » », *loc. cit.*, note 9, p. 14. L'auteur y voit la consécration d'un mouvement de libération déjà amorcé, en citant : Édith DELEURY et M. CANO, « Le concubinage au Québec et dans l'ensemble du Canada », dans J. RUBELLIN-DEVICHI (dir.), *Des concubinages dans le monde*, Paris, Éditions du C.N.R.S., 1990, p. 90 ; M. GUY, « Les accords entre concubins et entre époux après la loi 89 », (1981) *C.P. du N.* 157, 164 ; et M. LÉGARÉ, « Libéralisation des donations entre vifs entre concubins », (1977) 79 *R. du N.* 278.

283. *Ibid.*, p. 13.

à elles : accès égal à l'éducation ; liberté sexuelle ; accessibilité à l'avortement et à la pilule anticonceptionnelle, donc contrôle des naissances ; ouverture au marché du travail, etc. À l'aube des années 80, l'égalité reconnue des femmes dans les pouvoirs de gestion de leurs biens personnels, si tant est qu'elles en possédaient, ainsi que face aux responsabilités familiales, s'est traduite en la croyance d'une égalité effective à tous autres égards.

En 1979, lors des travaux de l'Office de révision du Code civil, le Conseil du statut de la femme s'est opposé à la législation proposée visant l'obligation alimentaire entre conjoints de fait, qu'il considérait comme une entrave à la liberté et à l'autonomie des personnes. L'organisme s'appuyait sur la reconnaissance de l'égalité des personnes :

> Notre prise de position concernant l'union de fait repose sur une véritable reconnaissance de l'égalité des personnes et leur autonomie. C'est pourquoi il nous apparaît essentiel d'insister sur la non-institutionnalisation de ce genre d'union et de respecter la volonté des parties en présence.
>
> [...] Le Conseil du statut de la femme a noté avec surprise la création d'une dette alimentaire entre conjoints de fait après rupture, si des circonstances exceptionnelles le justifient. Cet énoncé à l'alinéa 2 de l'article 338 constitue une entrave supplémentaire à la liberté et l'autonomie des personnes concernées.[284]

Difficile de comprendre en quoi l'obligation alimentaire proposée pouvait constituer une menace à l'autonomie des femmes, mais il est facile de voir là une menace à la liberté des hommes qui choisissaient ce type d'union en dehors des contraintes légales du mariage. La liberté et l'autonomie des femmes étaient-elles alors comparables à celles des hommes ? On en doute ! L'obligation alimentaire entre conjoints de fait proposée dans le projet de Code civil visait à permettre au conjoint dans le besoin, mais non marié, de réclamer des aliments du pourvoyeur alimentaire de la famille. Cela visait nécessairement les femmes qui se trouvaient démunies après une séparation. En quoi cette mesure de protection des plus faibles constituait-elle une menace à l'autonomie des femmes ? Peut-on plutôt avancer

---

284. CONSEIL DU STATUT DE LA FEMME, *op. cit.*, note 3. Le Conseil des affaires sociales et de la famille a recommandé de ne pas institutionnaliser les unions de fait, mais a appuyé la reconnaissance d'une obligation alimentaire entre conjoints de fait, Études et avis du Conseil des affaires sociales et de la famille au ministre des Affaires sociales, *La situation des familles québécoises,* Conseil des Affaires Sociales et de la Famille, 1978, p. 38.

que ce concept menaçait surtout l'autonomie et la liberté des hommes ? Les femmes se voulaient autonomes, mais l'étaient-elles vraiment ? Non seulement on peut en douter, mais on peut affirmer le contraire aujourd'hui, avec le recul que nous permet le portrait statistique de la situation actuelle[285].

Égalité souhaitée, affirmée, mais certainement pas acquise dans les faits. Cette perception toute libérale de la situation des femmes se voulait davantage un vœu pieux que le reflet d'une réalité. Qui plus est, cette perception contrastait avec le vécu de la majorité très silencieuse des femmes québécoises à l'aube des années 80. Avec de telles affirmations, on ne remettait pas en cause la réalité persistante de l'évidente infériorité économique des femmes d'alors[286] mais, au contraire, on faisait peser sur elles le fardeau de participer également aux responsabilités sociales et financières des familles, sans qu'elles puissent bénéficier d'un accès égal aux ressources économiques largement disponibles aux hommes. En fait, le Conseil du statut de la femme ne voulait pas encourager la dépendance économique des femmes envers leur conjoint et préférait prétendre alors à l'égalité effective des femmes et des hommes. Même s'il est vrai que la société québécoise était déjà constituée de nombre de femmes indépendantes, libres et autonomes, ce ne sont certainement pas elles qui avaient besoin du soutien du Conseil du statut de la femme et de la protection de la Loi. Il faut admettre, avec le recul, que l'égalité de droits acquise alors par les femmes ne leur a apporté ni l'égalité effective, ni l'égalité salariale, ni l'égalité dans l'emploi, ni surtout l'égalité de pouvoirs.

3.3.1.4 L'interprétation jurisprudentielle de certaines dispositions de la Loi sur le divorce

Cette conception libérale de la réalité des femmes s'est reflétée dans le droit, mais aussi dans les courants jurisprudentiels de l'époque, en regard du droit aux aliments des femmes divorcées, de plus en plus nombreuses.

---

285. Voir *supra*, section 2.1 « Quelques statistiques sur la situation des femmes ».
286. Voir CONSEIL DES AFFAIRES SOCIALES ET DE LA FAMILLE, « Taux moyen de salaire hebdomadaire des femmes et des hommes dans des emplois de bureau et des professions portant le même titre, dans toutes les industries, Montréal, 1er octobre 1973 », Études et avis du Conseil des affaires sociales et de la famille au ministre des Affaires sociales, *La situation des familles québécoises*, 1978, p. 49, reproduisant des informations compilées alors par Travail Canada et faisant état d'importantes différences salariales hebdomadaires entre hommes et femmes pour des tâches identiques comme : aide-comptable

La *Loi sur le divorce*[287] de 1968 ne contenait aucune disposition qui aurait permis au tribunal de limiter l'obligation alimentaire en y fixant un terme. Le législateur fédéral a modifié cette loi en 1985, pour prévoir que, désormais, la durée de l'ordonnance alimentaire « peut être déterminée ou indéterminée ou dépendre d'un événement précis »[288]. Cette nouvelle disposition légale, conjuguée à la prédominance des concepts d'égalité et d'autonomie des femmes qui avaient cours à l'époque, a conduit les juges à limiter strictement la durée des pensions alimentaires de plusieurs femmes, souvent totalement dépendantes. Plusieurs affaires de divorce se sont aussi réglées hors cour par la signature de conventions de mesures accessoires en vertu desquelles des femmes créancières alimentaires, qui souvent n'avaient jamais travaillé ou s'étaient retirées du marché du travail depuis de nombreuses années, s'engageaient « à acquérir leur autonomie financière dans un délai raisonnable ».

La Cour suprême du Canada, dans les affaires bien connues de *Pelech*, de *Richardson* et de *Caron*[289], rendues en application de l'ancienne *Loi sur le divorce*[290] de 1968, a statué que les tribunaux ne pouvaient écarter la convention de renonciation alimentaire des parties que s'il y avait preuve d'un changement radical de circonstances relié à la situation financière des parties. La Cour a aussi établi que ce changement devait résulter directement d'une condition de dépendance économique tirant son origine du mariage, et cela, que les femmes en question aient ou non acquis une certaine autonomie financière. C'est ainsi que plusieurs femmes séparées et dans le besoin, confiantes de leur autonomie proche, ont renoncé irrévocablement au soutien alimentaire auquel elles avaient droit. Une confusion s'ensuivit dans la jurisprudence et les tribunaux ont imposé largement des termes à l'obligation alimentaire, et ce, même sans le consentement des créancières alimentaires concernées.

Il aura fallu un revirement inattendu de la part de la Cour suprême du Canada, en 1992, pour renverser cette forte tendance. En effet, dans l'affaire *Moge* c. *Moge*[291], le plus haut tribunal du pays a

---

principal, femme : 142 $ / homme : 170 $; commis principal : femme : 141 $ / homme : 167 $; opérateur de matériel périphérique d'ordinateur, femme : 112 $ / homme : 146 $; cuisinier de casse-croûte, femme : 86 $ / homme : 112 $, etc.

287. S.C. 1967-68, c. 24, entrée en vigueur le 2 juillet 1968 [S.R. 1970, c. D-8].
288. *Loi sur le divorce*, précitée, note 8, art. 15.2(3).
289. *Pelech* c. *Pelech*, [1987] 1 R.C.S. 801, EYB 1987-80055 ; *Richardson* c. *Richardson*, [1987] 1 R.C.S. 857, EYB 1987-67464 ; *Caron* c. *Caron*, [1987] 1 R.C.S. 892, EYB 1987-67973.
290. Précitée, note 287.
291. Précitée, note 122.

statué que l'application des principes énoncés dans la trilogie *Caron, Pelech, Richardson*[292] devait se limiter strictement aux cas où les parties avaient choisi, par convention, de restreindre l'obligation alimentaire. Dans cette affaire, l'ex-épouse n'avait pu acquérir son indépendance financière, même après 16 ans de séparation. La Cour suprême a refusé d'annuler la pension alimentaire de madame Moge (née en 1937), émigrée au Manitoba en 1960, possédant sept ans de scolarité et ayant eu trois enfants de son mariage. La Cour reconnaissait alors que l'autonomie financière des ex-époux ne constituait qu'un objectif de la loi parmi d'autres, et qu'on ne devait pas lui accorder plus de valeur qu'aux trois autres critères de l'ancien article 15(7) (maintenant article 15.2(6) et repris à l'article 17(7)) de la *Loi sur le divorce*[293]. La Cour a ajouté qu'il n'était pas nécessaire d'établir un lien de causalité entre le mariage et la situation de dépendance économique de la créancière alimentaire. Madame la juge Claire L'Heureux-Dubé, s'exprimant au nom de la Cour, a aussi estimé qu'on ne pouvait mettre fin à l'obligation alimentaire en se basant sur le simple écoulement du temps.

Avant cela, la société québécoise avait été confrontée à certains effets de la *Loi sur le divorce*[294] : plusieurs couples, mariés depuis longtemps, se séparaient laissant souvent les ex-épouses totalement démunies. Celles qui, des années auparavant, avaient *choisi* le régime matrimonial de la séparation de biens se retrouvaient fréquemment sans aucun patrimoine, sans ressource financière ni sécurité à la retraite, et ce, souvent après avoir consacré les meilleures années de leur vie à leur famille. Elles étaient vouées à la pauvreté et risquaient fort de se trouver rapidement à la charge de l'État, à la retraite. La juge L'Heureux-Dubé a fermement dénoncé cette situation dans l'affaire *Moge*[295], comme on l'a vu[296]. Au Québec, il ne fallait pas compter sur un régime matrimonial légal optionnel de partage des biens familiaux pour rétablir l'équilibre des patrimoines des époux, à la séparation ou au divorce, car les femmes y renonçaient en optant encore nombreuses pour le régime contractuel de séparation de biens.

3.3.1.5 La prestation compensatoire

Conscient d'une lacune dans la loi, le législateur québécois a donc légiféré pour remédier à l'inégalité économique des époux à la

---

292. Précitée, note 289.
293. Précitée, note 8.
294. *Ibid.*
295. *Ibid.*
296. Voir *supra*, section 2.2 « Les impacts économiques de la maternité ».

séparation par l'introduction du concept juridique d'une compensation entre eux. En effet, le nouveau droit familial, entré en vigueur en 1981 avec la première partie du *Code civil du Québec*[297], a introduit la mesure de la prestation compensatoire entre époux, initialement prévue à l'article 559 C.c.Q. Cet article, entré en vigueur en décembre 1982, permettait désormais qu'une indemnité de compensation soit accordée à l'époux, le plus souvent l'épouse, ayant contribué à l'enrichissement du patrimoine de son conjoint, et ce, en ces termes :

> Au moment où il prononce le divorce, le Tribunal peut ordonner à l'un des époux de verser à l'autre, en compensation de l'apport, en biens ou en services, de ce dernier à l'enrichissement du patrimoine de son conjoint, une prestation payable au comptant ou par versements, en tenant compte, notamment, des avantages que procurent le régime matrimonial et le contrat de mariage.

> Cette prestation compensatoire peut être payée, en tout ou en partie, par l'attribution d'un droit de propriété, d'usage ou d'habitation, conformément aux articles 458 à 462.[298]

Dans un texte analysant la jurisprudence québécoise sur la prestation compensatoire de 1983 à 1991, la professeure Lucile Cipriani fait le relevé de 161 jugements rendus sur le sujet. Traitant des parties impliquées dans ces débats judiciaires, elle constate d'abord :

> Au total, 87 p. 100 des couples mariés sous le régime de la séparation de biens, 8 p. 100 sous celui de la communauté. En séparation de biens, les donations d'argent consenties par le futur époux à la future épouse et portées au contrat de mariage constituent la manière usuelle et acceptée de « compenser » financièrement l'épouse pour le rôle qu'on attend d'elle. Pour vraiment pas cher dans les jugements étudiés. Sauf dans un cas, les donations sont de valeur très ordinaire, qui, non indexée, vieillit mal. Pour 85,5 p. 100 des cas de données rapportées, les donations à l'épouse varient entre 1 000 $ et 15 000 $.

> [...] On compte 29 p. 100 des épouses qui n'ont jamais été sur le marché du travail durant le mariage, 51 p. 100 qui y ont été à temps partiel ou de façon intermittente, subordonnée aux besoins familiaux ; enfin, 19 p. 100 ont occupé un emploi rémunéré durant toute la durée du mariage.

---

297. Précité, note 276.
298. Art. 559 C.c.Q., entré en vigueur le 1er décembre 1982 et devenu l'article 427 C.c.Q. en 1991.

La maison familiale constitue l'actif premier des couples québécois (123 mentions), souvent le seul actif rapporté. Majoritairement, le patrimoine mis en cause est la propriété exclusive des maris. Lorsqu'il s'agit d'un patrimoine appartenant à l'épouse, sauf exception, il se compose presqu'uniquement d'un droit de propriété, entier ou partiel, sur la maison familiale, donné le plus souvent par le mari et qu'il veut récupérer.[299]

C'est dans ce contexte que le législateur québécois a décidé d'intervenir pour une première fois dans les rapports financiers des époux séparés. Cipriani pose un regard sévère sur l'interprétation jurisprudentielle qui s'ensuivit en affirmant que si la chose avait pu être relativement simple, elle était au contraire très compliquée. Reconnaissant que le style narratif des femmes les dessert dans ce débat qui se résume aux chiffres[300], elle avertit le lecteur :

S'il est exact d'affirmer que la jurisprudence donne accès aux discours des parties en litige, deux mises en garde s'imposent d'emblée : d'une part, il s'agit d'un discours construit et stratégique et, d'autre part, ces discours sont transmis par la narration d'un tiers, elle-même construite et stratégique.[301]

C'est en novembre 1984, nous rappelle Cipriani, que la Cour d'appel confirme que les tâches domestiques ne sont pas sujettes à compensation[302]. Des neuf jugements rendus jusqu'alors par la Cour supérieure, six avaient refusé net toute compensation relative aux services domestiques, alors que trois juges l'avaient accordée au motif que l'épouse avait rempli seule et longtemps ces tâches[303]. Ce motif sera malgré tout encore invoqué par les demanderesses jusqu'à une nouvelle décision de la Cour d'appel :

En 1989, la Cour d'appel réitère la séparation des mondes, décrétant une distinction entre contribution au mariage et contribution au patrimoine. Une construction de l'esprit inouïe, jésuitique. Les tâches domestiques sont des contributions au mariage, non compensables donc.[304]

---

299. Lucile CIPRIANI, « La justice matrimoniale à l'heure du féminisme : analyse critique de la jurisprudence québécoise sur la prestation compensatoire, 1983-1991 », (1995) 36 *C. de D.* 209, 217-218.
300. *Ibid.*, p. 216.
301. *Ibid.*, p. 215.
302. *Ibid.*, p. 224, citant l'affaire *Droit de la famille – 67*, [1985] C.A. 135.
303. *Ibid.*, p. 223.
304. *Ibid.*, p. 224.

Selon Cipriani, si la collaboration à l'entreprise du mari est reconnue, elle est compensée selon une valeur arbitraire et minimale. L'apport financier aux dépenses périssables de la famille, alors que le mari investit plutôt dans une capitalisation le plus souvent à son nom exclusif, laisse les épouses de l'époque souvent « sans le sou et devant rien » à la séparation. Cipriani ajoute :

> Quelques juges interprètent la disposition comme un remède législatif pour corriger l'inéquité des résultats économiques de l'échange conjugal. La Cour d'appel casse net et d'autorité pareille interprétation. Les tribunaux ne doivent pas, par application de l'article 559 du *Code civil du Québec*,
>
> > [...] mettre en cause [...] toute l'institution du mariage telle qu'on la trouve dans notre droit et dans notre tradition.
>
> Voilà. Les limites à la discrétion judiciaire sont fixées on ne peut plus clairement. Les grands mots sont écrits, publiés. Ils marqueront toute l'interprétation de l'article 559 du *Code civil du Québec.*
>
> La tradition veut que les tâches domestiques et le soin des enfants soient la charge des épouses. Ainsi que le dit un juge :
>
> > En matière de prestation compensatoire, il ne m'apparaît pas que la loi entend favoriser le conjoint qui a passé sa vie au foyer. [...] On n'indemnise pas quelqu'un qui n'a rempli que son obligation.
>
> La tradition veut qu'en séparation de biens, les épouses s'acquittent des tâches domestiques et que les maris capitalisent les actifs à leur seul nom :
>
> > Il relève de la générosité de cœur que le conjoint gagnant un surplus en remette partie à l'autre et lui permette d'acquérir un capital.
>
> La générosité traditionnelle étant ce qu'elle est, le législateur a cru bon d'adopter l'article 559 du *Code civil du Québec*, qui fait passer à l'ordre juridique ce qui appartenait à l'ordre moral. Les parlementaires ont clairement indiqué que la disposition visait à compenser, aussi, l'accomplissement des tâches domestiques.[305]

---

305.   *Ibid.*, p. 229-230, citant, entre autres les affaires *Droit de la famille – 67*, précitée, note 301, et *Droit de la famille – 167*, [1984] C.S. 1047-1050.

Cherchant à comprendre comment le concept de la prestation compensatoire a pu être vidé de son sens, Cipriani analyse les fondements juridiques invoqués par les tribunaux québécois. D'abord, c'est le contrat qui servira de motif au refus de compensation. Invoquant le régime matrimonial contractuel de séparation de biens qui a nécessairement cours lors d'une demande de prestation compensatoire, les juges considèrent en grande majorité que l'article 559 du *Code civil du Québec*[306] ne peut servir à transformer un régime de séparation de biens en un régime communautaire ou de société d'acquêts, ce qui serait une forme déguisée de partage, au mépris du contrat intervenu entre les conjoints[307]. Le respect du contrat s'impose cependant avec moins de rigueur lorsqu'il s'agit des obligations contractées par le mari, particulièrement celle de pourvoir[308] dont il n'est jamais fait mention, ni tenu compte dans l'évaluation des apports de chacun[309] :

> L'argument suprême de la force contraignante des contrats est donc fragilisé par les juges eux-mêmes. La règle peut différer selon qu'il s'agit de contraindre les épouses ou les maris. Les juges refusent de compenser les tâches domestiques au motif qu'il s'agit d'une obligation tacite de l'épouse ; par ailleurs, au regard de l'obligation expresse du mari de pourvoir seul aux besoins du ménage inscrite au contrat de mariage, les juges se montrent fort cléments. Quant au contrat de transfert de propriété de la résidence familiale à l'épouse, pour le tiers d'entre eux, les juges refusent d'y donner effet. Les tribunaux prendront donc appui sur un autre argument fondamental : le droit civil lui-même, dans lequel s'inscrit l'article 559 du *Code civil du Québec*, et surtout les règles qui président à l'administration de la preuve.[310]

C'est la Cour d'appel qui imposera la norme d'une preuve directe de l'apport et du lien de causalité entre l'apport et l'enrichissement du patrimoine, dans l'affaire déjà citée *Droit de la famille – 67*[311], dont l'application stricte servira à confirmer le rejet de l'apport en services des épouses et rendra même quasi impossible la preuve

---

306. Précité, note 276.
307. L. CIPRIANI, *loc. cit.*, note 299, p. 231, citant encore l'affaire *Droit de la famille – 67*, précitée, note 301.
308. L'obligation de pourvoir du mari à l'égard de l'épouse était le plus souvent énoncée au contrat de mariage en séparation de biens jusqu'en 1981, alors qu'elle fut transformée en une obligation d'ordre public de contribuer aux charges du mariage à proportion des facultés respectives des époux, par les articles 391 et 396 C.c.Q.
309. L. CIPRIANI, *loc. cit.*, note 299, p. 232.
310. *Ibid.*, p. 234.
311. Précitée, note 302.

de leurs apports en biens. Cela fera dire à Pierrette Rayle, en 1988, soit bien avant qu'elle ne joigne les rangs de la Cour d'appel du Québec :

> Tant qu'on ne connaîtra qu'un type d'apport susceptible de compensation (celui direct et immédiat, en dollars), tant qu'on refusera à l'apport général du parent au foyer d'être susceptible de compensation, on imposera l'identité des rôles comme condition préalable essentielle à l'égalité des conjoints.[312]

Ce n'est qu'en 1990 que la Cour suprême du Canada jugera, dans *Lacroix* c. *Valois*[313], que l'article 559 du *Code civil du Québec*[314] nécessite souplesse et appréciation globale, lesquelles ne requièrent qu'une simple corrélation entre apport et enrichissement. Ces principes seront réitérés par la Cour suprême dans *M. (E.M.)* c. *L. (P.)*[315]. Interprétation presque aussi tardive qu'inutile, car c'est en 1989 que le législateur québécois décide d'intervenir à nouveau, devant l'inefficacité évidente des dispositions visant la prestation compensatoire, par la mise en vigueur de dispositions d'ordre public visant l'établissement d'un patrimoine familial entre époux. Malgré tout, le jugement de la Cour suprême aura eu le mérite d'introduire la preuve indirecte qui, si elle rend la présentation de ce genre de dossiers un peu moins ardue, ne se traduit pas pour autant en compensation appréciable :

> Bien que les tribunaux soient maintenant autorisés à interpréter l'article 559 du *Code civil du Québec* comme une disposition législative visant à rétablir l'équité financière des conjoints, les juges ne considèrent l'apport des épouses et l'actif des maris que pour partie, ou à valeur minime. Plus encore, des juges et la Cour d'appel elle-même ont résisté à l'application assouplie. La résistance a des motivations qui échappent même au droit.[316]

C'est ainsi que la volonté du législateur d'offrir un système de compensation aux femmes québécoises qui continuaient de se marier

---

312. L. CIPRIANI, *loc. cit.*, note 299, p. 235, citant Pierrette RAYLE, « La prestation compensatoire et la Cour d'appel, cinq ans plus tard », (1988) 48 *R. du B.* 225-236.

313. [1990] 2 R.C.S. 1259, EYB 1990-67822.

314. Précité, note 276.

315. [1992] 1 R.C.S. 183, EYB 1992-67845.

316. L. CIPRIANI, *loc. cit.*, note 299, p. 239. Opinion partagée par Alain ROY, « L'encadrement législatif des rapports pécuniaires entre époux : un grand ménage s'impose pour les nouveaux ménages », (2000) 41 *C. de D.* 657, 663 et 664. Du même auteur, *Le contrat de mariage réinventé, perspectives socio-juridiques pour une réforme*, *op. cit.*, note 226, p. 35.

en séparation de biens, a été évacuée. Le régime matrimonial légal de la société d'acquêts leur donnait pourtant accès au partage des biens acquis pendant la durée du mariage, dont les régimes de retraite, mais l'échec de l'application du régime légal par la signature de contrats de mariage en séparation de biens, força le gouvernement provincial à faire un pas de plus pour protéger les ex-épouses lors de la rupture, et malgré elles, s'il le fallait.

3.2.1.6 Le partage obligatoire des biens familiaux par le concept du patrimoine familial

C'est en 1989 que le gouvernement provincial décida de mettre en vigueur une loi d'ordre public, la *Loi modifiant le Code civil du Québec et d'autres dispositions législatives afin de favoriser l'égalité économique des époux*[317] (communément appelée *Loi sur le patrimoine familial* ou *Loi 146*, du numéro de son projet). Protecteur, l'État a choisi de protéger les femmes mariées malgré elles[318], se considérant alors comme partie prenante dans l'avenir économique de ces femmes qui risquaient de se retrouver à sa charge, en cas de séparation. Ce sont les ministres Herbert Marx, à la Justice, et

---

317. Précitée, note 77, qui introduisait les articles 462.1 à 462.13 du *Code civil du Québec*, devenus en 1991, les articles 414 à 426 C.c.Q., précité, note 7.

318. En outre, la loi avait un caractère rétroactif en ce qu'elle s'appliquait aux couples déjà mariés lors de son entrée en vigueur, à moins que les deux époux y renoncent spécifiquement. En effet, l'article 42 prévoyait les mesures transitoires suivantes :

« Les articles 462.1 à 462.13 du *Code civil du Québec* relatifs au patrimoine familial des époux sont applicables aux époux mariés avant l'entrée en vigueur desdits articles, à moins qu'ils ne manifestent, dans les dix-huit mois de leur entrée en vigueur, par acte notarié, ou par une déclaration judiciaire conjointe faite au cours d'une instance en divorce, en séparation de corps ou en nullité de mariage dont il est donné acte, leur volonté de ne pas y être assujettis en tout ou en partie. Cet acte notarié doit être inscrit au registre central des régimes matrimoniaux à la diligence du notaire instrumentant.

Ces articles ne sont pas applicables, à moins de reprise de la vie commune, aux époux qui, avant le 15 mai 1989, avaient cessé de faire vie commune et avaient réglé, par une entente écrite ou autrement, les conséquences de leur séparation.

En outre, ils ne sont pas applicables aux demandes en séparation de corps, divorce ou annulation de mariage introduites avant le 15 mai 1989.

L'inapplication à certains époux des articles relatifs au patrimoine familial ne les prive cependant pas du droit au partage de leurs gains inscrits en application de la *Loi sur le régime des rentes du Québec* ou de programmes équivalents, conformément aux dispositions de ces articles, si ces époux font ultérieurement l'objet d'un jugement en séparation de corps, divorce ou nullité de mariage qui prend effet après le 30 juin 1989 et que le partage de ces gains n'a, à ce jour, jamais été effectué entre eux. »

Monique Gagnon Tremblay, à la Condition féminine, qui pilotent le projet et, après avoir exposé les mesures remédiatrices entreprises par les autres provinces canadiennes à cet égard, expliquent ainsi les fondements de l'intervention proposée :

> En outre, la dernière réforme du droit de la famille, en 1980, a indirectement aggravé la situation du conjoint, le plus faible économiquement, marié en séparation de biens : le mari n'est plus le seul responsable des dépenses de la famille, malgré toute clause contractuelle à l'effet contraire ; en outre, le divorce rend caduques les donations à cause de mort consenties en considération du mariage – en vertu de l'article 557 C.c.Q. – et le tribunal peut déclarer caduques les autres donations à cause de mort et celles entre vifs, les réduire ou ordonner que leur paiement soit différé. Quant à la prestation compensatoire, elle ne s'est pas avérée suffisamment efficace pour remédier complètement aux problèmes vécus par certains conjoints, notamment ceux qui ont choisi, comme régime matrimonial, la séparation de biens. Ainsi, le travail au foyer accompli par l'un des époux ne lui confère pas, selon le courant jurisprudentiel majoritaire, de droit à une prestation compensatoire s'il s'agissait là uniquement de l'exécution de son obligation aux charges du mariage ; pour faire valoir son droit, le conjoint collaborateur se bute à d'importantes difficultés de preuve qui, dans certains cas, sont de nature à rendre le recours illusoire ; finalement, le droit que l'un des conjoints possède dans un régime privé de retraite ne peut servir au paiement d'une prestation compensatoire, car ces droits sont généralement incessibles, même entre époux.[319]

Il aura donc fallu attendre l'année 1989, et beaucoup de volonté politique face à de très nombreux opposants, pour que le Québec adopte cette loi d'ordre public visant le partage obligatoire des biens du patrimoine familial des époux (sommairement, résidences principale et secondaires de la famille, meubles qui les garnissent ou les ornent et qui servent à l'usage du ménage, voitures des époux utilisées pour les déplacements familiaux et droits accumulés pendant le mariage au titre d'un régime de retraite[320]), pour que les futurs mariés cessent d'opter pour le régime de séparation de biens (qui devenait inutile car, dans tous les cas, c'est le partage du patrimoine

---

319.   Herbert MARX, ministre de la Justice, et Monique GAGNON TREMBLAY, ministre déléguée à la Condition féminine, *Les droits économiques des conjoints*, Document présenté à la consultation, Gouvernement du Québec, ministère de la Justice, juin 1988, p. 10.

320.   Art. 414 et s. C.c.Q.

familial qui a préséance sur tout régime matrimonial), et que le contrat de mariage tombe, à toutes fins utiles, en désuétude[321].

Depuis ce temps, curieusement, il y a de plus en plus de conjoints de fait au Québec[322]. Et c'est ainsi qu'à la protection légale complète du patrimoine familial obligatoire créé par le mariage est désormais substituée l'absence complète de protection légale qui menace les femmes qui vivent une relation conjugale hors mariage, et surtout, lorsqu'elles ont des enfants. En 1989, dans son plan d'action en matière de politique familiale, la ministre responsable de la famille, Thérèse Lavoie-Roux, reconnaissait les problèmes que soulevait la hausse constante des unions de fait et recommandait l'étude du phénomène et l'adaptation du droit de la famille particulièrement pour les couples en union de fait avec enfants :

> Ainsi, le Code civil ne considère que les conjoints mariés lorsqu'il régit les rapports entre conjoints : les conjoints de fait, avec ou sans enfants, ne peuvent bénéficier que d'une possibilité de convention entre eux (le contrat de société). Cela fait ressortir un premier objectif d'intervention dans ce secteur : rendre uniformes, dans la mesure du possible, les obligations et les responsabilités parentales dans les lois et les programmes gouvernementaux sans égard à l'état civil des parents.

> Il faut, d'une part, tendre à l'harmonisation des notions de famille, de conjoint et d'enfants à charge ou issus de l'union, dans le Code civil et les autres lois, puisque des changements intervenus depuis peu dans certaines lois ont peut-être parfois manqué de cohérence ; d'autre part, les conjoints de fait sans contrat de société vivent souvent de graves problèmes patrimoniaux lors de la rupture de leur union car ils ne peuvent présenter leur litige devant un tribunal.

> Il semble donc opportun d'effectuer des études pour approfondir le phénomène de l'union de fait et ses conséquences lorsqu'il y a présence d'enfants.

> De plus, les dispositions du Code civil relatives à la protection de la résidence familiale ne sont effectives que pour les familles fon-

---

321. A. ROY, *Le contrat de mariage réinventé, perspectives socio-juridiques pour une réforme, op. cit.*, note 226, p. 46 et 64.

322. STATISTIQUE CANADA, *Le Quotidien*, « La diversification de la vie conjugale au Canada », 11 juillet 2002, <www.statcan.ca/daily/francais/020711/q020711a.htm>, fait état qu'au Canada, près de 1,2 million de couples vivaient en union libre en 2001, en hausse de 20 % comparativement à 1995, selon les

dées sur le mariage. Si l'on tient compte du nombre croissant de naissances hors mariage, il semble opportun d'assurer à tous les enfants et à tous les parents une protection équivalente de la résidence familiale, quel que soit l'état civil des parents. En conséquence, le Gouvernement privilégiera les actions suivantes :

> 50. effectuer une étude approfondie des notions de famille, de conjoint et d'enfants à charge dans le Code civil et les autres lois, et déterminer les modifications législatives nécessaires pour assurer la cohérence des diverses lois à ce chapitre ;

> 51. étudier la situation des conjoints de fait et notamment dans quelle mesure les contrats de société entre conjoints de fait protègent efficacement les conjoints et les enfants en cas de rupture d'union, et déterminer, s'il y a lieu, de procéder à des modifications législatives à cet égard ;

> 52. identifier les meilleurs moyens d'assurer la protection de la résidence familiale lorsqu'il y a présence d'enfants, indépendamment de l'état civil des parents.[323]

Près de vingt ans plus tard, cette dernière recommandation est toujours lettre morte car les articles 401 à 413 C.c.Q.[324], portant titre « de la résidence familiale », ne concernent encore que la résidence des

---

données de l'ESG. À l'opposé, le nombre de couples mariés a augmenté de 3 %, passant de 6,2 millions à 6,4 millions. On y mentionne aussi que : « La première expérience conjugale se vit de façon fort différente au Québec, où l'attrait du mariage comme mode de formation d'une première union a diminué de façon importante. Parmi les femmes âgées entre 30 et 39 ans, par exemple, on estime qu'à peine 26 % des Québécoises choisiront le mariage pour amorcer leur vie conjugale, comparativement à 59 % chez les femmes des autres provinces. Par contraste, parmi les femmes du même groupe d'âge, environ 70 % des Québécoises débuteront leur vie de couple en union libre, comparativement à 34 % chez celles des autres provinces. Cela témoigne du fait que l'union libre a été acceptée et adoptée au Québec quelque temps avant qu'il en soit ainsi dans les autres provinces canadiennes. Cependant, chez les femmes dans la cinquantaine, tant au Québec qu'ailleurs au pays, la majorité d'entre elles ont d'abord opté pour le mariage (plus de 80 % dans les deux cas). » Voir aussi MINISTÈRE DE LA FAMILLE, DES AÎNÉS ET DE LA CONDITION FÉMININE, *Un portrait statistique des familles au Québec*, édition 2005,<www.mfacf.gouv.qc.ca/publications>, chapitre 3.1 – Caractéristiques générales des familles, tableau 3.1.3, page 99, qui mentionne qu'en 1991, il y avait 306 905 couples en union libre au Québec sur un total de 1 614 350 couples (ou 16,29 %) ; qu'il y en avait 400 270 sur 1 640 535, en 1996 (ou 24,39 %) ; et qu'il y en avait 508 520 sur 1 683 960, en 2001 (ou 30,19 %).

323. GOUVERNEMENT DU QUÉBEC, Secrétariat à la famille, *Familles en tête*, Plan d'action en matière de politique familiale 1989-1991.

324. Précité, note 7.

époux. Quant à la 50e recommandation de la ministre Lavoie-Roux, elle n'a eu de suites que sous la pression des groupes réclamant l'égalité de droits pour les homosexuels[325].

Voyons ce qu'il en fut de la 51e recommandation. Le gouvernement a mandaté le Conseil du statut de la femme pour y répondre, ce qui a donné lieu, en juin 1991, à un avis intitulé « Les partenaires en union libre et l'État »[326] par lequel le Conseil recommandait de s'abstenir de régir les rapports privés entre partenaires en union libre. S'inspirant d'études statistiques datant de 1984, le Conseil affirmait que « les femmes qui vivent en union libre semblent plus souvent que les épouses en position d'assurer leur propre sécurité financière »[327], ce qui pouvait s'expliquer par le fait que parmi les groupes sous étude, 71,1 % ou 7 conjointes de fait sur 10 avaient moins de 35 ans, comparativement à 69,2 % ou 7 épouses sur 10 qui étaient âgées de plus de 35 ans[328]. On pouvait facilement concevoir que le groupe étudié de conjointes de fait étant généralement constitué de femmes plus jeunes, toutes autres comparaisons en seraient affectées : nécessairement, elles seraient plus scolarisées, plus autonomes, toucheraient un revenu plus élevé, auraient souvent moins de responsabilités familiales, etc. Ceci faisait conclure au Conseil :

> Le choix de vivre sans la protection légale du mariage est un choix que la plupart des conjointes en union libre semblent en mesure d'assumer, du moins sur le plan économique.
>
> [...Serait-on justifié de modifier les règles de droit...] Nous ne le croyons pas pour les raisons que nous avons données précédemment : relative autonomie financière des conjointes de fait, nature différente de l'engagement, respect d'une liberté de choix, incitation aux comportements responsables, difficulté de définir l'union libre et variété de situations que ce concept recouvre. Ce serait modifier, au nom de l'intérêt d'un petit nombre, l'équilibre qui existe entre mariage et union libre. De plus, ce serait se leurrer de penser que l'imposition d'une obligation alimentaire entre

---

325. Ce qui a donné lieu à l'entrée en vigueur de la *Loi modifiant diverses dispositions législatives concernant les conjoints de fait*, L.Q. 1999, c. 14, sanctionnée le 16 juin 1999, visant à uniformiser tout le corpus législatif québécois afin que les couples de même sexe bénéficient des mêmes droits que les couples hétérosexuels.

326. CONSEIL DU STATUT DE LA FEMME, *Les partenaires en union libre et l'État*, Avis de juin 1991, Gouvernement du Québec.

327. *Ibid.*, p. 14.

328. *Ibid.*, p. 14, ce que mentionne le document.

conjoints de fait à la rupture se solderait nécessairement par une réduction importante des dépenses de l'État.[329]

En fait, le Conseil du statut de la femme a toujours adopté des positions fortement teintées d'un féminisme libéral incitant aux comportements responsables et appuyées sur une égalité effective[330]. Curieusement, à la même époque, le même gouvernement faisait un autre choix que celui d'inciter aux *comportements responsables* les femmes mariées à qui il venait d'imposer le patrimoine familial obligatoire, tout en considérant que les conjointes de fait devaient assumer *leur choix*, sans remettre en cause ce choix, ni ses fondements, ni ses conséquences sur elles ou leurs enfants, à moyen et long terme. En 2001, 30 % des couples du Québec étaient en union libre, ce nombre étant à la hausse, comme le mentionne Mary Jane Mossman, professeure à la Osgoode Hall Law School[331]. L'argument du *petit nombre* invoqué par le Conseil du statut de la femme en regard de l'équilibre entre mariage et union libre, peut-il encore être soutenu aujourd'hui ?

Face à la défection des Québécois à l'égard du mariage, n'est-il pas maintenant temps de poser LA question comme nous le propose Katharine T. Bartlett :

> In law, "asking the woman question" means examining how the law fails to take into account the experiences and values that seem more typical of women than men, for whatever reason, and how existing standards and concepts might disadvantage women.[332]

3.3.2 *Encadrement juridique de l'union de fait en droit privé québécois*

3.3.2.1 *Absence de reconnaissance législative*

Le *Code civil du Québec*[333] ne fait mention des conjoints de fait qu'à quelques occasions : en matière d'inaptitude d'un majeur à consentir à des soins requis par son état de santé, le consentement peut être donné par son mandataire, son tuteur ou curateur et à

---

329. *Ibid.*, p. 15-16.
330. Voir *supra*, « Introduction », p. 1, note 3. Voir aussi *infra*, section 3.2.2.1 « Absence de reconnaissance législative ».
331. M.J. MOSSMAN, *op. cit.*, note 1.
332. K.T. BARTLETT, *loc. cit.*, note 25.
333. Précité, note 7.

défaut par son conjoint, marié ou non[334] ; en matière d'adoption, le consentement spécial à l'adoption peut être donné en faveur du conjoint de fait d'un parent, si les conjoints ont cohabité depuis au moins trois ans[335] ; en matière de maintien dans les lieux loués, le conjoint de fait du locataire depuis au moins six mois y a droit à certaines conditions, lorsque cesse la cohabitation[336] ; en matière de reprise de logement dans un immeuble détenu en copropriété indivise[337] ; et, dans des contextes très restreints, par des expressions neutres sans nommer directement les conjoints de fait, en matière successorale[338] et d'assurances personnelles[339]. Le Code civil ne prévoit aucune autre disposition à l'égard des conjoints de fait québécois.

Par contre, l'article 307 du *Code de procédure civile* prévoit qu'un témoin ne peut être contraint de divulguer une communication faite par son conjoint, pendant la vie commune. Cette disposition s'applique aux conjoints de fait car en l'absence de définition de « conjoint » au *Code de procédure civile*, on s'en remet à celle de la *Loi d'interprétation*, laquelle prévoit que :

> Sont des conjoints de fait deux personnes, de sexe différent ou de même sexe, qui font vie commune et se présentent publiquement comme un couple, sans égard, sauf disposition contraire, à la durée de leur vie commune. Si, en l'absence de critère légal de reconnaissance de l'union de fait, une controverse survient relativement à l'existence de la communauté de vie, celle-ci est présumée dès lors que les personnes cohabitent depuis au moins un an ou dès le moment où elles deviennent parents d'un même enfant.[340]

On sait que plusieurs lois à caractère social permettent aux conjoints de fait, dans certaines circonstances, d'être traités sur un

---

334. Art. 15 C.c.Q.
335. Art. 555 et 579 C.c.Q.
336. Art. 1938 C.c.Q.
337. Art. 1958 C.c.Q.
338. Art. 857 C.c.Q., qui permet l'attribution de la propriété de la résidence du défunt par préférence à l'héritier « qui y résidait », sous réserve des droits de l'époux ou du conjoint uni civilement survivant.
339. Art. 2419 C.c.Q., qui établit l'intérêt d'assurance dans la vie d'une personne qui contribue au soutien du preneur.
340. Art. 61.1 de la *Loi d'interprétation*, L.R.Q., c. I-16, laquelle définition s'applique aussi au *Code civil du Québec*, si tant est qu'il traite des *conjoints*. Voir Jean-Pierre SENÉCAL et Murielle DRAPEAU, « L'union de fait ou le concubinage », dans Jean-Pierre SENÉCAL, *Droit de la famille québécois*, Farnham, Publications CCH / FM, vol. 1, 1985, mis à jour 2006, p. 1201, à la p. 1214.

pied d'égalité avec les époux et de bénéficier des mêmes droits en devant, bien sûr, assumer les mêmes responsabilités :

> Malgré l'existence de plusieurs lois particulières accordant des bénéfices au conjoint de fait, telles la *Loi sur le régime des rentes du Québec*, la *Loi sur les accidents du travail et les maladies professionnelles*, la *Loi sur la santé et la sécurité du travail* et la *Loi sur l'assurance automobile*, ou enlevant des bénéfices comme la *Loi de l'impôt sur le revenu*, la *Loi sur les impôts* et la *Loi sur l'aide juridique*, pour ne nommer que celles-là, le *Code civil du Québec* ne prévoit pratiquement aucun droit ou obligation découlant de l'union de fait.[341]

C'est en 1965 que, pour la première fois, une loi québécoise reconnaît la relation de concubinage (après 7 années de vie commune) alors que la *Loi sur le régime de rentes du Québec* permet l'octroi d'une rente viagère à la conjointe de fait survivante[342]. En outre, c'est en 1999 que le Québec a adopté une loi afin de modifier tout son corpus législatif pour y adapter la définition de conjoint de

---

341. C.P. PRÉMONT et M. BERNIER, *loc. cit.*, note 5, p. 3.
342. Mireille D.-CASTELLI et Dominique GOUBAU, *Le droit de la famille au Québec*, 5e éd., Québec, Les Presses de l'Université Laval, 2005, p. 173, citant la *Loi sur le régime de rentes du Québec*, L.R.Q., c. R-9. Les auteurs citent les autres lois québécoises à caractère public ou social reconnaissant le statut de conjoint de fait comme suit : *Loi sur les accidents du travail*, L.R.Q., c. A-3 ; *Loi sur les accidents du travail et les maladies professionnelles*, L.R.Q., c. A-3.001 ; *Loi sur l'aide financière aux études*, L.R.Q., c. A-13.3 ; *Loi sur l'aide juridique*, L.R.Q., c. A-14 ; *Loi sur l'assurance automobile*, L.R.Q., c. A-25 ; *Loi sur les assurances*, L.R.Q., c. A-32 ; *Loi sur les caisses d'épargne et de crédit*, L.R.Q., c. C-4.1 ; *Code de procédure civile*, L.R.Q., c. C-25 ; *Loi sur les conditions de travail et le régime de retraite des membres de l'Assemblée nationale*, L.R.Q., c. C-52.1 ; *Loi sur les coopératives*, L.R.Q., c. C-67.2 ; *Loi concernant les droits sur les mutations immobilières*, L.R.Q., c. D-15.1 ; *Loi sur les élections scolaires*, L.R.Q., c. E-2.3 ; *Loi sur les impôts*, L.R.Q., c. I-3 ; *Loi sur les normes du travail*, L.R.Q., c. N-1.1 ; *Loi sur le régime de retraite de certains enseignants*, L.R.Q., c. R-9.1 ; *Loi sur le régime de retraite des agents de la paix en services correctionnels*, L.R.Q., c. 9.2 ; *Loi sur le régime de retraite des élus municipaux*, L.R.Q., c. R-9.3 ; *Loi sur le régime de retraite des employés du gouvernement et des organismes publics*, L.R.Q., c. R-10 ; *Loi sur le régime de retraite des fonctionnaires*, L.R.Q., c. R-12 ; *Loi sur les régimes complémentaires de retraite*, L.R.Q., c. R-15.1 ; *Loi sur les sociétés de fiducie et les sociétés d'épargne*, L.R.Q., c. S-29.01 ; *Loi sur la taxe de vente du Québec*, L.R.Q., c. T-0.1 ; *Loi sur les tribunaux judiciaires*, L.R.Q., c. T-16 ; *Loi sur l'assurance automobile*, 1977, c. 68 ; *Loi sur l'aide et l'indemnisation des victimes d'actes criminels*, 1993, c. 54 ; *Loi sur le soutien du revenu et favorisant l'emploi et la solidarité sociale*, 1998, c. 36. Pour une étude détaillée des dispositions et de la jurisprudence applicables aux conjoints de fait dans le cadre des lois ci-dessus mentionnées voir J.-P. SENÉCAL et M. DRAPEAU, « L'union de fait ou le concubinage », *op. cit.*, note 340, p. 1208 et s.

fait[343]. Ainsi, ce ne sont pas moins de 28 lois différentes qu'il aura fallu adapter afin que la définition de conjoint de fait inclue désormais les conjoints de même sexe. Ces lois assimilent les conjoints de fait aux couples mariés à des fins spécifiques, fiscales, d'indemnisation ou autres. C'est donc un leurre de penser que le concubinage ne crée pas de liens ou contraintes juridiques pour les conjoints de fait car il plaît aux gouvernements d'assimiler leur statut à celui des époux à plusieurs titres à l'égard des tiers, mais jamais quant à leurs rapports interpersonnels. Par ailleurs, c'est en 2002 que le Québec s'est doté d'une loi progressiste en incluant dans le Code civil[344] le concept nouveau de l'*union civile* permettant l'engagement de deux personnes, donc pouvant être de même sexe, à faire vie commune dans le respect des règles du mariage, l'union ayant les mêmes effets civils que le mariage[345]. Cela s'est fait bien avant le changement de la loi fédérale permettant aux conjoints de même sexe de contracter mariage[346], laquelle est entrée en vigueur en juillet 2005. Ce n'est donc pas par manque d'ouverture d'esprit que le Québec ne reconnaît pas encore les relations interpersonnelles hors mariage.

Dominique Vich-Y-Llado résume assez bien la position des juristes français de droit civil à l'égard des conjoints de fait, ainsi :

L'union libre implique rupture libre, désunion libre ![347]

La situation de ceux que l'on a longtemps appelés les *concubins* (qui demeure le terme privilégié des Français pour conjoints de fait et qui semble encore avoir ici une connotation péjorative qui n'a plus sa place aujourd'hui) a longtemps été perçue comme une menace à l'institution du mariage. Cela ressort éloquemment de l'opinion du juge Gonthier de la Cour suprême, dans l'affaire *Walsh*[348]. Même si ce n'est que depuis peu que les conjoints de fait revendiquent certains droits autrefois réservés aux époux, c'est depuis une trentaine d'années au Québec que, leur nombre augmentant, on se questionne

---

343. *Loi modifiant diverses dispositions législatives concernant les conjoints de fait*, précitée, note 325.
344. Précité, note 7.
345. *Loi instituant l'union civile et établissant certaines règles de filiation*, L.Q. 2002, c. 6, sanctionnée le 8 juin 2002, qui a introduit les articles 521.1 à 521.19 au *Code civil du Québec*. Quant aux effets de l'union civile, voir l'article 521.6 C.c.Q.
346. *Loi concernant certaines conditions de fond du mariage civil*, précitée, note 17.
347. Dominique VICH-Y-LLADO, *La Désunion libre*, Paris, Éditions l'Harmattan, collection Logiques juridiques, tome I, p. 247, citant D. HUET-WEILLER, « La cohabitation sans mariage », (1981) XXIX (2) *The American Journal of Comparative Law* 247, 261.
348. Précitée, note 9.

sur leur situation juridique. Ainsi, c'est à l'occasion des deux réformes importantes du droit de la famille que cette question a été soulevée.

Faisant suite au *Code civil du Bas-Canada*[349], le *Code civil du Québec*[350], comme on le sait, a été mis en vigueur par sections, dont la première fut celle du droit de la famille. Les articles 400 à 659 furent donc les premiers introduits au nouveau code par l'adoption de la *Loi 89*[351], le 19 décembre 1980. Ils faisaient suite aux longs travaux de l'Office de révision du Code civil. Dans son premier rapport, en 1977, l'Office de révision du Code civil résumait ainsi ses préoccupations quant à la situation juridique des conjoints de fait :

> L'obligation de contribuer aux charges du ménage a été étendue à l'union de fait. Il a semblé que le Code civil devrait, à l'exemple du droit social, tenir compte des réalités. L'union de fait, pour être plus fragile, n'en est pas moins, souvent, aussi stable que le mariage. Il a donc paru souhaitable d'offrir des solutions aux problèmes juridiques qu'elle entraîne infailliblement et de réglementer les droits et devoirs des époux de fait vis-à-vis des tiers et, dans une certaine mesure, vis-à-vis l'un de l'autre.
>
> L'introduction de l'union de fait dans le Code civil a fait l'objet de commentaires aussi nombreux que divers. La majorité d'entre eux sont favorables à une certaine réglementation des effets de l'union de fait. L'étendue de cette réglementation, par contre, est l'objet d'une vive controverse. Alors que certains se prononcent en faveur de la valorisation de l'engagement personnel, d'autres voudraient éviter toute institutionnalisation de l'union de fait pour se borner à régler quelques problèmes spécifiques. Ces derniers ont exprimé la crainte que le vocabulaire employé par le Projet : « époux de fait » au lieu de « concubins », « union de fait » au lieu de « concubinage », ne se prête à la perception de l'union de fait comme une institution reconnue par le droit civil.
>
> Après un examen de ces commentaires, il a paru opportun de conserver une réglementation minimum des effets de l'union de fait, notamment la contribution aux charges du ménage ou la présomption de paternité de l'époux de fait.
>
> Il a aussi semblé opportun d'enlever du Code civil la prohibition de se faire des donations au-delà des aliments. Cette disposition paraît exorbitante lorsque le donateur n'a pas de conjoint légi-

---

349. *Acte concernant le Code civil du Bas-Canada*, précité, note 220.
350. Précité, note 7.
351. Précitée, note 263.

time et la disposition qui déclare contraires à l'ordre public les contrats ayant pour but de créer ou de perpétuer une union de fait suffit amplement. Lorsque le donateur a un conjoint légitime, celui-ci, tout comme les autres créanciers alimentaires, peut exercer l'action paulienne pour faire annuler la donation.

Par ailleurs, il a paru impossible de limiter la définition de l'union de fait aux personnes ayant la possibilité de se marier. Mais il a paru indispensable que l'union ait un caractère de continuité et une certaine stabilité. Certaines lois, notamment celles qui prévoient l'octroi d'une pension, exigent une durée de sept ans. L'on n'a pas cru souhaitable d'exiger une durée fixe qui serait nécessairement arbitraire.

Finalement l'expression « union de fait » a été maintenue. Elle semble être couramment employée et n'a pas le caractère exagérément péjoratif de « concubinage ».

[...] il a semblé opportun de créer une obligation alimentaire limitée entre époux de fait.[352]

Ainsi dès 1977, l'Office de révision du Code civil proposait un certain encadrement, quoique limité, des rapports personnels entre conjoints de fait, principalement par l'introduction de l'obligation alimentaire prévue à l'article 338, lequel se lisait ainsi :

Les époux de fait se doivent des aliments tant qu'ils font vie commune. Toutefois, le tribunal peut, si des circonstances exceptionnelles le justifient, ordonner à un époux de fait de verser des aliments à l'autre après la cessation de la vie commune.

La Commission des services juridiques a présenté ses commentaires à l'Office de révision du Code civil, en recommandant que le titre premier du livre de la famille intitulé « Du mariage » soit modifié pour se lire dorénavant « Du mariage et des unions de fait ». La Commission des services juridiques était alors, et est encore aujourd'hui, l'organisme responsable de l'application de la *Loi sur l'aide juridique*[353] et l'un de ses nombreux mandats est celui de veiller à ce que l'aide juridique soit fournie aux personnes financièrement admissibles. Une grande partie des services offerts par l'organisme sont des services juridiques en droit de la famille. La Commission des services juridiques est certainement l'organisme qui était alors le mieux au

---

352. OFFICE DE RÉVISION DU CODE CIVIL, *op. cit.*, note 281, p. 115-116 et 122.
353. *Loi sur l'aide juridique*, L.Q. 1972, c. 14, art. 22, aujourd'hui L.R.Q., c. A-14, art. 22.

fait de la réalité des femmes vivant la séparation. Forte de cette expérience, elle affirmait que le projet d'article 338(2) était trop restrictif et ajoutait :

> À travers tout le livre « De la Famille », les codificateurs, discrètement, mais à quelques reprises, font des références à l'union de fait. Il en est ainsi à l'article 49, lequel fait lui-même référence aux articles 47 et 48 qui traitent des charges du mariage. Le même article 49 donne une définition de l'union de fait.
>
> L'article 338, quant à lui, confirme le principe de l'obligation alimentaire entre époux de fait durant la vie commune seulement ; le deuxième paragraphe de l'article 338, quant à nous, est pratiquement sans effet, parce que trop restrictif. Si on se réfère aux commentaires correspondants, l'on constate que le fait pour un « époux de fait » d'être abandonné, avec enfants à charge, ne semble pas constituer une circonstance exceptionnelle donnant ouverture à l'obligation alimentaire.
>
> Or, devant la défection actuelle pour le mariage traditionnel et d'autre part, devant le nombre de plus en plus croissant d'unions de fait, il a paru important pour la Commission des services juridiques, d'élargir la notion de famille pour y inclure les unions de fait en reconnaissant aux époux de fait les mêmes devoirs et obligations que ceux reconnus aux époux « traditionnels ».
>
> [...] En effet, la pratique quotidienne du droit de la famille nous a amené à constater que très souvent une pension minime est accordée à l'enfant seulement, le parent gardien n'y ayant point droit et que de ce fait, l'enfant lui-même en souffre, son gardien se voyant réduit à un revenu familial très bas, dont souvent la source n'est autre que l'aide sociale.[354]

Cette situation de fait n'a pas changé même avec la réforme des règles de fixation des pensions alimentaires pour enfants, en 1997[355].

Comme nous l'avons déjà vu, le Conseil du statut de la femme adoptait la position inverse et s'opposait à la légalisation du statut des conjoints de fait dans un souci de respect de leur autonomie et de leur liberté de choix[356]. Dans son mémoire présenté à la Commission parlementaire sur la réforme du droit de la famille, le Conseil ajoute :

---

354. COMMISSION DES SERVICES JURIDIQUES, *op. cit.*, note 4, p. 13-14 et 17.
355. Voir le *Règlement sur la fixation des pensions alimentaires pour enfants*, R.R.Q., c. C-25, r. 1.2.
356. CONSEIL DU STATUT DE LA FEMME, *op. cit.*, note 3.

Le Conseil du statut de la femme préconise l'accession à l'autonomie le plus rapidement possible. La femme est maintenue dans un état de dépendance face à son conjoint si on lui procure une protection superflue qui contribue à perpétuer sa situation de dépendance. C'est une attitude paternaliste et conservatrice des commissaires.[357]

L'auteure Michèle Rivet, maintenant présidente du Tribunal des droits de la personne, commentait le projet de réforme à ce sujet comme traitant d'une « question explosive qui touche aux convictions les plus profondes »[358] et elle résumait la position des principaux intervenants comme suit :

> Tant la Commission des services juridiques, que le Barreau du Québec auraient préféré une définition de l'union de fait qui rejoigne celle déjà adoptée dans des législations récentes, soit trois ans de cohabitation continue et stable ou un an lorsqu'un enfant est issu de l'union. Il semble cependant que ces délais avant l'expiration desquels les dispositions sur l'union de fait ne s'appliqueraient pas, aient soulevé beaucoup de points d'interrogation. Notons par ailleurs que le Conseil du statut de la femme voudrait plutôt qu'il n'y ait aucune reconnaissance de l'union de fait mais la possibilité pour les « époux de fait » de conclure des ententes particulières.

> Le Barreau, pour sa part, préconise que les époux de fait puissent, par entente particulière, déroger aux règles alimentaires énoncées dans le Projet, tandis que la Commission des services juridiques s'est attachée à prôner le partage des biens entre époux de fait en se basant sur la théorie de la société de fait.[359]

Et c'est ainsi que le législateur décida, lors de l'adoption de la *Loi 89*[360], en 1980, de ne reconnaître aucun statut juridique particulier aux conjoints de fait, ni de leur imposer quelque obligation légale réciproque que ce soit. L'entrée en vigueur du nouveau *Code civil du Québec*[361] n'aura pas permis de reconsidérer le statut des conjoints de fait québécois et le ministre de la Justice du Québec d'alors, Serge Ménard, a déjà déclaré :

---

357. *Ibid.*, p. 28.
358. Michèle RIVET, « Quelques notes sur la réforme du droit de la famille », dans André POUPART (dir.), *Les enjeux de la réforme du Code civil*, Faculté de l'éducation permanente, Université de Montréal, 1979, p. 296.
359. *Ibid.*, p. 297.
360. Précitée, note 276.
361. Précité, note 7.

Lorsque le législateur a révisé le droit de la famille, tant en 1980 qu'en 1991, il s'est interrogé sur l'opportunité de prévoir des conséquences civiles aux unions de fait. S'il s'est abstenu de le faire, c'est par respect pour la volonté des conjoints : quand ils ne se marient pas, c'est qu'ils ne veulent pas se soumettre au régime légal du mariage.[362]

En 2000, Claudia P. Prémont résume l'argument toujours répété des tenants du non-encadrement juridique des conjoints de fait par le respect de la liberté contractuelle :

> Nous sommes convaincus qu'il est préférable de donner aux justiciables les outils permettant de régir leur vie en toute connaissance de cause, tout en respectant leur choix de ne pas s'assujettir à une série de mesures ne leur convenant pas.[363]

Et elle ajoute :

> Finalement, comme discuté précédemment, Québec a une vision globale de la société qui diffère de celle des autres provinces.
>
> [...] Faisons confiance aux gens, informons-les des recours qui s'offrent à eux et de la possibilité de déterminer leurs droits et obligations par convention en s'assurant que leur choix sera libre et éclairé, dans le meilleur intérêt de tous et de leurs enfants, mais respectons avant tout leur liberté de choisir.[364]

Cependant, ces mêmes arguments, tant de fois répétés, doivent être revus à la lumière des faits soutenus par les statistiques les plus récentes, soit qu'il existe bel et bien des discriminations à l'égard des femmes qui, souvent, ne sont pas en mesure de faire des choix éclairés pour diverses raisons, la première étant les conditionnements dont elles sont victimes. En outre, il faut bien admettre que pour se marier il faut être deux, et le refus de l'un peut emporter le choix de l'autre[365].

---

362. Alain ROY, « Partenariat civil et couples de même sexe : la réponse du Québec », (2001) 35(3) *Revue juridique Thémis* 663-672, citant Martha BAILEY, « Le mariage et les unions libres », étude publiée sur le site de la Commission du droit du Canada, <www.cdc.gc.ca>, annexe C.
363. C.P. PRÉMONT et M. BERNIER, *loc. cit.*, note 5, p. 11.
364. *Ibid.*, p. 28-30.
365. Comme le mentionne la juge L'Heureux-Dubé dans *Procureur général de la Nouvelle-Écosse c. Walsh et Bona*, précité, note 9, par. 152 : « Je suis d'accord avec cette interprétation. Elle reflète aussi le fait que de nombreuses unions de fait hétérosexuelles résultent rarement d'un choix, en ce sens que le choix de ne pas se marier n'est pas un choix appartenant individuellement à chaque partenaire. La capacité de se marier est entravée lorsque l'un des

À l'heure où on revoit même les prémisses du mariage pour y admettre les conjoints de même sexe ; à l'heure où toutes les provinces canadiennes ont opté pour encadrer juridiquement les relations interpersonnelles entre conjoints de fait ; à l'heure où de nouveaux concepts juridiques, inimaginables il y a à peine quelques années, voient le jour, comme celui de la filiation de l'enfant né d'un projet parental avec assistance à la procréation[366], ne serait-il pas temps d'envisager la situation juridique des conjoints de fait québécois sous un autre jour ? Avant d'en débattre, voyons quels sont les recours juridiques disponibles aux conjoints de fait québécois.

3.3.2.2 Recours possibles entre conjoints de fait

3.3.2.2.1 Le recours pour enrichissement injustifié

À la fin de l'année 1982, la mise en vigueur des dispositions légales visant la prestation compensatoire a permis d'offrir aux époux un recours palliatif en compensation pour les apports à l'enrichissement de l'un par l'autre. Cependant aucun tel recours ne s'offrait alors au conjoint de fait qui avait contribué à l'enrichissement du patrimoine de son conjoint, même si la jurisprudence canadienne a commencé à reconnaître le recours basé sur l'enrichissement sans cause, vers la fin des années soixante-dix, notamment dans l'affaire *Cie Immobilière Viger Ltée* c. *Lauréat Giguère Inc.*[367], laquelle a posé les conditions très restrictives de ce recours qui ne s'est imposé que très graduellement au Québec.

---

partenaires désire se marier et que l'autre ne le veut pas. Dans ce cas, on peut difficilement affirmer que la personne qui désire se marier – mais qui doit cohabiter afin d'acquiescer aux désirs de l'autre – choisit la cohabitation. Il en résulte une situation où l'une des parties à l'union de fait conserve son autonomie au détriment de l'autre : [TRADUCTION] « Le revers de l'autonomie de l'un, c'est souvent l'exploitation de l'autre » (*ibid.*, p. 380). Dans ces circonstances, il est manifestement absurde d'affirmer que les deux partenaires ont choisi de se soustraire aux conséquences juridiques du mariage. »

La juge L'Heureux-Dubé cite aussi les propos de la juge McLachlin, dans le même sens, dans *Miron* c. *Trudel*, précité, note 50, par. 153 :

« En théorie, la personne est libre de choisir de se marier ou non. Cependant, en pratique, la réalité pourrait bien être tout autre. Il n'est pas toujours possible d'obtenir la sanction de l'union par l'État par un mariage civil. La loi, l'hésitation à se marier de l'un des partenaires, les contraintes financières, religieuses ou sociales sont autant de facteurs qui empêchent habituellement des partenaires, qui par ailleurs fonctionnent comme une unité familiale, de se marier officiellement. Bref, l'état matrimonial échappe souvent au contrôle de la personne. »

366. Art. 538 et s. C.c.Q.
367. [1977] 2 R.C.S. 67.

Me Murielle Drapeau en dit ceci :

> La jurisprudence n'a pas toujours été unanime quant à l'application de la théorie de l'enrichissement injustifié entre conjoints de fait. Mais graduellement, cette théorie a été acceptée.[368]

Le concept juridique de l'enrichissement injustifié sera pourtant intégré au *Code civil du Québec*[369] en 1991, par le biais des articles 1493 à 1496, lesquels s'appliquent entre conjoints de fait, alors que les articles 427 à 430 C.c.Q., visant la prestation compensatoire, sont toujours réservés aux époux. Dans les commentaires du ministre, lors de l'adoption du nouveau *Code civil du Québec*[370], on peut lire :

> La doctrine et la jurisprudence (cf., notamment, la décision de la Cour suprême dans *Cie Immobilière Viger Ltée* c. *Lauréat Giguère Inc.*, [1977] 2 R.C.S. 67) reconnaissent néanmoins, aujourd'hui, l'enrichissement sans cause comme source autonome d'obligations, pourvu que soient remplies les cinq conditions suivantes : 1o un enrichissement ; 2o un appauvrissement ; 3o une corrélation entre l'enrichissement et l'appauvrissement ; 4o l'absence de justification légalement reconnue à l'enrichissement ou à l'appauvrissement et 5o l'absence de tout autre recours de l'appauvri, cette dernière condition étant d'ailleurs implicitement comprise dans la précédente, bien que certains en contestent d'une certaine manière l'existence.[371]

Ce sont d'ailleurs là les critères d'application des articles du Code civil concernant l'enrichissement injustifié, lesquels se lisent comme suit :

> **1493.** Celui qui s'enrichit aux dépens d'autrui doit, jusqu'à concurrence de son enrichissement, indemniser ce dernier de son appauvrissement corrélatif s'il n'existe aucune justification à l'enrichissement ou à l'appauvrissement.

---

368. Murielle DRAPEAU, « Séparation de corps et divorce : aspects généraux du traitement du litige conjugal », dans Collection de droit 2006-2007, École du Barreau du Québec, *Personnes, famille et successions*, Titre II, chapitre I, Cowansville, Éditions Yvon Blais, p. 92. Voir aussi Violaine BELZILE, « Recours entre conjoints de fait : enrichissement injustifié et action *de in rem verso* », dans Service de la formation permanente, Barreau du Québec, *Congrès annuel du Barreau du Québec 1998*, Cowansville, Éditions Yvon Blais, 1998, p. 381.

369. Précité, note 7.

370. Précité, note 7.

371. GOUVERNEMENT DU QUÉBEC, « Le Code civil du Québec », *Commentaires du ministre de la Justice*, tome I, Québec, Les Publications du Québec, 1993, p. 917.

1494. Il y a justification à l'enrichissement ou à l'appauvrissement lorsqu'il résulte de l'exécution d'une obligation, du défaut, par l'appauvri, d'exercer un droit qu'il peut ou aurait pu faire valoir contre l'enrichi ou d'un acte accompli par l'appauvri dans son intérêt personnel et exclusif ou à ses risques et périls ou, encore, dans une intention libérale constante.

1495. L'indemnité n'est due que si l'enrichissement subsiste au jour de la demande.

Tant l'enrichissement que l'appauvrissement s'apprécient au jour de la demande ; toutefois, si les circonstances indiquent la mauvaise foi de l'enrichi, l'enrichissement peut s'apprécier au temps où il en a bénéficié.

1496. Lorsque l'enrichi a disposé gratuitement de ce dont il s'est enrichi sans intention de frauder l'appauvri, l'action de ce dernier peut s'exercer contre le tiers bénéficiaire, si celui-ci était en mesure de connaître l'appauvrissement.

À la même époque, soit en 1993, la Cour suprême du Canada rendait jugement dans l'affaire *Peter* c. *Beblow*[372], reconnaissant que des prestations domestiques fournies pendant 12 ans par une conjointe de fait lui donnaient droit à une compensation basée sur l'enrichissement injustifié. Claudia P. Prémont souligne, avec justesse, que les remèdes proposés par cet arrêt issu de la Colombie-Britannique ne sauraient être transposés au Québec, même si les principes établis peuvent être plaidés devant nos tribunaux[373]. Cela est aussi dû au fait qu'au moment où la décision *Beblow*[374] fut rendue en Cour suprême, le Québec venait d'adopter ses propres dispositions visant l'enrichissement injustifié, par les articles 1493 et suivants C.c.Q.

Il faut ajouter que l'application restrictive faite par les tribunaux du Québec des articles du Code civil sur l'enrichissement injustifié, les difficultés de preuve, la longueur des litiges de droit civil et

---

372. [1993] 1 R.C.S. 980. Voir le commentaire de Dominique GOUBAU, « La Cour suprême accorde la propriété de la maison familiale à une conjointe de fait pour services rendus pendant la cohabitation », dans Jean-Pierre SENÉCAL, *Droit de la famille québécois, op. cit.*, note 340, bulletin nᵒ 97, mai 1993. Voir aussi Jocelyn VERDON, « Union de fait, de quel droit, au fait ? », dans Service de la formation permanente, Barreau du Québec, *Développements récents en droit familial (1998)*, Cowansville, Éditions Yvon Blais, p. 27.

373. C.P. PRÉMONT et M. BERNIER, *loc. cit.*, note 5, p. 17.

374. Précitée, note 372.

leurs coûts, ont découragé plusieurs conjoints de fait injustement appauvris de s'adresser aux tribunaux à ce sujet. La Cour d'appel du Québec a d'ailleurs interprété très restrictivement les articles 1493 et suivants C.c.Q., dans l'affaire *B. (M.) c. L. (L.)*, où le juge Dalphond affirme :

> Devant le silence du législateur et en l'absence de tout contrat, certains ont souhaité que les tribunaux se montrent plus audacieux, voire même remplissent le vide législatif et contractuel qui est le lot de plusieurs unions de fait. Considérant les commentaires de la Cour suprême sur l'importance de respecter la liberté de choix des couples qui ont décidé de ne pas se marier ou de ne pas se doter d'un contrat régissant les aspects économiques de leur vie commune, énoncés dans l'arrêt *Procureur général de la Nouvelle-Écosse c. Walsh* [2002, 4 R.C.S. 325], je crois qu'il serait inadmissible pour les tribunaux d'instaurer après la fin de la vie commune, soit *a posteriori*, à l'égard des biens accumulés pendant la vie commune, une société d'acquêts judiciaire ou un quasi-patrimoine commun par le biais d'une interprétation très libérale de notions comme l'enrichissement injustifié ou l'action *pro socio*. J'ajoute que les tribunaux québécois ne sont pas dans la même position que ceux des provinces de common law et ne peuvent créer de nouvelles institutions juridiques ajustées aux besoins du moment, comme les fiducies par interprétation ou par déduction dont parle l'arrêt *Pettkus c. Becker*, [1980] 2 R.C.S. 834.[375]

Le recours en enrichissement injustifié se prescrit par trois ans, car il tend à faire valoir un droit personnel[376], ce que confirmait récemment la Cour d'appel dans *Frias c. Botran*[377], en rejetant l'action d'un appelant qui voulait se faire rembourser, après la rupture, les dépenses qu'il avait assumées quant à l'immeuble dont il était co-propriétaire avec son ex-conjointe de fait. La Cour d'appel a aussi conclu, dans une autre affaire, que le recours est intransmis-

---

375. REJB 2003-44742 (C.A.). Pour un commentaire voir Claudia P. PRÉMONT, « Enrichissement injustifié : la Cour d'appel en précise les conditions d'application dans le cadre d'une union de fait », dans *Collection du juriste*, Farnham, Publications CCH / FM, août 2003, p. 3-5.

376. Art. 2925 C.c.Q. La créance naît avec la rupture du couple et non à la date de l'enrichissement, voir J.-P. SENÉCAL et M. DRAPEAU, « L'union de fait ou le concubinage », dans Jean-Pierre SENÉCAL, *Droit de la famille québécois*, *op. cit.*, note 340, p. 1310-1311, citant *Lussier c. Pigeon*, [2002] R.J.Q. 359, REJB 2002-28261 (C.A.) et *Euphrosine c. Samuel*, C.S. Montréal, n° 500-05-054796-998, 4 mars 2004.

377. EYB 2007-127633 (C.A.), où la Cour d'appel fait état de *Z. (R.) c. G. (A.)*, EYB 1989-63349 (C.A.).

sible aux héritiers du conjoint décédé[378], ce qui ne peut les empêcher de poursuivre le recours institué ou contesté auparavant par le défunt[379]. Même si les professeurs Mireille D.-Castelli et Dominique Goubeau concluaient à ce sujet que « le recours est très restrictif et la demande rarement accueillie »[380], il faut reconnaître que la jurisprudence évolue, que les recours sont maintenant accueillis en plus grand nombre et pour des sommes de plus en plus importantes. Voyons, en résumé succinct, cette évolution jurisprudentielle :

- Dans *Droit de la famille – 217*[381], à la suite des contributions aux paiments hypothécaires de l'un des conjoints par l'autre, la demande de déclarer qu'il existait une société tacite entre eux fut rejetée et la Cour d'appel a refusé de considérer les dispositions sur l'enrichissement injustifié vu le défaut d'allégation et de preuve à cet effet.

- Dans *Riel* c. *Beaudet*[382], on a considéré les contributions aux charges du ménage et aux paiements hypothécaires à ce titre et l'action fut accueillie pour 5 000 $.

- Dans *Caron* c. *Daigle (Succession de)*[383], l'action fut accueillie pour 25 % de la valeur de l'immeuble concerné.

- Dans *Hamel* c. *Mireault*[384], l'action fut accueillie pour 50 000 $.

- Dans *Droit de la famille – 3455*[385], le tribunal a reconnu deux méthodes de calcul de l'indemnité : celle de la « valeur reçue » représentant ce qu'il en aurait coûté au défendeur pour les contributions reçues, et celle de la « valeur accumulée » consistant à partager la valeur des biens accumulés par le défendeur au détriment de la partie demanderesse; celle de la valeur reçue ayant été mise en preuve en l'espèce, elle a servi à l'indemnisation.

---

378. *Lussier* c. *Pigeon*, précité, note 376.
379. *Michaud* c. *Caron*, EYB 2007-122079 (C.S.).
380. Mireille D.-CASTELLI et Dominique GOUBEAU, *Précis de droit de la famille*, 5ᵉ éd., Les Presses de l'Université Laval, Québec, 2005, p. 530 à 532.
381. [1985] C.A. 656.
382. C.A. Montréal, nᵒ 500-09-001041-813, 16 mai 1986.
383. EYB 1996-30349, J.E. 96-1104 (C.S.). Au même effet : *Droit de la famille – 2648*, [1997] R.D.F. 246 (C.S.).
384. C.S. Richelieu, nᵒ 765-05-000397-965, 20 août 1998, REJB 1998-08529. Accueillie aussi dans *Droit de la famille – 2235*, [1995] R.D.F. 494 (C.S.) ; et dans *Turcotte* c. *Côté*, [2005] R.D.F. 335, EYB 2005-87502 (C.S.), accueillie pour 40 000 $.
385. [1999] R.J.Q. 2946, REJB 1999-15121 (C.S.).

- Dans *B. (F.)* c. *C. (J.)*[386], la Cour d'appel confirme le jugement de première instance qui a refusé la réclamation de plus de 35 000 $ pour l'argent investi à l'achat de la résidence de sa conjointe de fait, laquelle n'agissait pas comme prête-nom. Le défendeur a investi cet argent dans le but de frauder sa première épouse. La somme est donc considérée comme une donation.

- Dans *Péladeau* c. *Savard*[387], la demande de 80 000 $ est accueillie pour 20 000 $.

- Dans *Meunier* c. *Thibault*[388], la demande de 200 000 $ est accueillie pour 25 000 $, malgré que les actifs du débiteur ont augmenté de 525 000 $, pendant l'union.

- Dans l'affaire *Lussier* c. *Pigeon*[389], la Cour d'appel a reconnu qu'il s'agit de la réclamation d'un droit personnel dont la prescription est de 3 ans (art. 2925 C.c.Q.) et qu'il y a intransmissibilité du droit aux héritiers

- Dans *Maltais* c. *Dufour*[390], la demande de 150 000 $ est accueillie pour 18 000 $.

- Dans *B. (M.)* c. *L. (L.)*[391], la Cour d'appel a restreint le recours.

- Dans *Lafontaine* c. *Danis*[392], à la suite de l'achat d'un terrain aux noms des deux conjoints de fait puis à l'achat par madame d'une maison préfabriquée installée sur ce terrain et payée par madame seulement, on a reconnu l'enrichissement injustifié de monsieur qui utilisait tous ses revenus à des dépenses personnelles pendant que madame remboursait seule l'hypothèque de la maison ; le recours de madame est accueilli.

- Dans *B. (N.)* c. *D. (A.)*[393], le tribunal rejette la demande de monsieur d'ordonner la disjonction des recours de madame qu'elle a

---

386. REJB 1999-14288 (C.A.).
387. [2000] R.D.F. 692. REJB 2000-21272 (C.S.).
388. [2002] R.D.F. 260, REJB 2002-2990 (C.S.).
389. [2002] R.J.Q. 359, REJB 2002-28261 (C.A.). Suivi : *Euphrosine* c. *Samuel*, C.S. Montréal, n° 500-05-054796-998, 4 mars 2004.
390. [2003] R.D.F. 514, REJB 2003-41329 (C.S.).
391. Précitée, note 375.
392. REJB 2003-50222 (C.A.).
393. REJB 2003-51162 (C.S.). Voir le commentaire de Murielle DRAPEAU, « Recours intenté par un conjoint de fait : lorsque les condamnations recherchées prennent leur source dans la vie commune des parties elles peuvent être réunies dans

regroupés en un seul portant tant sur la garde et la pension alimentaire pour enfants, que sur sa demande en enrichissement injustifié et en dommages. *A contrario* : *Bouchard* c. *Charland*[394] ; refus de la greffière spéciale de réunir la requête amendée en partage de biens meubles et immeuble et en réclamation d'une indemnité pour perte d'usage et de jouissance de la partie indivise de l'immeuble, à la requête pour pension alimentaire (voir aussi *L. (Y.)* c. *D. (M.)*[395]).

- Dans *Cadieux* c. *Caron*[396], l'indivisaire a droit au remboursement de sommes qu'il a payées pour acquitter les frais et charges afférents à un immeuble dans la mesure où il prouve que ses contributions ont enrichi indûment l'autre indivisaire.

- Dans *Vézina* c. *Julien*[397], la demande de 220 000 $ est complètement rejetée.

- Dans *Wilkie* c. *Lapensée*[398], la demande de 400 000 $ est accueillie pour 85 000 $.

- Dans *Guillemette* c. *Poulin*[399], vu les conditions bien connues d'exercice du recours en enrichissement injustifié, il est bien établi que l'exercice ne consiste pas à procéder à une opération de « compte à compte » à la fin de la vie commune des conjoints de fait. Non seulement monsieur n'a-t-il pas prouvé que madame s'était enrichie, mais il n'a pas davantage démontré qu'il s'était appauvri. En effet, la preuve est muette sur la valeur des actifs de monsieur au début et à la fin de la vie commune des parties. Certes, une telle preuve était difficile à établir, puisque la vie commune s'est étalée sur une période de treize années, alors que le recours a été entrepris trois ans après la séparation des parties et que l'audition s'est tenue dix ans après celle-ci. Toutefois, ces difficultés ne sauraient modifier le fardeau de preuve incombant aux parties. Dans l'action principale, monsieur devait notamment prouver son appauvrissement. Dans la demande reconventionnelle, madame devait

---

une même procédure », dans *Collection du juriste*, Farnham, Publications CCH, janvier 2004, p. 4.

394. EYB 2006-112394 (C.S.).
395. EYB 2006-108618 (C.S.).
396. REJB 2004-54839 (C.A.).
397. AZ-50324471, EYB 2005-92969 (C.S.), 27 juin 2005.
398. [2005] R.D.F. 469, EYB 2005-89720 (C.S.).
399. EYB 2005-89242 (C.S.), appel rejeté, C.A. Montréal, n° 500-09-015617-053, 4 octobre 2006, REJB 2006-110361.

notamment prouver l'enrichissement de monsieur. Or, aucune des parties ne s'est acquittée de son fardeau de la preuve.

- Dans *Gingras* c. *Poulin*[400], la cohabitation se poursuit pendant treize ans alors que madame s'occupe de la maison, de la fille de monsieur et de la comptabilité de son entreprise de camionnage. Il y a appauvrissement évalué à 7 000 $; les parties ont aussi exploité un dépanneur par une compagnie détenue majoritairement par monsieur : appauvrissement de madame aussi évalué à 7 000 $, soit 1 000 $ par an, indépendamment du fait que madame détient quelques actions minoritaires, ce qui n'est pas considéré comme une fin de non-recevoir.

- Dans *Turcotte* c. *Côté*[401], la vie commune a duré quinze ans et la demanderesse a effectué des travaux domestiques et de la ferme ; octroi de 30 % des bénéfices non répartis de l'entreprise, soit 1 500 $ par année pendant une période de douze ans ; plus une somme de 22 000 $ à titre de perte de capitalisation et de gains perdus sur une résidence familiale commune ; octroi d'une somme totale de 40 000 $ à madame.

- Dans *Desjardins* c. *Meloche*[402], la demande est dirigée contre la succession du défunt-conjoint de fait.

- Dans *Lacombe* c. *Deshaies*[403], l'action est rejetée malgré que madame ait contribué à plusieurs dépenses familiales en proportion de ses revenus et que monsieur s'est enrichi de 8 500 $ par année de vie commune, le tribunal considère que la loi ne permet pas qu'une action fondée sur l'enrichissement injustifié entre ex-conjoints de fait devienne un prétexte pour procéder au partage d'un patrimoine familial. Selon le tribunal, les parties ont choisi de ne pas se marier et doivent en assumer les conséquences (!).

- Dans *Caron* c. *Roussel*[404], après l'achat d'une maison au seul nom de madame mais avec une mise de fonds de 30 000 $ chacun, la contribution de monsieur est fixée à 28,5 % ; application du pourcentage de contribution à la valeur de la maison en date de la demande ; remboursement à monsieur d'une valeur de 41 900 $.

---

400. EYB 2005-97137 (C.S.).
401. EYB 2005-87502 (C.S.).
402. EYB 2005-94315 (C.S.). Au même effet, *Millichamp* c. *Dunn*, EYB 2005-98927 (C.S.).
403. EYB 2005-98956 (C.Q.).
404. EYB 2005-82611 (C.Q.).

- Dans *St-Jean* c. *Proulx*[405], il y avait eu cohabitation de douze ans, action intentée à la limite de la prescription triennale ; accueillie pour un montant de 4 238 $, représentant des sommes investies dans la résidence de monsieur.

- Dans *Pilon* c. *Lacroix*[406], le couple ayant partagé un appartement : impossibilité de conclure à un prêt en l'absence de décaissement ; défendeur n'ayant pas réclamé de loyer à sa conjointe durant la vie commune ; paiement par la conjointe d'une proportion plus grande des autres dépenses ; il est conclu à absence d'enrichissement injustifié.

- Dans *A.* c. *B.*[407], la demanderesse réclame la moitié de la valeur de la résidence familiale et elle a le droit d'être remboursée de la moitié des dépenses qui ont donné une plus-value à la résidence, et qui ont en conséquence contribué à l'enrichissement du patrimoine du défendeur qui en est le seul propriétaire : achat d'une thermopompe et améliorations locatives qui totalisent 26 784 $. La demanderesse a donc le droit d'être remboursée de la moitié, soit 13 392 $.

- Dans *M. (B.)* c. *Mo. (S.)*[408], les conjoints de fait cohabitent pendant plus de dix-huit ans, ils ont 3 enfants et vivent plusieurs déménagements ; en 2002, ils acquièrent une résidence comme copropriétaires indivis, alors que madame paie 42 % (130 000 $) et monsieur 58 % (180 000 $) ; application de l'article 1015 C.c.Q. : présomption de l'égalité des parts, aucune preuve au contraire, monsieur pourra cependant réclamer prioritairement les 50 000 $ additionnels investis par lui et le solde sera partagé également (!) ; indemnité pour la jouissance de l'immeuble établie par interprétation des ententes entre les parties à 1000 $ par mois depuis juillet 2005 (art. 1016 C.c.Q.) ; réclamation de 360 956 $ pour enrichissement injustifié, madame doit rembourser à monsieur un montant de 11 000 $ après de savants calculs sur la provenance des actifs de madame.

- Dans *P. (C.)* c. *B. (M.)*[409], il y a mariage en 2001 après 15 ans de vie commune et par la suite, réclamation de madame en enrichis-

---

405. EYB 2005-88349 (C.Q.).
406. EYB 2006-109537, AZ-50390762, 2006 QCCA 1101, J.E. 2006-1788 (C.A.).
407. EYB 2006-116423 (C.S.).
408. EYB 2006-110900 (C.S.).
409. EYB 2006-107625 (C.S.), requête en rejet d'appel rejetée, C.A. Montréal, n° 500-09-016948-069, 16 octobre 2006, EYB 2007-125569.

sement injustifié pour l'accumulation d'actifs par monsieur pendant la vie commune ; madame a le droit d'être indemnisée sur la base de l'enrichissement injustifié de monsieur. Notamment, madame a joué les rôles de gardienne d'enfants, de jardinière, de bûcheronne, d'acéricultrice, de cuisinière et de couturière. Elle n'a reçu aucun salaire pour cela. Les sommes versées à madame ne peuvent être qualifiées de salaires. Il s'agit plutôt d'un partage de revenus devant avantager monsieur sur le plan fiscal. Madame a droit à 67 904,54 $, représentant une partie d'un placement résultant de l'exploitation d'une érablière.

- Dans *St-Louis* c. *Martel*[410], on constate qu'il ne suffit pas de démontrer que la valeur du patrimoine d'un des conjoints a augmenté pendant la vie commune. Il faut, en effet, démontrer l'appauvrissement de l'autre conjoint, le lien entre l'enrichissement et l'appauvrissement, l'absence de justification, l'absence de fraude à la loi et l'absence d'autres recours ; en l'espèce, la preuve ne permet de conclure ni à l'enrichissement, ni à l'appauvrissement. Par ailleurs, même si on concluait que monsieur avait accumulé certains actifs pendant la vie commune, rien n'indique que cela est relié à l'appauvrissement de madame : pas d'allocation de loyer vu l'entente des parties quant au partage des dépenses de l'immeuble.

- Dans *Catellier* c. *Bilodeau*[411], la réclamation en enrichissement injustifié (et subsidiairement pour société tacite) faisant suite à la vie commune de dix-huit ans qui a débuté quatre ans après le prononcé d'un divorce entre les parties ; aide de madame aux travaux domestiques et de la ferme ; demande de 150 000 $, retenue pour 18 000 $ (actifs de monsieur de plus de 500 000 $; actifs de madame : 150 000 $).

- Dans *Therriault* c. *Gariépy*[412], on traite de la prescription alors que l'action est intentée dix ans après la fin de la vie commune et quatre ans après la vente du commerce concerné, madame invoquant l'interruption de prescription. Référence à *Gauthier* c. *Beaumont*[413], décision de la Cour suprême traitant de l'impossibilité en fait d'agir qui, ici, serait causée par l'état dépressif de la demanderesse, reliée à la rupture qu'elle dit provoquée par le défendeur ;

---

410.   EYB 2006-110294 (C.S.).
411.   EYB 2006-101651 (C.S.).
412.   EYB 2006-105826 (C.S.).
413.   [1998] 2 R.C.S. 3, REJB 1998-07106.

action rejetée aussi au motif que les conditions d'exercice du recours en enrichissement injustifié ne sont pas remplies.

- Dans *A. Doak* c. *Stocker*[414], les parties ont vécu en union de fait. Le litige concerne un immeuble à revenus qu'elles ont acheté en 1989 pour 173 000 $ au seul nom de madame qui a admis avoir reçu des chèques du demandeur totalisant 39 000 $ pour cette acquisition. Le demandeur a aussi contribué à des travaux de rénovation, le tout pour un investissement total de 55 000 $ versé à la défenderesse. Or, cette somme ne constitue pas un don. Dans un cas similaire, soit dans l'affaire *Caron*, la Cour du Québec a calculé le montant dû en fonction de l'investissement relatif de la partie appauvrie par rapport à l'acquisition faite par la partie s'étant enrichie. En l'espèce, le défendeur a investi 55 000 $, ce qui représente environ 32 % du prix d'achat de 173 000 $. Il n'y a pas de preuve de la valeur apportée par les rénovations à l'immeuble au moment de sa vente en 2005 pour un prix de 270 000 $. Il demeure clair que la participation du demandeur a contribué à l'enrichissement de la défenderesse. Action accueillie pour 32 % de 270 000 $.

- Dans *Duquette* c. *Greig*[415], monsieur réclame environ 135 000 $ pour ses contributions à l'immeuble de madame (65 000 $ en matériaux, 65 000 $ en temps travaillé et 3 500 $ pour un lot contigu) ; demande accueillie pour 87 533 $, soit 22 000 $ en matériaux et le tiers du temps travaillé, l'excédent étant considéré comme une libéralité.

- Dans *Plourde* c. *Coursol*[416], la requête introductive d'instance de madame (en partage, enrichissement injustifié et dissolution d'une société tacite) est déposée à Montréal, lieu de son domicile ; monsieur en demande le renvoi à Laval où est situé l'immeuble ; madame allègue qu'il s'agit d'un litige de « nature familiale », ce que rejette le tribunal : il s'agit d'un litige civil concernant l'immeuble qui doit être institué devant le district du lieu où est situé cet immeuble.

- Dans *B. (M.)* c. *F. (J.), sub nom. Droit de la famille – 071637*[417], le tribunal accueille une requête en irrecevabilité à l'encontre de

---

414. REJB 2006-112163 (C.S.), inscription en appel, C.A. Montréal, n° 500-09-017426-073, 26 janvier 2007. Cause citée : *Caron* c. *Roussel*, EYB 2005-82611, 2005 IIJCan 406, J.E. 2005-542 (C.Q.).
415. C.S. Beauharnois, n° 760-17-000863-053, 16 février 2007.
416. EYB 2007-115575 (C.S.).
417. EYB 2007-122050 (C.S.).

l'action en enrichissement injustifié de monsieur qui invoque un seul paiement fait à madame mais au bénéfice de leurs enfants, soit celui de la somme globale de 25 000 $ qu'il a dû payer à la suite d'un jugement confirmé en appel.

- Dans *Coderre* c. *Elliot*[418], il s'agit d'une action en reconnaissance et en liquidation d'une société tacite et en enrichissement injustifié par suite d'une cohabitation de vingt-quatre ans. Le chalet sur lequel porte le litige a toujours été la propriété de monsieur et il n'a pas été démontré que monsieur s'était d'une quelconque façon engagé à ce que madame en devienne un jour copropriétaire ; pas de société tacite entre eux. L'action en enrichissement injustifié quant au chalet serait fondée mais elle est prescrite car il s'est écoulé plus de trois ans depuis la fin de la vie commune. Par contre, la résidence familiale, copropriété des parties, a été hypothéquée au profit du chalet et à cet égard la réclamation de madame est accueillie pour 8 557,47 $.

On peut aussi consulter quelques autres décisions à ce sujet[419] ainsi que de la doctrine[420]. Si on peut constater une certaine évolution de la jurisprudence, l'augmentation du nombre de recours est indéniable et s'explique facilement par l'augmentation importante du nombre de couples de conjoints de fait. On remarque qu'il peut y avoir parfois de la confusion entre les notions d'*enrichissement injustifié* et de *société tacite* du fait qu'elles sont souvent invoquées subsidiairement l'une à l'autre. Voyons ce qu'il en est de la société tacite.

3.3.2.2.2 La société tacite

La Cour suprême du Canada a reconnu l'application du concept de *société tacite* entre conjoints de fait, à certaines conditions, dans

---

418. EYB 2006-104553 (C.Q.).
419. *L. (J.)* c. *A. (P.)*, EYB 2007-121397 (C.S.), requête pour permission d'appeler rejetée, C.A. Québec, nº 200-09-006026-071, 30 août 2007 ; *Paquette* c. *Amyot*, EYB 2007-119876 (C.S.), inscription en appel, C.A. Montréal, nº 500-09-017755-075, 24 mai 2007 ; *Fortin* c. *Bélanger*, EYB 2007-116577 (C.S.) ; *Faubert* c. *Lanthier*, EYB 2007-120592 (C.Q.) ; *Gagnon* c. *Desgranges*, EYB 2007-120632 (C.Q.) ; *Girard* c. *Tremblay*, EYB 2007-121284 (C.Q.) ; *Dupuis* c. *Lalanne*, EYB 2006-102495 (C.A.) ; *Rondeau* c. *Touchette*, EYB 2006-113621 (C.S.) ; *Bélanger* c. *Soubiran*, EYB 2006-106991 (C.S.) ; *O'Farrell* c. *Hefford*, EYB 2006-107936 (C.Q.) ; *Barrette* c. *Falardeau*, EYB 2006-116126 (C.Q.).
420. Violaine BELZILE, « Recours entre conjoints de fait : enrichissement injustifié et action *de in rem verso* », dans *Congrès annuel du Barreau du Québec (1998)*, Service de la formation permanente, Barreau du Québec, p. 381, à la p. 383 ;

l'affaire *Beaudoin-Daigneault* c. *Richard*[421]. Il s'agit de démontrer, à la dissolution du couple, qu'une entente de société a été conclue entre les conjoints de fait expressément, par écrit, verbalement ou tacitement. Me Drapeau explique :

> Pour conclure à une société tacite, plusieurs éléments doivent être démontrés. Dans l'arrêt *Beaudoin-Daigneault* c. *Richard*, la Cour suprême a défini les conditions d'exercice d'un tel recours. Il faut d'abord établir qu'il y a eu apport de chaque associé au fonds commun, que le vécu des associés révèle qu'il y a eu partage des pertes et des bénéfices et que le comportement des deux démontre qu'ils étaient animés par l'intention de former une société.
>
> Les conditions définies par la Cour suprême sont strictes et les tribunaux en exigent une preuve prépondérante appuyée sur le « vécu » des conjoints de fait.
>
> Bien que difficile, le recours basé sur la société tacite est admis. Par ce recours, le demandeur cherchera, entre autres, à faire reconnaître l'existence de la société tacite, sa dissolution, et demandera une ordonnance de partage, y inclus, le cas échéant, la nomination d'un liquidateur.[422]

La vie commune ne peut constituer, en elle-même, un projet de société qui doit avoir comme objectif la réalisation d'un bénéfice financier pour servir de base au recours :

> Ainsi que l'indique la Cour d'appel dans *Richard* c. *Beaudoin-Daigneault* [1982 C.A. 66], la simple intention commune de vivre ensemble, de créer une association d'intérêts caractérisée par le secours, l'entraide mutuelle et l'échange de bons procédés n'emporte pas pour autant la création de la société prévue à l'article 1830 C.c.B.C. Pour qu'existe cette société, il faut que l'on découvre réunis les éléments constitutifs d'un contrat de société [*Beaudoin-Daigneault* c. *Richard*, [1984] 1 R.C.S. 2].[423]

Michel TÉTRAULT, *Droit de la famille*, 3e éd., Cowansville, Éditions Yvon Blais, 2005, p. 601 ; Mireille D.-CASTELLI et Dominique GOUBAU, *Précis de droit de la famille*, 5e éd., Québec, Les Presses de l'Université Laval, 2005, p. 530-532.

421. [1984] 1 R.C.S. 2.
422. M. DRAPEAU, *op. cit.*, note 368, p. 92.
423. J.-P. SENÉCAL et M. DRAPEAU, « L'union de fait ou le concubinage », dans Jean-Pierre SENÉCAL, *Droit de la famille québécois, op. cit.*, note 340, p. 1266.

Michel Tétrault reconnaît aussi les difficultés inhérentes à ce recours :

> Ce recours est devenu à toutes fins utiles la planche de salut des concubins qui vivent ensemble sans qu'un contrat régisse la situation en cas de rupture. En effet, la société tacite a été utilisée avec plus ou moins de succès, la preuve d'un projet commun étant difficile à établir.[424]

Voyons l'interprétation jurisprudentielle du concept à travers le relevé succinct de certaines affaires :

- Dans *Droit de la famille – 2985*[425], une demande est présentée en regard de la construction en commun par un couple de conjoints de fait d'un garage de soudure, mais l'action est rejetée.

- Dans *Droit de la famille – 3455*[426], le recours en « société tacite » est rejeté après une vie commune de 28 ans pendant laquelle il y a eu participation aux commerces du conjoint, mais une indemnité est accordée pour « enrichissement injustifié ».

- Dans *Angers* c. *Gagnon*[427], le recours est accueilli après une vie commune de huit ans et l'exploitation en commun de deux entreprises de traduction.

- Dans *C.B.* c. *S.BE.*[428], l'action fondée sur l'achat, avant mariage, d'une maison est rejetée.

- Dans *F. (L.)* c. *G. (M.)*[429], le tribunal précise que l'existence d'une société tacite est tributaire de la volonté des conjoints de collaborer activement à l'entreprise sur un pied d'égalité, ce qui ne fut pas

---

424. Michel TÉTRAULT, « De choses et d'autres en droit de la famille – Une revue de la jurisprudence marquante en 2004-2005 », dans Service de la formation permanente, Barreau du Québec, *Développements récents en droit familial 2005*, vol. 229, Cowansville, Éditions Yvon Blais, EYB2005DEV1060. Voir aussi Michel TÉTRAULT, *Droit de la famille*, 3e éd., Cowansville, Éditions Yvon Blais, 2005, p. 601.
425. [1998] R.D.F. 320, REJB 1998-06859 (C.S.).
426. [1999] R.J.Q. 2946, REJB 1999-15121 (C.S.).
427. [2003] R.J.Q. 924, REJB 2003-37143 (C.S.).
428. [2003] R.D.F. 622, REJB 2003-45206 (C.S.). Au même effet : *Droit de la famille – 2496*, EYB 1996-30267, J.E. 96-1728 (C.A.), avec dissidence du juge Nuss.
429. REJB 2003-49521 (C.S.). Au même effet : *Dussault* c. *Jolicœur*, REJB 2004-72139 (C.A.).

ici démontré par une prépondérance de preuve, l'action sera donc rejetée.

- Dans *Dussault* c. *Jolicœur*[430], l'existence d'une société tacite qui aurait eu cours entre les parties n'ayant pas été démontrée, la remise d'une somme de 50 000 $ par monsieur dans le compte bancaire de madame pendant la vie commune, ne peut être qualifiée que de donation ; en l'espèce, l'espoir que les parties fassent une longue vie commune était le mobile de la remise, et non sa condition résolutoire. L'action en révocation de monsieur aurait été prescrite parce qu'intentée plus d'un an après la rupture. De toute façon, ayant manifestement été le responsable de la rupture, monsieur n'aurait pas pu invoquer sa propre turpitude.

- Dans *B. (S.)* c. *C. (M.)*[431], les conditions d'exercice du recours élaborées dans l'affaire *Beaudoin-Daigneault* c. *Richard*[432] se trouvent réunies. Le commerce de dépanneur est au seul nom de madame mais une société tacite s'est formée entre les conjoints qui l'ont exploité ensemble. La part de monsieur est établie à 60 %. Appel accueilli quant à certains dommages octroyés seulement dans l'affaire maintenant rapportée sous les initiales *A.* c. *B.*[433].

- Dans *Droit de la famille – 061120*[434], il y a refus du tribunal de reconnaître qu'une société tacite s'est formée quant à la résidence familiale d'un couple marié, résidence dont la valeur est déduite du patrimoine familial pour avoir été acquise et entièrement payée par monsieur avant le mariage.

- Dans *Mahé* c. *Martel*[435], les parties ont fait vie commune de 1980 à 2001 et la société tacite est admise à l'égard de tous leurs biens. Les biens ont été acquis à même un compte conjoint et madame refuse d'être tenue responsable des dettes (plus de 100 000 $) contractées par monsieur, au motif que sa signature a été contrefaite sur les

---

430. REJB 2004-72139 (C.A.), demande d'autorisation d'appel à la Cour suprême rejetée, n° 30678, 24 mars 2005. Suivi : *Mercier* c. *Lapierre*, EYB 2006-108985 (C.Q.).
431. EYB 2006-106874 (C.S.).
432. Précitée, note 421.
433. EYB 2007-113230 (C.A.).
434. EYB 2006-118195 (C.S.). Au même effet : *M. (C.)* c. *I. (M.)*, EYB 2006-108559 (C.S.).
435. EYB 2007-118762 (C.S.).

documents d'emprunt ; demande d'indemnisation de madame pour la mauvaise gestion de leurs actifs faite par monsieur et détournement de fonds ; demande de dommages de monsieur pour abus de procédures et diffamation. Une reddition de compte est ordonnée, la société tacite est dissoute et la vente des éléments d'actif est ordonnée, chaque partie est condamnée à environ 25 000 $ à l'encontre de l'autre et compensation est opérée ! Le tout repose sur l'administration de la preuve et est un bel exemple de la complexité (!) de ce genre de litiges.

• Dans *S. (J.) c. A. (A.)*[436], les parties cohabitent à partir de 1997 et peu après madame entreprend un commerce de réfection et recouvrement de meubles, auquel monsieur collabore. Avec les revenus et une somme provenant du règlement de son divorce, madame acquiert deux immeubles à revenus. Les parties vivront des revenus de loyers des immeubles. Monsieur prétend avoir contribué à la rénovation, ce que nie madame qui allègue plutôt la consommation problématique de drogues et d'alcool de monsieur, ainsi que son comportement excessivement violent qui mène à leur séparation en 2003, après des agressions graves de monsieur sur madame. Madame vit un syndrome de stress post-traumatique dont la preuve est établie. Elle l'invoque pour expliquer son comportement et le fait qu'elle ait laissé monsieur se comporter en propriétaire sans jamais consentir, dit-elle, à ce qu'une société tacite s'établisse entre eux. Monsieur réclame 500 000 $ en plus de dommages-intérêts de 190 000 $, mais sa demande est rejetée, car le tribunal estime qu'il n'y a aucune preuve de l'intention des parties, particulièrement de madame, de consentir à l'établissement d'une société tacite entre eux. En outre, c'est monsieur qui est condamné à des dommages de 30 000 $, pour les sévices qu'il a fait subir à madame.

On peut consulter d'autres décisions à ce sujet[437]. On peut en conclure que le recours est très restrictif[438]. On constate cependant une augmentation importante des recours en « enrichissement injustifié » et en dissolution d'une « société tacite », lesquels deviennent l'occasion de vrais *règlements de compte* des conjoints, toujours complexes et souvent acrimonieux.

---

436. EYB 2007-124429 (C.S.).
437. *C. (D.) c. F. (C.)*, sub nom. *Droit de la famille – 072861*, EYB 2007-126835 (C.S.) ; *Mercier c. Lapierre*, EYB 2006-108985 (C.Q.).
438. M. D.-CASTELLI et D. GOUBAU, *op. cit.*, note 328, p. 531.

À cet égard, en France où la situation se pose dans le même contexte juridique, Dominique Vich-Y-Llado conclut :

> Généralement, les juges n'ont qu'une vision partielle des relations pécuniaires entre les concubins, limitée aux besoins du succès de l'action. On ne saurait d'ailleurs leur en faire le reproche : ils ne disposent pas des « outils juridiques » qui leur permettraient d'appréhender globalement la situation financière des concubins, à la fin de l'union. La Loi n'ayant prévu aucune disposition visant à régler, dans son ensemble, la question du partage des biens à la rupture, les tribunaux continueront à leur appliquer le droit commun au gré de leurs revendications.[439]

3.3.2.2.3 La reconnaissance des obligations contractuelles

Castelli et Goubau font état de la validité des contrats de vie commune entre conjoints de fait sauf quant aux clauses que le droit réserve aux seuls contrats de mariage[440]. D'ailleurs, la Cour d'appel a confirmé la validité des contrats de partage de biens faits par des conjoints de fait, dans *Couture* c. *Gagnon*[441]. Les conjoints Couture-Gagnon avaient prévu par contrat d'appliquer, lors de leur rupture, les règles de partage du patrimoine familial, lesquelles sont applicables à tous les époux lors de la dissolution du mariage. Après la séparation, monsieur n'entendait pas donner suite à cette entente. Il a dû cependant se conformer à ses engagements après que la Cour d'appel eut confirmé la possibilité pour les conjoints de fait de s'entendre par contrat sur le partage éventuel de leurs biens, peu importe les modalités de partage convenues.

La Cour d'appel a aussi reconnu la validité des conventions entre conjoints de fait prévoyant une obligation alimentaire entre eux, à la rupture. Dans l'affaire *P. (S.)* c. *D. (M.)*[442], les conjoints de fait avaient signé une convention notariée prévoyant, entre autres, ceci :

---

439. D. VICH-Y-LLADO, *op. cit.*, note 347, tome II, p. 26.
440. M. D.-CASTELLI et D. GOUBAU, *op. cit.*, note 380, p. 176. Voir aussi les auteurs suivants : J.-P. SENÉCAL et M. DRAPEAU, « L'union de fait ou le concubinage », dans Jean-Pierre SENÉCAL, *Droit de la famille québécois, op. cit.*, note 340, p. 1216 et 1243 ; M. TÉTRAULT, *Droit de la famille, op. cit.*, note 424, p. 569 et s.
441. REJB 2001-25543 (C.A.). Voir le commentaire de Alain ROY, « La liberté contractuelle des conjoints de fait réaffirmée par la Cour d'appel... un avant-goût des jugements à venir », (2001) 103 *R. du N.* 447.
442. EYB 2005-89412 (C.A.). Voir commentaire de Jocelyne JARRY, « Des conjoints de fait engagés pour le meilleur et pour... la pension », dans *Collection du juriste*, Farnham, Publications CCH / FM, juin 2005, p. 12.

Rupture de la vie commune

[...] b) Les comparants se réservent le droit de demander à l'autre conjoint une pension alimentaire, en cas de besoin. La pension alimentaire pourra être demandée par le conjoint ayant le revenu le plus faible.

Après la rupture, le débiteur de cette obligation refusa de s'exécuter au motif qu'il s'agissait là d'un engagement sans valeur puisqu'il n'existe aucun droit alimentaire reconnu par notre droit civil entre les conjoints de fait. Reconnaissant la validité du contrat, la Cour d'appel rejette cet argument au motif que l'engagement contractuel concerné vise une obligation naturelle valide, en précisant :

L'obligation alimentaire contractuelle ainsi créée doit être interprétée, comme tout contrat, à la lumière des articles 1434 et 1512 C.c.Q. En l'espèce, puisque les parties ont indiqué que la pension dépendrait de leurs moyens et de leurs besoins respectifs cela signifie que la pension doit être justifiée, qu'elle peut être modifiée et qu'il peut y être mis un terme.[443]

La Cour d'appel a réitéré ce principe dans *R. (C.) c. B. (J.)*[444] en regard, cette fois, de l'application de la notion *in loco parentis*. En effet, c'est la *Loi sur le divorce*[445] qui reconnaît la notion de l'engagement *in loco parentis* que peut contracter un époux à l'égard des enfants de sa nouvelle épouse issus d'une union précédente et pour lesquels il accepte d'agir comme un parent. Au Québec, l'article 585 du *Code civil du Québec*[446] ne crée d'obligation alimentaire qu'à l'égard des époux ou conjoints unis civilement, de même qu'entre parents en ligne directe au premier degré. Cependant, en mentionnant l'affaire *Droit de la famille – 2760*[447], la Cour d'appel a reconnu la validité de l'obligation dite *naturelle*, qui peut découler d'un engagement contractuel entre conjoints de fait d'agir comme un parent à l'égard des enfants de « l'autre ». Citant la décision rendue par la Cour suprême en 1934, dans *Pesant c. Pesant*[448], qui reconnaissait qu'une obligation naturelle peut être l'objet d'un engagement contractuel qui présente tous les caractères de l'obligation civile, la juge France Thibault déclare l'appelant lié par le consentement signé en 1995, par

---

443. *Ibid.*, par. 6.
444. EYB 2005-90808 (C.A.).
445. Précitée, note 8.
446. Précité, note 7.
447. *Droit de la famille – 2760*, [1997] R.D.F. 720, REJB 1997-03376 (C.S.), convention entérinée en appel, n° 500-09-005409-974.
448. [1934] R.C.S. 249, 276-277.

lequel il s'engageait à assumer des responsabilités parentales à l'égard de l'enfant de sa conjointe de fait, et ajoute :

> À mon avis, il n'existe aucun empêchement à ce que le principe précité soit étendu aux enfants d'un conjoint de fait. En effet, le Code civil reconnaît deux limites au contenu du contrat : l'objet prohibé par la loi et celui contraire à l'ordre public (art. 1412 C.c.Q.). À l'évidence, la consécration contractuelle d'une obligation naturelle d'un conjoint, qui s'est comporté envers l'enfant de son conjoint comme s'il était son véritable parent, n'est ni prohibée par la loi ni contraire à l'ordre public.[449]

Voyons quelques décisions de jurisprudence à ce sujet, résumées sommairement.

- Dans *A. (I.R.) c. M. (G.)*[450], la preuve verbale d'un tel contrat n'est pas permise, à moins d'un commencement de preuve par écrit ou d'un aveu : art. 2865 C.c.Q. Le commencement de preuve peut résulter d'un aveu ou d'un écrit émanant de la partie adverse, de son témoignage ou de la présentation d'un élément matériel, lorsqu'un tel moyen rend vraisemblable le fait allégué.

- Dans *D. (P.) c. T. (D.)*[451], une lettre contenant une promesse de payer 8 820 000 $ en faveur de madame ne constitue pas un contrat. La promesse est de nature conditionnelle et ne constitue pas davantage qu'une offre de contracter. Comme l'acceptation de l'offre n'a pas été faite dans un délai raisonnable, elle est sans effet. Confirmé en appel sur ce point : « Madame a tort de penser que la lettre signée par monsieur est un engagement formel de sa part à lui payer des sommes d'argent. Les termes de la lettre ne traduisent pas un engagement formel et, de toute façon, cette offre est devenue caduque »[452].

- Dans *L. (L.) c. J. (È.)*[453], il s'agit d'un mandat d'inaptitude en vertu duquel le mandant requiert le versement d'une « pension » de 300 $

---

449. *R. (C.) c. B. (J.)*, précité, note 444, par. 22. D'ailleurs, le concept *in loco parentis* pourrait être étendu aux conjoints de fait même en l'absence d'un contrat entre eux visant cet engagement, à la suite de la décision de *M. (F.) c. T. (G.), sub nom. Droit de la famille – 072895*, EYB 2007-126651 (C.A.), par laquelle la Cour d'appel mentionne, en *obiter*, que la notion *in loco parentis* devrait s'élargir aux conjoints de fait.

450. EYB 2005-90374 (C.S.).

451. REJB 2003-46880 (C.S.).

452. REJB 2004-62118 (C.A.).

453. EYB 2004-71716 (C.S.). Voir le commentaire de Laurent FRÉCHETTE, « Commentaire sur la décision *L. (L.) c. J. (È.)* – Le respect, par le mandataire du

par semaine à sa compagne alors qu'il y a refus du mandataire de s'exécuter. La cause du contrat unilatéral consenti par le mandant est de la nature d'un soutien alimentaire à l'égard de sa compagne et dans la mesure où la cause de ce contrat n'est pas prohibée par la loi ou contraire à l'ordre public (art. 1411 C.c.Q.), l'engagement souscrit par le mandant ne peut faire l'objet de contestation à cet égard.

- Dans *P. (S.) c. D. (M.)*[454], la Cour d'appel a reconnu la validité des conventions entre conjoints de fait prévoyant une obligation alimentaire entre eux, à la rupture.

- Dans *Roussy* c. *Deschênes*[455], la Cour d'appel interprète le contrat intervenu entre deux conjoints de fait quant au partage de la valeur de la résidence appartenant à monsieur, afin d'en déduire le solde de l'hypothèque.

- Dans *Bourbonnais* c. *Pratt*[456], les parties ont conclu une convention quant à l'immeuble dont elles sont copropriétaires, selon laquelle elles demeureront copropriétaires de la propriété ; que madame jouira de l'usage exclusif de la copropriété ; que, jusqu'à ce que madame atteigne l'âge de 100 ans ou jusqu'à ce qu'elle avise monsieur de son intention de déménager, elle seule pourra mettre en vente la copropriété. La convention prévoit, en outre, que tant que madame habitera dans la copropriété, monsieur supportera divers frais. La convention est jugée valide, car la lésion n'est pas une source de nullité entre majeurs, que le consentement de monsieur n'a pas été vicié, qu'il l'a ratifiée. Par contre, comme la clause de la convention suspendant pour plus de 30 ans le droit de monsieur de demander la fin de l'indivision viole les prescriptions du Code, elle est réduite à un maximum de 30 ans (art. 1013 C.c.Q.).

Voilà qui ne laisse plus de doute sur la validité des contrats entre conjoints de fait. On peut être attiré par l'hypothèse du contrat pour résoudre les litiges éventuels de rupture des conjoints de fait, et c'est d'ailleurs ce à quoi le juriste pensera d'abord. Murielle Drapeau en dit ceci :

---

majeur protégé, des obligations alimentaires naturelles auxquelles le mandant s'était moralement engagé », dans *Repères*, EYB2005REP309.

454. Précité, note 442.
455. EYB 2005-96023 (C.A.).
456. REJB 2006-112741 (C.S.).

Toutefois, les conjoints de fait sont libres de conclure des contrats et de convenir de toute affaire, dans le respect de l'ordre public, pour protéger leurs droits. Sans restreindre le sens général de ce qui précède, ces ententes ou contrats peuvent porter sur :

- L'identification de biens que chacun possède ;

- Le partage de ces biens en cas de rupture ; l'assistance financière en cas de rupture ;

- Le partage des responsabilités et des charges du ménage ;

- La copropriété indivise des biens, etc.[457]

Cependant, la pratique du droit familial enseigne qu'il est rare que les conjoints de fait se prémunissent d'un contrat de vie commune malgré qu'ils auraient souvent avantage à le faire. Cela n'est pas dans les mœurs québécoises, il est un fait, que les conjoints de fait répugnent à discuter rupture et partage, tout comme les époux d'ailleurs. Le professeur Alain Roy l'a constaté dans son ouvrage, *Le contrat de mariage réinventé*[458], et suggère un tout nouveau modèle de contrat de mariage évolutif, qui ne soit pas aussi statique que le contrat de mariage que l'on connaît. S'il est difficile d'amener les futurs époux à négocier leur rupture éventuelle, on comprend qu'il le soit encore plus pour les conjoints de fait. En outre, il restera toujours des aspects de la rupture des époux qu'il revient à la loi de régler parce qu'ils relèvent de l'ordre public, ce que reconnaît le législateur quant aux époux. Ainsi, il est difficile de concevoir que des conjoints ou futurs époux puissent régler à l'avance, et par contrat, les éventuels abus de l'un à l'égard de l'autre. Dominique Vich-Y-Llado en dit :

Compte tenu des difficultés que les concubins pourraient rencontrer, l'intérêt pratique des conventions organisant la rupture reste faible. Comme la relation de concubinage elle-même, les conventions relatives à la rupture sont précaires, subordonnées à la volonté des concubins et, en tous cas, elles ne protègent pas d'un éventuel contentieux. Les partenaires désireux de donner à leurs engagements moraux, une réelle portée juridique, n'y trouveront pas leur compte. Leur liberté d'organiser les modalités de leur rupture, en dehors de toute intervention judiciaire, n'a de signification que s'ils parviennent à s'entendre (même si leur

---

457. M. DRAPEAU, *op. cit.*, note 368, p. 88.
458. A. ROY, *op. cit.*, note 226.

accord ne fait pas l'objet d'un contrat), à défaut la nécessité de recourir aux tribunaux se fera sentir.[459]

Il faut cependant constater que, malgré toutes les difficultés que peut comporter la négociation d'un contrat de vie commune, lorsqu'il est bien fait, il est certainement préférable à l'éventualité d'un litige long, coûteux et dont le sort sera bien imprévisible compte tenu du flou juridique actuel entourant la situation des conjoints de fait. Ils ont donc avantage à se munir d'un tel contrat, en s'informant adéquatement de leurs droits respectifs au préalable. Pour cela, sans proposer un contrat type, ce qui serait ici laborieux, je reproduis en annexe un « aide-mémoire » pouvant servir dans la rédaction d'un contrat de vie commune[460]. Il s'agit d'une liste spécifiant les différentes clauses qu'un tel contrat peut comporter. Cette liste est reproduite avec l'aimable autorisation du Comité de l'inspection professionnelle du Barreau du Québec. **Elle ne devrait pas être utilisée par ceux qui n'ont pas de connaissance juridique en la matière**, c'est pourquoi il est suggéré de consulter un avocat avant de conclure un tel contrat dont les conséquences juridiques peuvent être considérables et s'étendre sur de nombreuses années.

3.3.2.2.4 Jurisprudence portant sur la propriété et l'usage de la résidence « familiale »

On sait que la résidence familiale des époux est l'objet de plusieurs dispositions du *Code civil du Québec*[461]. Et pour cause, car c'est souvent l'enjeu financier le plus important de la séparation. C'est aussi l'élément d'actif dont on veut préserver l'usage pour le meilleur intérêt des enfants, lorsque c'est possible. Les protections offertes sont donc de divers ordres : de la déclaration de résidence familiale, empêchant la location ou l'aliénation[462] sans l'accord de l'autre époux et sous peine d'annulation, au droit d'usage ou de propriété attribué à l'époux qui a la garde des enfants[463] ; de l'attribution préférentielle de la résidence familiale au conjoint survivant[464], à celle de la résidence

---

459. D. VICH-Y-LLADO, *op. cit.*, note 347, tome I, p. 133.
460. Voir Annexe I : Liste de contrôle en droit familial : le contrat de vie commune. Cette liste de contrôle est une adaptation autorisée de « Practice Checklists Manual » publiée par la Law Society of British Columbia. Reproduite avec l'autorisation du Barreau du Québec qui détient les droits d'auteur de cette traduction, <www.barreau.qc.ca/avocats/listes-registres/familial/index.html>, *infra*, p. 186.
461. Précité, note 7.
462. Art. 403, 404 et 407 C.c.Q.
463. Art. 410, al. 2, 411, 412 et 413 C.c.Q.
464. Art. 856 C.c.Q.

familiale en paiement de la prestation compensatoire[465] ; de l'exécution du partage du patrimoine familial par la dation en paiement de la résidence[466], à celle du partage des acquêts de l'époux décédé par dation en paiement de la résidence ou de tout autre bien à caractère familial[467], on constate la préoccupation du législateur de s'assurer, en toutes circonstances de séparation des époux, volontairement ou par décès, que l'un d'eux puisse exiger de l'autre, ou de sa succession, à certaines conditions, l'usage ou la propriété de l'immeuble servant de résidence à la famille. Des pouvoirs d'intervention suffisants sont attribués en conséquence au tribunal, et même dès la séparation du couple, pour valoir pendant l'instance et à titre de mesures provisoires. Le législateur reconnaît par là la nécessité de l'intervention du tribunal dès la séparation alors que le couple, en crise, ne peut pas toujours convenir de celui qui devra quitter la résidence, auquel cas le juge sera toujours guidé d'abord par l'intérêt des enfants et la protection du plus faible. Malheureusement, voilà des protections dont ne peuvent encore bénéficier les conjoints de fait et ce, malgré les recommandations en ce sens dans le plan d'action en matière de politique familiale de la ministre responsable de la famille, Thérèse Lavoie-Roux, en 1989[468].

Ainsi, lorsque les deux conjoints sont copropriétaires de l'immeuble, aucune disposition légale ne permet d'exclure l'un des deux au bénéfice de l'autre, ce que la Cour d'appel a confirmé en cassant un jugement ordonnant l'expulsion d'un des copropriétaires au motif qu'aucune disposition du Code civil ne le permettait, même en présence d'enfants ou en cas de violence[469]. Cette jurisprudence a évolué cependant comme nous le verrons. Et qu'en est-il à la séparation d'un couple dont un seul des conjoints de fait est propriétaire de la résidence familiale ? Le droit civil devrait imposer le départ du conjoint

---

465. Art. 427 et 429 C.c.Q.
466. Art. 419-420 C.c.Q.
467. Art. 482 C.c.Q.
468. Précité, note 323.
469. *Fortin c. Lapointe*, [1986] R.D.F. 308, EYB 1986-59755 (C.A.), où la Cour d'appel a cassé le jugement de première instance ayant ordonné l'expulsion du conjoint de fait copropriétaire indivis de l'immeuble servant de résidence à la famille au motif qu'aucune disposition légale ne permettait cette expulsion, même dans le cas allégué de violence conjugale, citée par J.P. SENÉCAL et M. DRAPEAU, « L'union de fait ou le concubinage », dans *Droit de la famille québécois, op. cit.*, note 340, p. 1250-1253. Voir aussi Michel TÉTRAULT, « Chronique – Les conjoints de fait et l'usage de la résidence de la famille : Si la tendance se maintient... », dans *Repères*, octobre 2007, EYB 2007REP638, du même auteur, *Droit de la famille, op. cit.*, note 424, p. 588 ; et Dominique GOUBAU, « Le *Code civil du Québec* et les concubins : un mariage discret », (1995) 74 *R. du B. can.* 474.

dont la présence n'est plus souhaitée du propriétaire. Mais ce n'est pas toujours le cas, du moins lorsqu'il y a des enfants issus du couple, les tribunaux cherchant parfois des façons originales de contourner la difficulté du défaut de la loi. Voyons ce qu'il en est.

Me Raymonde LaSalle a traité de cela[470]. Elle rapporte des décisions où l'un des conjoints de fait s'est vu attribuer un droit d'usage de l'immeuble, dans diverses circonstances :

> Nous vous rappelons qu'en 1996 la Cour d'appel, dans l'affaire *Gagnon* c. *Angers* (REJB 1996-30438), a maintenu une ordonnance intérimaire d'usage alternatif de la résidence familiale par les deux conjoints de fait, copropriétaires indivis, sans enfant.

> Nous vous rappelons qu'en 1997, dans l'affaire *Boisvert* c. *Brien* (C.S., no 100-04-008038-961, 28 février 1997), l'honorable juge Piché avait, par ordonnance intérimaire, autorisé madame à demeurer dans la résidence familiale avec les enfants, alors qu'elle n'en était pas propriétaire.

> [...] La Cour d'appel a reconnu, dans l'arrêt *Ste-Marie* c. *Boudreau* (C.A., no 500-09-009183-005, 14 février 2000), le droit de requérir sur une base intérimaire l'expulsion du conjoint de fait, copropriétaire de la maison, surtout lorsque, dit la Cour d'appel, le jugement « vise à procurer aux enfants des parties un endroit où habiter à proximité de l'école où ils sont inscrits et de leurs amis » et cela, malgré la situation bien particulière du conjoint handicapé, dont la maison était adaptée à son handicap. De plus, il apparaît dans le jugement de première instance, prononcé par l'honorable juge Jean-Guy Dubois, que madame avait quitté la maison étant donné le comportement de monsieur et demeurait dans un logement loué par un monsieur Blanchet, « ami de madame ».

> Dans l'affaire *Droit de la famille – 3302* (REJB 1999-12400, C.S.), les deux parties étaient copropriétaires de la résidence, que madame avait quittée avec leur enfant pour résider chez ses parents. Par la suite, elle en a réclamé l'usage et l'expulsion de monsieur. L'honorable juge Laberge a accordé à l'enfant, avec sa

---

470.   Raymonde LASALLE, « Les conjoints de fait et la résidence familiale », dans Service de la formation permanente, Barreau du Québec, *Développements récents sur l'union de fait (2000)*, Cowansville, Éditions Yvon Blais, EYB2000DEV189. Voir aussi Raymonde LASALLE, « Les conjoints de fait et le droit d'usage de la résidence familiale », dans Service de la formation permanente, Barreau du Québec, *Congrès annuel du Barreau du Québec*, Cowansville, Éditions Yvon Blais, 1997, p. 34.

mère, l'usage de la résidence et des meubles ; elle a motivé sa décision comme suit : « L'intérêt de l'enfant exige qu'il réintègre sa maison avec le parent qui en prend soin principalement ». De plus, elle a souligné que le retour de madame à la maison était de nature à favoriser sa reprise en mains et, enfin, que les moyens du père, pour payer une pension alimentaire et les frais de logement, étaient limités alors que la mère avait des économies qui permettaient de voir aux dépenses de la maison.

À défaut de disposition l'y autorisant, c'est souvent en invoquant les articles 32 et 33 C.c.Q.[471], visant la protection de l'enfant, que le tribunal attribuera l'usage de la résidence familiale à un conjoint de fait ayant la garde d'un enfant[472]. Un juge a même attribué à l'enfant d'un couple de conjoints de fait, l'usage et la possession des biens meubles de la résidence familiale jusqu'à ce qu'il atteigne sa majorité en s'appuyant sur l'obligation d'entretien de ses parents[473] ! On ne trouve cependant pas de décision de la Cour d'appel en ce sens et les décisions de la Cour supérieure n'accordent un usage exclusif à l'un des conjoints que très temporairement.

Il n'est pas surprenant de constater que la jurisprudence applique assez strictement l'article 1015 C.c.Q., introduit au Code civil en 1991[474], quant à la présomption d'égalité des parts des copropriétaires indivis aux conjoints de fait[475]. Voyons quelques décisions à ce sujet, résumées succinctement :

---

471. Précité, note 7.
472. *Droit de la famille – 06928*, EYB 2006-116878 (C.S.) ; *L. (N.) c. B. (L.)*, Montmagny, n° 300-04-000056-024, 6 mai 2004, EYB 2004-69539 (C.S.) ; *Droit de la famille – 3457*, REJB 1999-15643 (C.S.) ; *Boily c. Lamarre*, C.S. Québec, n° 200-04-000380-947, 23 mai 1996. Demande refusée cependant dans *Sunderland c. Payette*, EYB 2005-87428 (C.S.) et aussi dans *Droit de la famille – 07684*, EYB 2007-117737 (C.S.). Voir aussi J.-P. SENÉCAL et M. DRAPEAU, « L'union de fait ou le concubinage », dans Jean-Pierre SENÉCAL, *Droit de la famille québécois, op. cit.*, note 340, p. 1253, citant des décisions accordant un droit d'habitation à la mère copropriétaire de l'immeuble, comme gardienne de l'enfant des parties : *Droit de la famille – 3302*, [1999] R.D.F. 384, REJB 1999-12400 (C.S.) ; *Droit de la famille – 3751*, [2000] R.D.F. 745, REJB 2000-21344 (C.S.) et *H.L. c. J.S.*, [2003] R.D.F. 445, REJB 2003-40153 (C.S.).
473. *L. (N.) c. B. (F.)*, C.S. Québec, n° 200-04-012001-036, 9 août 2004, EYB 2004-69383.
474. Précité, note 7.
475. *A. c. B.*, EYB 2007-113088 (C.S.) ; *Mercier c. Lapierre*, EYB 2006-108985 (C.Q.). Voir aussi R. LASALLE, *loc. cit.*, note 393, citant plusieurs décisions dont *Droit de la famille – 720*, [1989] R.D.F. 694, EYB 1989-63349 (C.A.), rendue avant l'entrée en vigueur de l'article 1015 C.c.Q., et *B. (F.) c. C. (J.)*, REJB 1999-14288 (C.A.), rendue depuis.

- *B. (F.)* c. *G. (S.)*[476], présomption d'égalité des parts repoussée vu le remboursement de l'hypothèque par un seul des copropriétaires. Au même effet : *Robillard* c. *Moreau*[477].

- *V. (C.)* c. *R. (P.)*[478], traitant de l'indemnité d'occupation pour usage exclusif par un seul des copropriétaires (art. 1016 C.c.Q.). Le tribunal tiendra généralement compte de la présence d'enfants et des coûts assumés pour eux par chaque parent[479].

- *Angers* c. *Bibaud*[480], où le tribunal refuse de considérer la mise de fonds exclusive de monsieur qu'il estime plutôt être une libéralité en faveur de madame. Un partage égal est ordonné, 138 426 $ chacun.

- *Paquin* c. *Déry*[481], où après une union de fait de 7 ans, il y a action en partage de l'immeuble dont les conjoints sont copropriétaires et dont l'hypothèque est supérieure à sa valeur. Il est aussi question de partage des meubles d'une valeur d'environ 5 000 $ ainsi que de dommages qui sont refusés. Monsieur est déclaré propriétaire de l'immeuble à charge d'assumer l'hypothèque à l'exonération de madame.

- *De Montigny (Succession de)* c. *Brossard (Succession de)*[482], quant aux modalités de vente de l'immeuble, les deux conjoints copropriétaires et leurs enfants étant décédés subitement.

- *Fournier* c. *Rossignol*[483], madame est propriétaire enregistrée de l'immeuble mais il y a une contre-lettre en faveur de monsieur pour la demie de l'immeuble. Il réclame donc la valeur de son investissement et divers dommages ainsi que la condamnation de madame pour outrage au tribunal en regard d'un jugement rendu en cours d'instance. Monsieur obtient condamnation de madame à

---

476. EYB 2005-95177 (C.A.).
477. REJB 2002-33067 (C.S.).
478. EYB 2005-97829 (C.S.).
479. *Gagnon* c. *Chouinard*, EYB 2004-66454 (C.Q.). Voir aussi : *B. (M.)* c. *A. (Mi.)*, EYB 2005-92657 (C.S.) ; *Bissonnette* c. *L'Heureux*, EYB 2004-82290 (C.S.).
480. EYB 2006-109844 (C.S.). Au même effet : *Brodeur* c. *Frigault*, EYB 2006-107409 (C.S.), citant *Cadieux* c. *Caron*, REJB 2004-54839 (C.A.), Montréal, n° 500-09-011739-018, 5 mars 2004, [2004] R.D.F. 242, [2004] R.D.I. 251.
481. REJB 2006-102070 (C.S.), permission d'en appeler refusée par la Cour d'appel, C.A. Montréal, n° 500-09-016554-065, 23 mai 2006 et aussi par la Cour suprême, n° 31582, 5 avril 2007).
482. EYB 2006-102338 (C.S.), requête en rejet d'appel accueillie en partie, C.A. Montréal, n° 500-09-016578-064, 11 août 2006.
483. EYB 2006-108039 (C.S.).

lui rembourser la moitié de la valeur de l'immeuble (environ 30 000 $) moins le paiement des charges qu'il n'avait pas assumées (environ 15 000 $). Madame n'est pas condamnée pour outrage, les critères établis par la Cour d'appel[484] en la matière n'ayant pas été satisfaits.

On ne s'étonne pas de constater, encore là, l'acrimonie évidente qui ressort de certains de ces litiges qui se concluent parfois sur des condamnations à des montants d'argent qui ne valaient certainement pas l'investissement de temps et d'argent qu'on y a consacré (voir, entre autres, *A. c. B.*[485], où monsieur obtient 2 053,76 $!).

3.3.2.2.5 Jurisprudence inédite

Les conjoints de fait québécois se trouvent surtout devant les tribunaux de droit familial en ce qui concerne leurs rapports financiers à l'égard de leurs enfants. Étant de plus en plus nombreux au Québec, les conjoints de fait ou plutôt les conjointes de fait se trouvent souvent dans une situation financière précaire à la rupture, ne bénéficiant pas d'un partage de la richesse familiale. Cela a souvent pour conséquence une baisse importante du niveau de vie des enfants lorsqu'ils sont chez la mère séparée en comparaison de celui dont ils peuvent bénéficier chez le père, et cela, même lorsqu'il y a paiement d'une pension alimentaire pour enfants. On peut même y voir facilement une injustice à l'égard de ces enfants en rapport avec ceux issus des couples mariés séparés ou divorcés, dont l'épouse ou ex-épouse se trouve mieux pourvue financièrement après la séparation à la suite du partage du patrimoine familial. Les tribunaux le constatent et cherchent, depuis peu, des moyens de pourvoir à cette inégalité entre enfants issus de couples séparés légalement ou divorcés, et enfants issus de conjoints de fait séparés. Voyons ce qu'il en est.

Comme on le sait, au Québec, la fixation des pensions alimentaires pour enfants s'établit conformément aux articles 587.1 à 587.3 du *Code civil du Québec*[486], ainsi qu'en vertu du *Règlement sur la fixation des pensions alimentaires pour enfants*[487], ces règles étant d'application stricte, puisque les aliments pour enfants relèvent, par nature, de l'ordre public. Dans plusieurs affaires récentes, les tribunaux, appelés à fixer une pension alimentaire pour enfants issus de

---

484. *Roques* c. *Sans*, REJB 2004-55580 (C.A.).
485. Précité, note 475.
486. Précité, note 7, articles introduits au *Code civil du Québec* en 1996.
487. Précité, note 355. R.R.Q., c. C-25, r. 1.2.

couples de conjoints de fait, ont utilisé l'article d'exception 587.2 C.c.Q., pour augmenter la pension payable à la mère au bénéfice des enfants. Dans quelques affaires, les juges ont considéré que le fait de devoir assumer le coût élevé d'un logement constituait, pour la créancière, une *difficulté excessive* au sens de cet article, à cause de son faible revenu par rapport à celui du débiteur alimentaire, et cela dans le cas où les parties avaient été des conjoints de fait, donc dans le cas où la créancière ne pouvait exiger ni partage de patrimoine, ni pension alimentaire pour elle-même pour combler ce déficit.

Ainsi, dans l'affaire *I.R.A.* c. *G.M.*[488], où le père avait des revenus annuels d'environ 317 196 $ et des actifs d'environ 2 836 000 $, le tribunal a refusé d'accorder la somme globale de 250 000 $ requise par la mère au bénéfice de l'enfant, afin d'assurer à ce dernier un niveau de vie semblable à celui qu'il avait connu pendant la vie commune mais qu'elle n'était plus en mesure d'assumer vu ses faibles revenus. Le juge a fixé la pension alimentaire pour l'enfant à la somme de 14 420 $ par année, en plus des frais particuliers annuels de 3 000 $, et cela conformément aux règles de fixation. Par contre, le juge a ajouté à la pension payable pour l'enfant, une somme de 900 $ par mois pour les frais extraordinaires que la mère devait assumer pour demeurer dans une maison luxueuse, considérant la preuve d'une reconnaissance du père à ce que la mère et l'enfant puissent vivre suivant ce standard.

Dans l'affaire *D.J.* c. *B.G.*[489], alors que le père avait un revenu annuel d'environ 50 000 $ et des actifs de 500 000 $, la mère qui a fait vie commune avec lui et qui a eu trois enfants de cette union, se trouve bénéficiaire de l'assurance emploi après la séparation du couple, puisqu'elle était au service de l'entreprise de son ex-conjoint, et n'a que peu d'actifs. Le juge ne peut que constater l'effet du concubinage des parents sur la situation des enfants à la rupture, lesquels devront vivre avec une grande différence de niveau de vie allant chez l'un et l'autre parent, la mère ne disposant que de peu de ressources. Le juge souhaite pallier cela en condamnant le père à payer non seulement la pension pour enfants estimée à 3 798 $ par mois, mais aussi

---

488. [2005] R.D.F. 553, EYB 2005-90374 (C.S.). *A contrario A. (M.)* c. *M. (D.)*, EYB 2005-91528 (C.S.), alors que madame n'a pas de revenu, monsieur a des revenues de plus de 500 000 $ et un bilan déficitaire, la contribution parentale de base étant de 44 483 $ par an pour une pension alimentaire de 22 200 $ par an en garde partagée, somme que le tribunal refuse d'augmenter pour motif de contrainte excessive.
489. AZ-50299052, 2 février 2005, EYB 2005-86992 (C.S.).

les deux tiers du loyer de la mère, soit une somme additionnelle nette de 3 600 $ par an.

Dans l'affaire *B. (L.) c. H. (M.)*[490], où le débiteur avait un revenu estimé à plus de 160 000 $ par an, et où son ex-conjointe de fait ne touchait aucun revenu parce qu'elle effectuait un retour aux études à la suite de la séparation, le tribunal a décidé d'inclure dans la pension alimentaire des enfants, au titre des *difficultés excessives* subies par la mère créancière, une provision additionnelle nette de 9 240 $ par an, pour lui permettre de demeurer dans son appartement situé dans le même quartier cossu que celui du père.

Aussi dans *T. (N.) c. L. (R.)*[491], le tribunal a ajouté à la pension alimentaire des enfants une somme nette de 500 $ par mois pour le logement, alors que le débiteur avait des revenus annuels de 150 000 $ et que son ex-conjointe de fait ne recevait que de l'assurance emploi.

Dans tous ces cas, et dans bien d'autres certainement, l'homme est le principal pourvoyeur de la famille pendant la vie commune. Devant l'aisance de la famille, le couple choisit souvent que la mère se retire du marché du travail pour s'occuper des enfants. Parfois, la mère travaille pour son conjoint de fait, ce qui la rend encore plus vulnérable à la séparation. Sa situation sera évidemment précaire si elle devient dépendante financièrement d'un homme qui n'a aucune obligation à son égard. Force est de constater qu'on retrouve des femmes dans cette situation particulièrement dans le cas de couples aisés, lesquels peuvent seuls aujourd'hui se permettre de vivre du revenu unique d'un pourvoyeur. Parfois, la femme abandonne une carrière florissante pour se consacrer à la famille plus ou moins temporairement. La perte qu'elle en subira en cas de séparation sera d'autant plus importante dans le cas de l'abandon d'une carrière qui souffre mal, comme on le sait, d'une interruption même momentanée. On constate que les tribunaux sont mal à l'aise face à ces situations d'injustice à l'égard des enfants de couples non mariés par rapport aux enfants issus de couples mariés. Lorsqu'elle est mariée, la mère dépourvue peut bénéficier, pour elle-même, non seulement d'un partage des actifs familiaux mais aussi d'une pension alimentaire qui lui permettra d'offrir aux enfants un niveau de vie égal à celui qu'ils ont chez leur père. Ce n'est malheureusement pas le cas pour plusieurs enfants issus de couples non mariés qui, même s'ils sont bénéficiaires

---

490. REJB 2003-40223 (C.S.).
491. REJB 2003-39574 (C.S.).

d'une pension alimentaire conforme à la loi, peuvent vivre un grand écart de niveau de vie allant d'un parent chez l'autre, écart que les aliments pour enfants ne peuvent combler. Dans un tel cas, c'est une bien faible consolation que celle de la contribution aux frais de logement. Discrétionnaire et bien incertaine aussi, sans compter que la question risque d'être soumise à la Cour d'appel, tôt ou tard.

3.3.2.2.6 Les conjoints de fait québécois : des tiers... pas comme les autres !

Bien que la majorité des juges soient plutôt réfractaires à l'idée d'imposer des obligations aux conjoints de fait en raison du quasi-vide juridique dont ces derniers font l'objet[492], une évolution jurisprudentielle récente, mais certaine, se dessine pour contrer des situations d'iniquité entre conjoints de fait. À preuve, les nombreux jugements rendus concernant l'usage de la résidence familiale ou ceux augmentant le montant des aliments pour enfants en considération des dépenses élevées de frais d'habitation de l'ex-conjointe de fait qui ne peut bénéficier d'une pension alimentaire pour elle-même.

Dominique Vich-Y-Llado, qui a étudié la situation particulière de la rupture des concubins français, laquelle s'apparente à celle des conjoints de fait québécois, constate :

> L'ensemble des solutions de droit commun et des résultats auxquels elles permettent d'aboutir manque de cohérence et d'homogénéité. De la difficulté d'appliquer des techniques et théories à des situations pour lesquelles elles ne sont pas faites, de concilier strict respect des principes en vigueur et réalisme dans leur mise en œuvre jaillissent des contradictions. Le droit commun est le droit des tiers, et les concubins ne peuvent pas toujours être considérés comme des tiers comme les autres.
>
> [...] Par ailleurs, il faut encore noter (et c'est là la deuxième contradiction majeure que nous voulions dénoncer) que, suivant le contexte, les concubins sont tantôt considérés comme de vérita-

---

492. M. TÉTRAULT, *Droit de la famille, op. cit.*, note 424, p. 582, note la tendance des tribunaux à permettre le regroupement des différents recours liés à la rupture d'un couple de conjoints de fait, comme requêtes pour pension alimentaire pour enfants, pour enrichissement injustifié, etc. Il cite à cet effet l'affaire *B. (N.)* c. *D. (A.)*, REJB 2003-51162 (C.S.), commentée par Murielle DRAPEAU, « Recours intenté par un conjoint de fait : lorsque les condamnations recherchées prennent leur source dans la vie commune des parties elles peuvent être réunies dans une même procédure », dans *Collection du juriste*, Farnham, Publications CCH, janvier 2004, p. 4.

bles tiers, tantôt bénéficient de dispositions qui leur sont propres, calquées sur celles applicables aux époux. D'un côté, le droit refuse de leur reconnaître des droits l'un envers l'autre, de consacrer l'existence d'un lien juridique entre eux, de l'autre, il prend acte de l'existence du couple pour lui octroyer certains avantages ou le déchoir de certains droits.[493]

En fait, on peut penser que c'est une question inavouée de moralité qui a empêché le législateur de reconnaître en droit les conjoints de fait. C'est aussi un moyen de ne légitimer qu'une seule forme d'union, celle du mariage à laquelle s'apparente l'« union civile »[494] qu'on a mise en vigueur comme slution de rechange au mariage pour les couples de même sexe. À l'heure où ces couples de même sexe peuvent contracter mariage[495], et où les enfants peuvent avoir deux mères ou pères portés à leur acte de naissance[496], n'est-il pas temps que le Québec reconnaisse enfin que la famille peut avoir diverses formes... toutes aussi légitimes et dignes des mêmes protections légales ?

---

493. D. VICH-Y-LLADO, *op. cit.*, note 347, tome II, p. 59-69.
494. Précitée, notes 16 et 345.
495. *Loi concernant certaines conditions de fond du mariage civil*, précitée, note 17.
496. Art. 115 C.c.Q. Voir aussi art. 539.1 C.c.Q.

4. POUR UN ENCADREMENT JURIDIQUE DE LA DÉSUNION DES CONJOINTS DE FAIT

4.1 Vers une solidarité familiale

La *Déclaration universelle des droits de l'homme*, adoptée à Paris le 10 décembre 1948, prévoit en son article 16.3 que :

> La famille est l'élément naturel et fondamental de la société et a droit à la protection de la société et de l'État.[497]

Ce n'est pas de mariage qu'on parle ici, mais bien de famille. Qu'en est-il lorsqu'un fort pourcentage des familles constitue un groupe social non reconnu en droit, non encadré juridiquement ? Les valeurs sociales que l'État veut promouvoir sont-elles préservées ou risquent-elles de s'effriter ? Risque-t-on d'assister à des abus de droit ? S'il en est et qu'on le constate, doit-on les tolérer ? La Loi québécoise reflète-t-elle à cet égard les importants changements sociaux subis par l'institution de la famille, alors même que la définition du mariage vient d'être modifiée fondamentalement ?

Ces dernières années, à la lumière de l'évolution sociale et de la jurisprudence, certains auteurs québécois semblent remettre en cause le principe de la non-intervention de l'État dans les rapports personnels entre conjoints de fait. En 1998, Jocelyn Verdon se questionnait à ce sujet, dans un article intitulé : « Union de fait, de quel droit, au fait ? », en ces termes :

> Chose certaine, la société évolue et le droit ne peut ignorer les couples et les familles vivant en union de fait. Il reste à savoir par quels moyens et surtout dans combien de temps le législateur ou les tribunaux interviendront. Le droit de la famille a connu une évolution marquée au cours des quinze dernières années, notamment à la suite des décisions de la Cour suprême. Cette évolution du droit familial doit-elle profiter uniquement aux conjoints mariés ou s'étendre à toutes les familles, dont les conjoints de fait

---

497. <www.unesco.org/general/fre/legal/droits-hommes.shtml>.

et leurs enfants ? À défaut, nous tenterons de démontrer, au cours de ce texte, que les concubins risquent de se retrouver dans la même situation précaire que les époux séparés de biens des années 70-80.

[...Et il conclut l'article] Il nous semble que l'union libre (conjoints de fait) soit promise à une évolution du droit plus juste et équitable que celle qu'a connue l'union traditionnelle (le mariage) pendant plusieurs décennies.

[...] En conséquence, nous sommes d'avis que les juristes devraient tirer leçon des enseignements de la Cour suprême pour éviter de répéter à l'égard des conjoints de fait les mêmes erreurs que nous avons commises pendant plusieurs décennies pour les conjoints mariés en séparation de biens.

En attendant une quelconque intervention législative, les tribunaux pourront exercer leur discrétion et utiliser les articles du *Code civil du Québec* de manière à assujettir les conjoints de fait à certaines règles d'équité et de bonne foi lors d'une séparation.

Combien de temps vont résister certains articles du *Code civil du Québec* à l'application large et libérale des principes d'égalité consacrés dans nos Chartes ? Le décompte est commencé car, selon les dernières informations parues dans le journal *Le Devoir*, le législateur s'apprêterait à modifier plusieurs lois afin de les rendre conformes à la Charte [ce qui fut d'ailleurs fait depuis avec l'entrée en vigueur de la *Loi modifiant diverses dispositions législatives concernant les conjoints de fait*, L.Q. 1999, c. 14]. À l'aube de l'an 2000, l'immobilisme du législateur paraît difficilement défendable car, à défaut d'avoir le fardeau d'être un agent de changement social, la loi se doit, dans la mesure du possible, d'être représentative de la réalité.[498]

C'est une opinion que partage Michel Tétrault :

Il faut admettre que la non-reconnaissance actuelle des unions de fait a des conséquences néfastes sur les enfants en cas de rupture. La logique économique impose que l'on reconnaisse que le niveau de vie du parent gardien est celui des enfants dont il a la charge. L'enfant doit-il subir les contrecoups du mode de vie de ses parents en cas de rupture ?

Poser la question, c'est d'y répondre. Si on envisage le problème par les conséquences qu'il peut avoir pour l'enfant, on doit en

---

498.   J. VERDON, *loc. cit.*, note 372, p. 27.

conclure qu'il faut reconsidérer le principe voulant qu'il y ait absence de législation quant à l'union de fait et au partage des actifs, d'où notre préjugé favorable à l'égard de la dissidence [de la juge L'Heureux-Dubé dans l'affaire *Walsh*], d'un point de vue social.[499]

Et Dominique Goubau faisait le même constat en traitant de la différence effective de traitement entre enfants de conjoints de fait et enfants d'époux, particulièrement imputable à l'absence de protection de la résidence familiale des conjoints de fait, que les articles 401 à 413 C.c.Q. accordent pourtant aux époux :

La question de savoir s'il doit y avoir une plus grande intervention du droit civil à l'égard des concubins acquiert une dimension nouvelle lorsqu'on constate qu'aujourd'hui plus de la moitié des enfants naissent hors mariage. À l'instar du droit social, le droit civil pourrait bien, en matière de concubinage, se voir rattrapé par la réalité. La question est à nouveau posée, mais dans la perspective des enfants, cette fois.

Que l'on soit en faveur d'une telle intervention législative ou, au contraire, plutôt réfractaire à pareils changements, une chose est toutefois certaine : l'argument du respect de la volonté individuelle, qui était jusqu'à ce jour le fondement de l'abstention du Code civil à l'égard du concubinage, ne tient plus lorsqu'on envisage l'union de fait dans sa dimension parentale. Car aujourd'hui, les droits et l'intérêt des enfants ne relèvent plus de l'ordre privé.[500]

Reconnaissant qu'il n'est plus possible d'ignorer les inégalités subies par les enfants issus de conjoints de fait québécois[501], Goubau va même plus loin en proposant le partage de certains biens à caractère familial dès la présence d'enfants issus de ces couples :

L'omission du droit québécois de reconnaître une obligation alimentaire hors mariage ou union civile apparaît dès lors plus fragile que jamais, particulièrement dans un contexte d'augmentation significative des unions de fait. Il faut tenir compte de ce contexte dans une réflexion à propos de l'équilibre entre les prin-

---

499. M. TÉTRAULT, *Droit de la famille*, *op. cit.*, note 424, p. 565.
500. D. GOUBAU, « Le *Code civil du Québec* et les concubins : un mariage discret », *loc. cit.*, note 469, p. 483.
501. D. GOUBAU, « La spécificité patrimoniale de l'union de fait : le libre choix et ses « dommages collatéraux » », *loc. cit.*, note 9, p. 46-47.

cipes du respect de la liberté des conjoints, d'une part, et de la protection de la famille, d'autre part. Une façon de se rapprocher d'un tel équilibre pourrait être de suivre l'exemple des autres provinces en introduisant le principe de l'obligation alimentaire entre conjoints de fait. Cette solution est intéressante, mais elle ne suffit pas pour répondre de façon appropriée aux problèmes soulevés. C'est pourquoi le temps est peut-être venu de repenser radicalement l'approche du droit patrimonial de la famille en acceptant que, dès lors que les conjoints ont des enfants, ils devraient être soumis à un cadre juridique contraignant en vue d'assurer une distribution équitable des ressources et des biens entre les différents membres de la famille. À cet égard, l'argument des « similitudes fonctionnelles » devient cette fois incontournable, tant il est vrai que la charge d'enfants a sur la situation matérielle des conjoints un impact similaire quel que soit leur régime matrimonial.[502]

Les auteurs font souvent allusion aux décisions récentes de la Cour suprême pour expliquer la reconnaissance que l'on devrait désormais accorder aux conjoints de fait. L'honorable Claire L'Heureux-Dubé, quand elle était juge à la Cour suprême, a toujours défendu la reconnaissance de la multiplicité des familles actuelles. Déjà en 1993, dans l'affaire *Mossop*[503], elle affirmait :

Bien que la structure de la famille puisse être une question de choix pour certains, elle peut en partie constituer, pour d'autres, une réponse naturelle aux pressions sociales et politiques. La définition du terme « famille » peut en conséquence s'adapter à l'évolution de la structure familiale qu'entraînent ces pressions.

Pour définir l'étendue de la protection contre la discrimination fondée sur la « situation de famille », le Tribunal a jugé essentiel d'examiner non seulement le modèle traditionnel de la famille, mais aussi les valeurs qui sous-tendent l'appui que nous donnons à la famille. Aller au-delà de l'examen des types spécifiques de famille, c'est se demander quelle valeur on prête à la famille et sur quoi se fonde le désir de la société de reconnaître et de soutenir la famille. Pour définir l'expression « situation de famille », on ne commet pas d'erreur en examinant les valeurs familiales sous-jacentes pour que, comme Lisa R. Zimmer le précise dans « Family, Marriage, and the Same-Sex Couple », (1990) 12 *Cardozo L. Rev.* 681, à la p. 699 :

---

502.   *Ibid.*, p. 49.
503.   *Procureur général du Canada* c. *Mossop*, [1993] 1 R.C.S. 554, EYB 1993-68604.

[TRADUCTION] la famille véritable, et non des stéréotypes théoriques, puisse bénéficier de la protection que lui confère son statut » (en italique dans l'original).[504]

Puis dans *Miron* c. *Trudel*[505] :

Si l'autonomie personnelle constante des parties constituait la principale hypothèse dans le cas de la formation d'unités familiales, alors aucune de ces mesures de protection ne serait jugée nécessaire. Bien au contraire, il est maintenant généralement accepté que l'on ne saurait parler d'« autonomie » ou de « libre choix » sans d'abord déterminer qui détient l'autonomie que l'on cherche à préserver et quel en sera le coût pour les autres.[506]

Nous avons aussi vu sa position dans les affaires *Moge*[507], *Willick*[508] et *Bracklow*[509], qui ne laisse pas de doute sur sa reconnaissance de la diversité des unions familiales[510]. Revenons maintenant à l'affaire *Walsh*[511], pour rappeler d'abord que la majorité des juges a rejeté le pourvoi, considérant que la loi qui impose le partage des biens familiaux seulement aux époux de la Nouvelle-Écosse était non discriminatoire à l'égard des conjoints de fait. Castelli et Goubau mentionnent :

La Cour s'est donc démarquée du mouvement qui semblait vouloir effacer toute différence de statut entre conjoints selon qu'ils sont mariés ou non, en insistant sur l'importance de respecter le libre choix des individus lorsqu'il s'agit de leur relation privée. La Cour suprême estime que cette liberté individuelle est un principe fondateur de la Charte et qu'elle doit être respectée en matière matrimoniale également. Il est donc possible de dire que les dispositions légales qui, en matière de partage de biens familiaux, distinguent les conjoints mariés et les conjoints de fait (comme c'est le cas du Code civil en matière de partage de patrimoine familial) sont à l'abri d'une contestation constitutionnelle. Quant à l'absence d'obligation alimentaire entre conjoints de fait au Québec (contrairement à ce qui existe dans les autres provin-

---

504. Précité, note 503, p. 629.
505. Précité, note 50.
506. *Miron* c. *Trudel*, précité, note 50, j. L'Heureux-Dubé, p. 473.
507. Précitée, note 122.
508. Précitée, note 123.
509. Précitée, note 124.
510. *Supra*, section 2.2 « Les impacts économiques de la maternité ».
511. *Procureur général de la Nouvelle-Écosse* c. *Walsh et Bona*, précité, note 9.

ces canadiennes), la question du caractère discriminatoire d'une telle abstention législative demeure posée.[512]

Il ne faut cependant pas oublier de mentionner que les juges majoritaires ont retenu comme un des motifs importants de leur décision le fait qu'une loi prévoyant l'obligation alimentaire entre les conjoints de fait de la Nouvelle-Écosse permet de compenser les iniquités subies par un des conjoints pendant la vie commune ou à la rupture, loi dont les Québécois ne peuvent bénéficier. Le juge Bastarache mentionne ceci :

> Il est vrai que certains couples non mariés peuvent également structurer leur union comme une association économique pour la durée de leur cohabitation. De même, sans prendre d'engagement public qui les lie juridiquement, certains couples peuvent tout simplement vivre ensemble dans une relation analogue au mariage. Dans ces cas-là, le droit a évolué pour assurer une protection aux personnes susceptibles d'être injustement défavorisées par la fin de leur union.
>
> Premièrement, la loi provinciale dispose qu'un conjoint non marié ou [TRADUCTION] « conjoint de fait » peut demander à un tribunal de prononcer une ordonnance alimentaire : *Maintenance and Custody Act*, art. 3. Le tribunal peut prendre en considération une foule de facteurs relatifs à la manière dont les parties ont structuré leur union, ainsi qu'aux besoins et à la situation de chacune.[513]

Et le juge Gonthier mentionne, dans le même sens :

> Il est vrai que dans *M. c. H.*, [1999] 2 R.C.S. 3, par. 177, je reconnais « qu'il est de plus en plus admis sur le plan politique que les couples de sexe différent qui cohabitent devraient être assujettis au régime de l'obligation alimentaire entre conjoints applicable aux couples mariés, parce qu'ils remplissent maintenant un rôle social similaire ». Toutefois, je désire souligner la différence fondamentale qui existe entre l'obligation alimentaire, qui est en fonction des besoins du demandeur, et le partage des biens matrimoniaux. Alors que l'obligation alimentaire est évaluée en fonction des besoins et du degré de dépendance, le partage des biens matrimoniaux répartit les actifs acquis durant le mariage sans égard aux besoins.

---

512. M. D.-CASTELLI et D. GOUBAU, *op. cit.*, note 342, p. 177. Voir aussi M. TÉTRAULT, *Droit de la famille, op. cit.*, note 424, p. 555 et s.

513. *Procureur général de la Nouvelle-Écosse* c. *Walsh et Bona*, précité, note 9, j. Bastarache, par. 59-60.

[...] Le partage des biens matrimoniaux et la pension alimentaire visent des objectifs différents. L'un vise à partager des biens selon un régime matrimonial choisi par les parties, soit directement par contrat, soit indirectement par le fait du mariage, alors que l'autre vise à atteindre un objectif social : répondre aux besoins des époux et de leurs enfants. La Cour reconnaît aussi dans *M. c. H.*, précité, par. 93, qu'un des objectifs de la pension alimentaire est d'alléger le fardeau financier de l'État en faisant peser l'obligation de soutien aux personnes indigentes sur les époux qui sont capables de subvenir à leurs besoins. *L'obligation alimentaire répond aux préoccupations sociales relatives aux situations de dépendance qui peuvent exister dans les unions de fait. Toutefois, cette obligation, à la différence du partage des biens matrimoniaux, n'est pas de nature contractuelle.* Des principes entièrement différents sous-tendent les deux régimes. Invoquer le par. 15(1) de la Charte pour obtenir des biens matrimoniaux, sans égard aux besoins, pourrait évoquer sous une forme déguisée le spectre de l'expropriation, même si, dans des circonstances particulières, les règles de l'equity peuvent parfois le justifier.[514]

Il est donc évident que les juges ont accordé beaucoup d'importance au fait que la loi de la Nouvelle-Écosse crée une obligation alimentaire entre conjoints de fait, dans l'affaire *Walsh*[515]. La juge Claire L'Heureux Dubé était dissidente de ses collègues Bastarache et Gonthier, dans une longue opinion (25 des 45 pages de motifs). Elle conclut que la définition de *conjoint* à l'article 2g) de la *MPA*[516] contrevient à l'article 15(1) de la *Charte canadienne des droits et libertés*[517], d'une manière qui ne peut être justifiée par l'article premier, donc que la *MPA*[518] est discriminatoire à l'égard des conjoints de fait. Elle aurait donc rejeté le pourvoi. Voyons ses motifs.

D'abord, elle applique le test de l'arrêt *Law* c. *Canada*[519], portant sur la discrimination. Elle propose un examen à la lumière du contexte dans lequel s'inscrit la contestation et rappelle que, par sa nature, la différence de traitements est un concept relatif[520]. D'ailleurs les quatre facteurs cités dans l'arrêt *Law*[521], et qui sont

---

514. *Procureur général de la Nouvelle-Écosse* c. *Walsh et Bona*, précité, note 9, j. Gonthier, par. 203-204.
515. *Procureur général de la Nouvelle-Écosse* c. *Walsh et Bona*, précité, note 9.
516. Précitée, note 10.
517. Précitée, note 42.
518. Précitée, note 10.
519. Précité, note 48.
520. *Procureur général de la Nouvelle-Écosse* c. *Walsh et Bona*, précité, note 9, par. 83.
521. Précité, note 48.

retenus par le juge Bastarache, ne sont pas les seuls éléments à considérer, selon elle, et elle estime indispensable de situer la revendication de madame Walsh dans son contexte juridique, social et historique global[522]. Citant ensuite *Miron c. Trudel*[523] où la cour reconnaît expressément que l'état matrimonial est un motif discriminatoire analogue à ceux énumérés à l'article 15(1) de la *Charte canadienne des droits et libertés*[524], elle ajoute que ce constat oblige la cour à tirer la même conclusion en l'espèce[525], c'est-à-dire que les couples hétérosexuels non mariés ont historiquement souffert d'un degré de vulnérabilité et de désavantages que n'ont pas connus les couples mariés[526]. Elle suggère d'examiner les besoins de madame Walsh en constatant que la rupture d'une longue relation de dix ans crée le besoin réel d'une redistribution des biens par le versement d'une pension alimentaire ou le partage de biens[527]. Elle se reporte ensuite à l'opinion du juge Cory dans *M. c. H.*[528], qui a reconnu le caractère fondamental du droit à une pension alimentaire comme un moyen essentiel permettant à une personne de subvenir à ses besoins financiers de base, après la rupture d'une union caractérisée par l'intimité et l'interdépendance financière. La juge estime qu'il en est de même des biens matrimoniaux, dont le partage à la rupture sert la même fin que l'attribution d'une pension alimentaire. Il en découle, selon elle, le droit présumé à la répartition égale des biens et actifs familiaux comme allègement du fardeau économique créé par la rupture d'une longue relation d'intimité et d'interdépendance économique[529]. Rappelant qu'après l'adoption de la *Loi sur le divorce*[530], en 1968, la cour a refusé tous les arguments fondés sur l'*equity* pour nier à une épouse mariée depuis 25 ans le droit d'obtenir un partage d'actifs[531], Claire L'Heureux-Dubé ajoute que la cour a remédié à cette situation scandaleuse par l'arrêt *Rathwell*[532] afin de reconnaître les contributions de chaque conjoint à l'union matrimoniale[533]. Ayant établi ces principes d'une mesure réparatrice à la rupture d'un

---

522. *Procureur général de la Nouvelle-Écosse c. Walsh et Bona*, précité, note 9, par. 91.
523. Précité, note 50.
524. Précitée, note 42.
525. *Procureur général de la Nouvelle-Écosse c. Walsh et Bona*, précité, note 9, par. 89.
526. *Ibid.*, par. 94-98.
527. *Procureur général de la Nouvelle-Écosse c. Walsh et Bona*, précité, note 9, par. 99.
528. Précité, notes 18 et 170.
529. *Procureur général de la Nouvelle-Écosse c. Walsh et Bona*, précité, note 9, par. 104.
530. Précité, note 8.
531. *Murdoch c. Murdoch*, [1975] 1 R.C.S. 423.
532. *Rathwell c. Rathwell*, [1978] 2 R.C.S. 436.
533. *Procureur général de la Nouvelle-Écosse c. Walsh et Bona*, précité, note 9, par. 107.

couple, elle fait ensuite une réelle analyse de la situation des conjoints de fait, sur la base du *Practical Feminist Reasoning* en soulevant les arguments suivants :

- Les conjoints de fait hétérosexuels ont des besoins semblables à ceux des gens mariés[534] ;

- La société canadienne se situe à une étape où il n'est plus réaliste de parler de liens familiaux, de socialisation des enfants et de tous les autres aspects de la famille uniquement dans le contexte de couples mariés, en citant Statistique Canada[535] ;

- Le mariage est en baisse et fait place à l'union de fait et, citant une étude de Dumas et Bélanger[536], en 2022, il y aura autant d'unions de fait que de couples mariés au Canada[537] ;

- Plusieurs auteurs ont préconisé de redéfinir la famille, comme Wu[538], parce qu'elle est la matrice des relations de personnes permettant la transmission de valeurs, la socialisation de ses membres et l'éducation des enfants. En faisant abstraction de cette matrice, parce que deux de ses membres ne sont pas mariés, on ignore la réalité sociale que les couples mariés et les couples non mariés vivent la même situation d'interdépendance au sein de leurs unions[539] ;

- Dans l'arrêt *Moge*[540], elle définit la *famille* en fonction des valeurs et buts qu'elle vise. La famille assure le bien-être émotif et socio-économique de ses membres, c'est un système de soutien – un havre – une structure qui exige souvent des sacrifices de ses membres[541] ;

---

534. *Ibid.*, par. 118.
535. *Ibid.*, par. 119.
536. STATISTIQUE CANADA – Jean DUMAS et Alain BÉLANGER (dir.), *Rapport sur l'état de la population au Canada, 1996 : La conjoncture démographique*, no de catalogue 91-209-XPF, Ottawa, ministre de l'Industrie, 1997.
537. *Procureur général de la Nouvelle-Écosse* c. *Walsh et Bona*, précité, note 9, par. 122.
538. Zheng WU, « Cohabitation : An Alternative Form of Family Living », Don Mills, Ontario : Oxford University Press, 2000.
539. *Procureur général de la Nouvelle-Écosse* c. *Walsh et Bona*, précité, note 9, par. 125-126.
540. *Moge* c. *Moge*, précité, note 122.
541. *Procureur général de la Nouvelle-Écosse* c. *Walsh et Bona*, précité, note 9, par. 128.

• Dans *Procureur général du Canada* c. *Mossop*[542], la *famille* est définie comme n'englobant pas seulement deux parents hétérosexuels, mais comme un concept qui répond aux besoins de ses membres et leur permet de s'épanouir. Ainsi, un modèle unique contredit la réalité des types de familles très divers[543] ;

• Il ne faut pas oublier que les familles peuvent prendre des formes variées, comme le dit bien Audre Lorde[544] ;

• La *MPA*[545] n'a rien à voir avec un supposé consensus qu'une loi qui n'accorde pas d'avantages aux conjoints de fait hétérosexuels, donne simplement suite à leurs intentions et qu'au contraire elle a tout à voir avec les besoins, pour les raisons suivantes :

   — Le mariage ne peut s'entendre comme un engagement sur les conséquences juridiques de l'échec. Les mariés ne sont pas tous des avocats et ils entretiennent de fausses idées de leurs droits et obligations[546] ;

   — La Commission de réforme du droit de Tasmanie a conclu que la vaste majorité des personnes qui font vie commune sans se marier le font sans réfléchir aux conséquences juridiques[547] ;

   — L'auteur I.M. Ellman conclut que les couples ne conçoivent pas leur union en termes de contrat[548] ;

   — La *MPA*[549] ne tient pas compte des désirs des conjoints qui se marient, au début de leur mariage, quant au partage éventuel de leurs biens (éventuels... le plus souvent !)[550] ;

---

542. Précité, note 503.
543. *Procureur général de la Nouvelle-Écosse* c. *Walsh et Bona*, précité, note 9, par. 129.
544. Audre LORDE, « A Race, Class and Sex : Women Redefining Difference », dans *Sister Outsider*, Trumansburg, NY, Crossing Press, 1984, p. 114-122.
545. Précitée, note 10.
546. *Procureur général de la Nouvelle-Écosse* c. *Walsh et Bona*, précité, note 9, par. 143.
547. *Ibid.*, par. 144.
548. *Ibid.*, par. 145.
549. Précitée, note 10.
550. *Procureur général de la Nouvelle-Écosse* c. *Walsh et Bona*, précité, note 9, par. 147.

– Pour bon nombre de conjoints de fait, la décision de cohabiter ou de ne pas se marier ne vise pas à se soustraire aux conséquences juridiques du mariage[551] ;

– Citant Carol Smart dans « Stories of Family Life : Cohabitation, marriage and social change »[552], on ne peut généraliser les motifs des gens qui ne se marient pas[553] ;

– Citant les « Special Lectures of The Law Society of Upper Canada »[554], « autonomie » et « choix personnels » jouent rarement un rôle dans le fait de cohabiter[555] ;

– Citant Holland[556] : « Le revers de l'autonomie de l'un, c'est souvent l'exploitation de l'autre ». Rarement les deux choisissent-ils de ne pas se marier[557] ;

– La *MPA*[558] tient compte de la réalité à la rupture de l'union et non pas des intentions des parties à l'origine[559].

Ainsi, la juge L'Heureux-Dubé aurait accueilli le pourvoi dans l'affaire *Walsh*[560], mais elle fut minoritaire, ses confrères Bastarache et Gonthier invoquant des motifs légaux libéraux stricts pour rejeter le pourvoi. Tous les juges ont souligné l'importance des lois provinciales créant l'obligation alimentaire entre conjoints de fait dont, rappelons-le, seule la province de Québec n'a pas encore cru bon de se doter !

À la lumière des nombreuses décisions de la Cour suprême, il devient de plus en plus difficile de soutenir que l'obligation alimen-

---

551. *Ibid.*, par. 148.
552. (2000) 17 *Can. J. Fam. L.* 20-50.
553. *Procureur général de la Nouvelle-Écosse* c. *Walsh et Bona*, précité, note 9, par. 150.
554. Winifred HOLLAND, « Mariage and Cohabitation », dans Special Lectures of the Law Society of Upper Canada, *Has the Time Come to Bridge the Gap ?*, Toronto, Carswell, 1994, p. 369-379.
555. *Procureur général de la Nouvelle-Écosse* c. *Walsh et Bona*, précité, note 9, par. 151.
556. W. HOLLAND, *loc. cit.*, note 554, p. 380.
557. *Procureur général de la Nouvelle-Écosse* c. *Walsh et Bona*, précité, note 9, par. 152.
558. Précitée, note 10.
559. *Procureur général de la Nouvelle-Écosse* c. *Walsh et Bona*, précité, note 9, par. 156.
560. Précitée, note 9.

taire relève de la liberté de choix des conjoints de fait qui refusent le mariage. Par nature, l'obligation alimentaire est d'ordre public et concerne non seulement les personnes visées mais aussi l'État, comme le reconnaît clairement le juge Gonthier dans *M. c. H.*[561] :

[...] qu'il est de plus en plus admis sur le plan politique que les couples de sexe différent qui cohabitent devraient être assujettis au régime de l'obligation alimentaire entre conjoints applicable aux couples mariés, parce qu'ils remplissent maintenant un rôle social similaire.[562]

À la suite de la décision majoritaire de la Cour suprême, il faut maintenant convenir que l'imposition d'un partage d'actifs à la rupture ne peut se justifier pour les conjoints de fait, et je concède facilement que ce champ relève plutôt des obligations contractuelles entre individus. Certains couples peuvent choisir de ne pas se marier pour maintes raisons, dont celle de ne pas partager leurs actifs acquis pendant la vie commune et il faut respecter ce choix. Cependant, lorsque le couple devient famille par la venue d'enfants, j'estime qu'il faut protéger celui qui s'investit davantage dans l'éducation des enfants et les besoins familiaux, et qui subit une perte de ce fait. Les statistiques démontrent clairement que les femmes sont encore victimes d'injustice, à cet égard, et paient le plus grand prix de la maternité. Tant qu'il en sera ainsi, la loi devrait prévoir qu'un conjoint puisse être indemnisé par le versement d'une pension alimentaire compensatoire s'il se trouve désavantagé à la séparation quel que soit son état matrimonial. Les pertes subies devraient être compensées par l'autre conjoint et l'obligation alimentaire est le véhicule privilégié pour ce genre de compensation.

À ceux qui prétendent qu'il est difficile d'encadrer légalement les unions de fait, nous avons vu que la plupart des provinces canadiennes se sont inspirées pour cela de la loi ontarienne qui a bien subi l'épreuve du temps par le test d'une jurisprudence abondante. Les paramètres en sont maintenant connus et reconnus. Rien ne justifie plus que les conjoints de fait québécois avec enfants, qui vivent la même réalité sociale que tous les autres conjoints de fait canadiens, soient exemptés de ce principe d'équité.

En France, Élisabeth Guigou, ministre de la Justice et garde des Sceaux, de juin 1997 à octobre 2000, dans son allocution d'ouverture

---

561. Précité, note 18.
562. *M. c. H.*, précité, note 18, par. 177.

au colloque « Quel droit, pour quelles familles ? » tenu à Paris en mai 2000, affirme :

> Je pense aussi que la privatisation de la famille est d'un certain point de vue une illusion d'optique. Jamais, autant qu'aujour-d'hui, les responsables publics, les experts, les assistants sociaux ne se sont autant préoccupés du devenir des enfants comme de celui des parents au sein de la structure familiale.
>
> Il y a là un enjeu de protection et de sécurité pour l'enfant, mais aussi pour les femmes qui sont parfois victimes de violence au sein du couple. Cette privatisation est loin, me semble-t-il, d'être l'alpha et l'oméga de la vie de la famille.
>
> Par conséquent, si les valeurs dont je parlais, qui vont dans le sens de l'autonomie et de l'épanouissement individuels, sont des valeurs à inscrire, à traduire dans la loi, il convient de ne pas sous-estimer les valeurs de **solidarité** qui continuent d'irriguer notre vie collective et doivent trouver une égale expression dans notre droit.
>
> En somme, chaque valeur trouve sa contrepartie et à chacun des droits correspondent des obligations. **La liberté ne va pas sans le respect de la dignité de l'autre ; l'égalité ne va pas sans les responsabilités, l'autonomie sans des devoirs à l'égard des individus.**[563]

Lors du même colloque, Irène Théry, directrice d'études à l'École des hautes études en sciences sociales (France), traitait des changements de l'ordre familial, en ces termes :

> En effet la transformation du lien de conjugalité n'est pas isolable de la transformation beaucoup plus générale de la sexualité et de l'amour qui accompagne la dynamique de l'égalité des sexes. La division du monde imposé par l'ancien « contrat de genre », qui opposait les mères de famille et les femmes de petite vertu, la part honnête et la part honteuse de l'être humain, n'autorisait la sexualité que pour la procréation et l'amour que sanctifié par la famille. L'interdit social des amours des adolescents, de l'amour libre, la double morale sexuelle, la pénalisation de l'adultère, la condamnation de l'homosexualité participait d'un ordre moral dont la famille légitime était censée être le sanctuaire. Cet ordre

---

563. MINISTÈRE DE LA JUSTICE DE FRANCE, « Quel droit, pour quelles familles ? », dans *Actes du colloque de Paris 2000*, Paris, La Documentation française, 2001, p. 11-12.

moral s'est effondré, ouvrant aux individus des libertés nouvelles, confrontant les hommes et les femmes à des interrogations et
à des désarrois inédits, changeant la signification sociale de la
famille. L'histoire des couples a cessé d'aller de soi.[564]

Théry constate que le déclin de la nuptialité n'est pas lié à un
rejet du mariage :

Lors d'une enquête menée par l'INED en 1986, seuls 6 % des
concubins déclarent refuser le mariage (Léridon et Gokalp,
1994). Plus fondamentalement, c'est la place sociale de
l'institution matrimoniale qui a changé avec la transformation
des représentations du couple : le choix de se marier ou non
devient une question de conscience personnelle et le mariage
cesse d'être l'horizon indépassable des relations entre les hommes et les femmes. C'est ce phénomène social que l'on a nommé le
« démariage » (Théry, 1993).

[...] Dans un contexte où les inégalités entre hommes et femmes
demeurent importantes, où la précarité du travail des uns s'op-
pose aux assurances multiples des autres, le risque premier issu
des changements familiaux est celui d'une aggravation drama-
tique des inégalités sociales. Dans le silence de la règle commune,
règnent d'autant mieux dans la société la loi des forts, et dans
l'intimité la loi du plus fort. La réforme du droit de la famille ne
peut certes pas tout. Mais l'ampleur des mutations indique
qu'elle doit être à la mesure des désarrois et des injustices, mais
aussi des attentes et des espoirs que suscite la nouvelle donne
familiale.[565]

Ainsi, parlant famille, il faut donner un nouveau sens à *l'autonomie*, à *l'égalité* et au *respect du choix des individus*, le revers de
l'autonomie de l'un étant souvent l'exploitation de l'autre[566]. Si on
accepte désormais que le choix du concubinage ne soit pas nécessairement signe de l'expression d'un refus du mariage ; si on reconnaît que
les conjoints ne conçoivent pas leur union en termes de contrat, au
sens juridique du terme, et que le mariage n'est pas contracté dans la
perspective d'un encadrement à la rupture ; si on admet que la situation d'interdépendance économique des conjoints est la même, qu'ils
soient ou non mariés, on doit aussi admettre qu'on ne peut générali-

---

564.   Irène THÉRY, « Couple et filiation aujourd'hui », dans MINISTÈRE DE LA
       JUSTICE DE FRANCE, *Actes du colloque de Paris 2000*, *op. cit.*, note 563, p. 29.
565.   *Ibid.*, p. 30-35.
566.   W. HOLLAND, *op. cit.*, note 554.

ser les motivations des gens qui vivent en union de fait. Les statistiques nous confrontent à la réalité des femmes québécoises qui ont développé un véritable sens de la solidarité familiale, qui leur est une valeur chère. Il est indéniable qu'elles s'investissent plus que les hommes dans les soins aux enfants et aux aînés, ainsi que dans les travaux ménagers[567]. Cela fait souvent en sorte qu'elles en viennent à faire des choix professionnels qui se reflètent sur leurs gains et qui ont des conséquences sur leur capacité de gains futurs, comme le travail atypique. Comme les femmes sont encore victimes de discrimination au niveau des revenus et qu'elles gagnent substantiellement moins que les hommes, la combinaison de toutes ces réalités les amène à payer le plus chèrement les frais de la maternité, qui se vit souvent à leur détriment.

En 2001, la Commission du droit du Canada a produit un rapport intitulé « Au-delà de la conjugalité : la reconnaissance et le soutien des rapports de nature personnelle entre adultes »[568], où on peut lire :

> [...] nous sommes d'avis que le moment est venu de repenser en profondeur la façon dont les gouvernements utilisent le statut relationnel pour attribuer des droits et des responsabilités.[569]

Dans le même rapport de la Commission du droit du Canada, on peut lire certains constats des chercheurs Brenda Cossman et Bruce Ryder :

> Un consensus semble avoir émergé au sein de la population canadienne : il n'est plus légitime de décourager les rapports entre adultes sur la seule base de leur statut ou de leurs caractéristiques...

---

567. STATISTIQUE CANADA, *op. cit.*, notes 104 et 106. On peut aussi consulter GOUVERNEMENT DU QUÉBEC, ministère de la Famille, des Aînés et de la Condition féminine, « Un portrait statistique des familles au Québec », 2005,<www.mfacf.gouv.qc.ca>, Tableaux 6.1 à 6.3, p. 321 et s., qui constate aussi les écarts entre les sexes à divers égards et résume la situation comme suit :
« Dans le groupe des 35-44 ans, près de 3 fois plus d'hommes que de femmes (35,2 % comparativement à 13,2 %) ne consacrent aucune heure ou consacrent moins de 5 heures par semaine aux travaux ménagers. Dans ce même groupe d'âge, 46,4 % des femmes, comparativement à 30,3 % des hommes, consacrent plus de 15 heures par semaine à prendre soin des enfants. »

568. COMMISSION DU DROIT DU CANADA, *op. cit.*, note 78.

569. COMMISSION DU DROIT DU CANADA, *op. cit.*, note 78, p. 31.

> [...] 71 % des garants estimaient que l'octroi d'avantages et d'obligations ne devrait pas dépendre de l'existence d'une relation assimilable à un mariage, mais plutôt de l'existence d'un lien de dépendance économique.

> [...un] sondage Angus Reid de 1998 révèle que les Canadiens sont très majoritairement en faveur de l'octroi de bénéfices et d'obligations sur la base de la dépendance économique plutôt que sur la base de l'état matrimonial.[570]

L'évolution ne nous permet plus de croire que le mariage constitue la principale institution de la société qui devient plutôt désormais, selon moi, **la famille**. C'est en effet la famille, sous toutes ses formes, qui est la matrice des relations de personnes permettant la transmission de valeurs, la socialisation de ses membres et l'éducation des enfants[571]. Il faut redéfinir cette famille en fonction de la transmission souhaitée de ses valeurs. Dans cette redéfinition, on doit entendre la famille comme un système de soutien de ses membres. La valeur principale à transmettre devient alors la *solidarité familiale*. C'est dans cette perspective que je propose de soutenir la solidarité des familles de conjoints de fait, avec enfants, par l'imposition aux conjoints d'une obligation alimentaire compensatoire. Je dis bien conjoints de fait avec enfants car c'est la présence d'enfants qui est la cause principale des inégalités subies par les femmes. Il faut donc pallier ces inégalités en assurant une protection adéquate et une reconnaissance à ceux qui assument la grande responsabilité et la lourde tâche de l'éducation des enfants.

On aura compris que le respect de la volonté des conjoints de fait se traduit, pour moi, en respect du choix de chacun de ne pas vouloir se soumettre aux règles de droit découlant du mariage. J'admets facilement, dans ce contexte, que les conjoints de fait peuvent ne pas choisir de partager leurs biens, en partageant leur vie. Je crois qu'il faut respecter ce choix, ce droit des personnes. Certaines règles, quoique pas toujours pleinement efficaces j'en conviens, existent, comme nous l'avons vu, au cas d'abus de l'un des conjoints par l'autre. Il m'apparaît, par contre, essentiel d'assurer à tous les parents séparés, mariés ou non, une protection adéquate du droit d'occupation de la résidence

---

570.   Brenda COSSMAN et Bruce RYDER, « L'assujettissement juridique des rapports personnels entre adultes : Évaluation des objectifs des politiques et des alternatives juridiques dans le cadre de la législation fédérale », dans COMMISSION DU DROIT DU CANADA, *Au-delà de la conjugalité – La reconnaissance et le soutien des rapports de nature personnelle entre adultes, op. cit.*, note 77, Document n° 2, 1er mai 2000, p. 25-27.

571.   Z. WU, *op. cit.*, note 538.

familiale, en les assimilant aux époux à cet égard[572]. D'ailleurs, on comprend mal pourquoi cela n'est pas encore chose faite, alors que la ministre responsable de la famille, Thérèse Lavoie-Roux, avait intégré cette recommandation à son plan d'action en matière de politique familiale en 1989, soit il y a presque 20 ans[573] !

Je crois aussi que les conjoints doivent assumer certaines responsabilités, celle de ne pas se marier ou de vivre avec un conjoint qui le refuse, en étant une d'importance. Il faut, cependant, déplorer le manque d'information juridique objective dont peuvent bénéficier les conjoints en regard de leurs droits et la réelle confusion qui existe sur le statut juridique des conjoints de fait, confusion fort compréhensible comme nous l'avons vu, mais à laquelle il faudrait nécessairement parer par une campagne massive de publicité sur leurs droits et obligations[574].

Je crois qu'une obligation alimentaire d'ordre public, entre conjoints de fait avec enfants, s'impose, pour les mêmes motifs qu'elle s'impose entre époux. C'est, en fait, un moyen efficace de contourner l'exploitation possible de l'un des conjoints par l'autre et, si tel est le cas, de rétablir un certain équilibre au moment de la rupture. Le concept juridique de l'obligation alimentaire, tel qu'interprété par les tribunaux, offre un mode adéquat de compensation de celui qui a davantage consacré à la famille à l'avantage de celui qui s'est dégagé de ses responsabilités sociales si importantes. Qu'en serait-il si la grande majorité des unions devenait des unions hors cadre juridique du mariage ou de l'union civile ? Quel est l'intérêt du plus fort à prendre des responsabilités sociales et familiales lorsqu'il peut s'en décharger sans frais sur un partenaire sans recours ? Peut-on envisager que la contrainte et la crainte d'une obligation alimentaire entre conjoints de fait fassent en sorte de changer les rôles sociaux assumés par les hommes et les femmes en favorisant une implication égale des partenaires dans la famille ? N'est-ce pas, en fait, ce qu'on doit viser à assurer si l'on veut que les femmes choisissent encore d'avoir des enfants, si on veut que la famille devienne le lieu du réel partage des responsabilités et de l'égalité ?

---

572. Voir les articles 401 à 413 C.c.Q., dont il est fait mention à la section 3.2.2.2.3 « Propriété et usage de la résidence familiale ».
573. GOUVERNEMENT DU QUÉBEC, Plan d'action en matière de politique familiale 1989-1991, *op. cit.*, note 323.
574. La journaliste Danielle ARSENAULT indique, dans un article intitulé « Conjoints de fait : soyez avisés ! », ceci « Selon un sondage effectué en 2007 pour le compte de la Chambre des notaires du Québec, 60 % des conjoints de fait sont convaincus qu'ils ont les mêmes droits que les personnes mariées. », <www.coup depouce.com/famille/articles/conjoints-de-fait-soyez-avisés-n247408p3.html>.

On peut continuer à refuser d'imposer des règles aux conjoints de fait en raison du respect de la volonté individuelle et de l'autonomie. On peut refuser de voir et de reconnaître l'évolution sociale de la famille. On a longtemps pensé que le divorce était inacceptable parce qu'il constituait une menace à l'ordre social établi par le mariage. Irène Théry en traite et on peut adapter son propos à la question de l'encadrement juridique des conjoints de fait. Elle conclut son ouvrage sur « le démariage » :

> C'est pourquoi, sur le fond, la vraie question du démariage est collective, parce qu'il bouleverse l'univers des normes. Son enjeu véritable n'est pas le retrait du droit, mais à l'inverse la refondation de la loi commune. En se méprenant sur le sens des comportements, on a posé comme un défi au droit ce qui était un défi à notre capacité de le penser autrement. En laissant croire que son enjeu était le refus de la règle au profit du chacun-pour-soi, on s'est aveuglé sur la profondeur d'une mutation qui ne concernait pas le comportement de quelques-uns, mais la place de tous dans la symbolique de la loi et la communauté sociale, et la façon dont l'État de droit a charge d'ordonner l'anarchie des libertés pour que ne s'impose pas seulement la loi du plus fort. Au nom de l'individualisme (supposé) des comportements, ce qui est en cause est bien la prégnance d'une conception hyperindividualiste du rapport au droit.[575]

La province de l'Ontario a choisi, dès 1978, de légiférer pour créer une obligation alimentaire entre conjoints de fait, l'un des objectifs du législateur étant ainsi de consolider le rôle de la famille. À cet effet, le préambule de la *Loi sur le droit de la famille*[576], actuellement en vigueur, et qui modifie la loi de 1978, se lit comme suit :

> *Attendu qu'il est souhaitable d'encourager et de consolider le rôle de la famille* ; attendu qu'il est nécessaire, pour atteindre ce but, de reconnaître l'égalité des conjoints dans le mariage, et de reconnaître au mariage la qualité de société ; attendu que cette reconnaissance doit s'étayer de dispositions législatives qui prévoient le règlement ordonné et équitable des affaires des conjoints en cas d'échec de cette société *et qui définissent d'autres obligations réciproques dans le cadre des rapports familiaux, y compris la participation équitable de chaque conjoint aux responsabilités parentales.*

Trente ans plus tard, cela pourrait-il inspirer le législateur québécois ?

---

575.   Irène THÉRY, *Le Démariage*, Paris, Éditions Odile Jacob, 2001, p. 445.
576.   Précitée, note 171.

4.2 Vers la reconnaissance d'une obligation alimentaire balisée

Vich-Y-Llado propose de résoudre l'impasse dans laquelle les concubins français se trouvent à la rupture par un encadrement juridique de nature patrimoniale :

> Il s'agirait de respecter la liberté et l'interdépendance des cohabitants tout en réussissant à démêler équitablement leurs intérêts communs, puisqu'ils ont vécu, en fait, dans « l'interdépendance ». La solution pourrait être la reconnaissance d'une présomption d'indivision entre eux, subordonnée à la constatation judiciaire d'une « communauté économique » supposant un enchevêtrement des intérêts pécuniaires, qui permettrait, à la fin de « cette association », à ceux qui le désirent, et en ont besoin, d'obtenir un partage des biens acquis grâce à leurs efforts communs.[577]

Voilà qui ressemble assez au *patrimoine familial* imposé aux époux québécois (et aux conjoints de fait de certaines provinces canadiennes). Je ne crois pas que cette solution puisse rencontrer l'assentiment d'une majorité de conjoints de fait, ce qu'a d'ailleurs reconnu la Cour suprême dans l'affaire *Walsh*[578]. Je crois en une mesure, comme l'obligation alimentaire, laissée à l'appréciation discrétionnaire du juge. La plupart des provinces qui ont adopté des lois à cet effet[579] retiennent le critère d'application d'une durée de vie commune d'un an, si le couple a des enfants. Comme je crois que l'obligation alimentaire proposée est essentiellement liée à une compensation pour un investissement inégal d'un des conjoints aux charges familiales imposées par l'éducation des enfants, c'est le critère que je propose de retenir. Aux détracteurs du concept en regard des difficultés de preuve qu'il peut poser, je réponds qu'il s'agit du critère retenu et appliqué par toutes les autres provinces canadiennes, depuis plusieurs années pour certaines, et qui ne pose plus de difficulté particulière d'application, les balises en ayant été tracées par les tribunaux. Si les provinces de common law reconnaissent aussi l'union de fait des conjoints sans enfant, après une cohabitation de trois ans pour la plupart, je ne crois pas que cela se justifie dans le cadre de la présente étude, qui met en évidence les désavantages multiples subis par les mères. Je crois que les personnes qui vivent en union de fait, sans enfant, doivent assumer leur autonomie et se prémunir contre la dépendance par contrat ou en se mariant. Ainsi, je préconise le respect du choix des individus libres et autonomes.

---

577. *Op. cit.*, note 347, p. 195.
578. Précitée, note 9.
579. Voir *supra*, section 4.1 « Les conjoints de fait dans les provinces de common law ».

Je crois aussi que l'obligation alimentaire compensatoire imposée aux conjoints de fait-parents pourrait être circonscrite en vertu d'un concept semblable à celui suggéré depuis peu par les *Lignes directrices facultatives en matière de pensions alimentaires pour époux*[580]. En janvier 2005, les professeures de droit Carol Rogerson[581] et Rollie Thompson[582] ont présenté au ministère de la Justice du Canada une ébauche de proposition pour l'application de *lignes directrices facultatives* en matière de pensions alimentaires pour époux, visant à instaurer plus de certitude et de prévisibilité dans la détermination des pensions alimentaires pour époux, dans le cadre de la *Loi sur le divorce*[583] (plusieurs provinces les appliquent aussi aux conjoints de fait). Les lignes proposées sont actuellement facultatives, ce pour quoi leur application pose quelques difficultés au Québec[584]. Retenons simplement que le modèle proposé ne traite pas du droit aux aliments qui relève des lois provinciales et de la *Loi sur le divorce*[585], mais qu'il constitue une base de calcul et de référence pour les juges et les professionnels cherchant à déterminer avec plus de certitude l'étendue de l'obligation alimentaire lorsque le droit est établi, par ailleurs. Ainsi, les tribunaux ne sont pas dispensés d'établir précisément le montant des aliments en vertu des normes légales et jurisprudentielles reconnues, les *lignes facultatives* n'étant qu'un instrument de vérification secondaire, ce que reconnaissait précisément la Cour d'appel du Québec en refusant de retenir le montant établi par ces *lignes facultatives* dans un cas d'espèce[586], alors que les

---

580.   Carol ROGERSON et Rollie THOMPSON, *Lignes directrices facultatives en matière de pensions alimentaires pour époux – Ébauche d'une proposition*, ministère de la Justice, Canada, janvier 2005, <http://canada.justice.gc.ca/fr/dept/pub/spousal/index.html>.

581.   Université de Toronto.

582.   Dalhousie Law School.

583.   Précitée, note 8.

584.   Application des règles refusée : *S.S.* c. *P.C.*, EYB 2005-91117, J.E. 2005-1163 (C.S.) ; *M.F.* c. *N.C.*, EYB 2005-89630, J.E. 2005-982 (C.S.) ; *D.S.* c. *M.Sc.*, C.S. Montréal, n° 500-12-267344-038, 27 janvier 2006, EYB 2006-101965 ; *B.D.* c. *S.D.U.*, C.S. Kamouraska, n° 250-12-004666-067, 28 février 2006, EYB 2006-101965. Application des règles reconnue : *E.J.C.* c. *N.L.B.*, C.S. Montréal, n° 500-04-037799-047, 15 septembre 2005. Voir aussi les décisions de la Cour d'appel de la Colombie-Britannique dans *Yemchuk* c. *Yemchuck*, 2005 BCCA 406 ; *Tedham* c. *Tedham*, 2005 BCCA 502 et *Kopelow* c. *Warkentin*, 2005 BCCA 551. Voir aussi *M.-A.C.* c. *S.H.*, C.S. Terrebonne, n° 700-12-034289-041, 26 août 2005, EYB 2005-94231.

585.   Précitée, note 8.

586.   *V. (G.)* c. *G. (C.)*, EYB 2006-106167 (C.A.), en précisant aux paragraphes 116 et 117 : « Le dossier tel que constitué et les brèves plaidoiries des avocates sur cet aspect ne permettent pas, à mon avis, de prononcer un arrêt de principe sur l'utilisation des Lignes directrices facultatives. D'ailleurs, comment énoncer

autres provinces canadiennes s'en inspirent largement. Voyons donc sommairement en quoi consiste ce modèle.

Il s'agit de déterminer le revenu individuel net disponible (RIND) de chaque époux, en soustrayant la pension alimentaire pour enfants payable par l'un ou reçue par l'autre, d'additionner les revenus (RIND) de chaque conjoint pour obtenir leur revenu combiné et de déterminer ensuite la fourchette de pension alimentaire qu'il faudrait procurer au créancier pour que son revenu global soit l'équivalent de 40 à 46 % du revenu combiné des deux conjoints (RIND). Cette proposition renferme de nombreux concepts nouveaux. Quelques aspects de la proposition ne s'éclairciront que lorsque les avocats, les médiateurs et les juges commenceront véritablement à utiliser ces *lignes directrices facultatives* et à les appliquer à des cas concrets. Les auteures souhaitent d'ailleurs revisiter leur concept pour le raffiner à la lumière des jugements et commentaires des juristes, et on peut s'attendre à une évolution prochaine à cet égard.

Ce nouveau concept de fixation des aliments entre ex-époux démontre qu'il est possible de concevoir un modèle de fixation des aliments qui soit facilement utilisable par les conjoints ou ex-conjoints de fait, pour régler leurs différends à l'amiable, par la médiation, ou par voie judiciaire, et de circonscrire l'obligation alimentaire. Les objectifs d'uniformité des standards et des précédents et la facilité d'application sont atteints afin de permettre aux professionnels et aux couples de connaître les barèmes applicables à des situations comparables, le droit aux aliments demeurant tributaire d'une preuve laissée à l'appréciation du tribunal, en cas de conflits.

Je crois donc que plus rien ne permet de continuer à s'opposer à la reconnaissance d'un statut pour les conjoints de fait québécois, avec enfants.

---

des « principes » sur l'utilisation d'un simple « outil » à usage « facultatif » ? Il n'en reste pas moins que la mise en garde des juges Julien [*D.S.* c. *M.Sc.*, précité, note 584] et Gendreau [*B.D.* c. *S.D.U.*, précité, note 584] me paraît importante. On ne nous a pas fait la démonstration que les critiques formulées par la juge Julien étaient erronées. D'ailleurs, les professeures Thompson et Rogerson elles-mêmes et les arrêts de la Cour d'appel de la Colombie-Britannique précisent que le juge n'est pas dispensé de procéder à la tâche exigeante à laquelle la juge L'Heureux-Dubé nous convie dans l'arrêt *Moge*... » La Cour d'appel a donc établi la pension alimentaire suivant la méthode habituelle, refusant l'application des *lignes facultatives* comme seule méthode de calcul, voir la décision de première instance : *C.G.* c. *G.V.*, B.E. 2005BE-1090 (C.S.).

CONCLUSION

Je me suis intéressée à la situation des conjointes de fait, et bien sûr de leurs enfants, après avoir réalisé le grand nombre d'entre elles qui étaient ignorantes de leur statut juridique ou plutôt de leur absence de statut matrimonial[587]. La pratique du droit familial m'a amenée à constater que de très nombreux conjoints et conjointes de fait québécois croient être régis par les mêmes lois que les couples mariés, à tous égards. Cela, je le savais depuis longtemps. J'ai cependant été souvent surprise par le résultat de mes recherches.

Nous savons tous qu'encore aujourd'hui c'est en très petit nombre que les femmes atteignent des postes de pouvoir[588]. Ceci ne concerne pas une majorité de femmes, bien sûr, mais cela demeure un indice évident de la sous-représentation des femmes à divers échelons de la sphère publique. L'étude des statistiques récentes sur la situation des femmes canadiennes nous amène nécessairement à conclure que les femmes, et surtout les mères, assument la majorité des tâches domestiques non rémunérées dans notre société, et de plus grandes responsabilités dans l'éducation des enfants, ce qui affecte leurs choix professionnels. Il existe encore indéniablement une « mommy's track » qui conditionne la vie professionnelle des mères et affecte leur autonomie et leur sécurité financière à moyen et long

---

587. La journaliste Danielle ARSENAULT indique, dans un article intitulé « Conjoints de fait : soyez avisés ! », ceci « Selon un sondage effectué en 2007 pour le compte de la Chambre des notaires du Québec, 60 % des conjoints de fait sont convaincus qu'ils ont les mêmes droits que les personnes mariées. », <www.coup depouce.com/famille/articles/conjoints-de-fait-soyez-avisés-n247408p3.html>.

588. Le 16 août 2006, le cahier « Affaires » de *La Presse* titre : « Les femmes sont encore peu présentes à la tête des grandes entreprises », faisant état de la nomination de Indra Nooyi comme nouvelle PDG de PepsiCo. L'article mentionne qu'elle est la 11e femme PDG dans la liste des 500 entreprises américaines les plus riches. On y cite une étude américaine qui prédit qu'il faudra 40 ans pour que les femmes atteignent la parité avec les hommes dans les positions de dirigeants d'entreprises aux États-Unis, notant qu'en cela la progression des femmes s'est ralentie étant à son plus bas niveau des dix dernières années. Plus de la moitié des sociétés du célèbre classement *Fortune 500* avaient moins de 3 femmes directrices en 2005, le pourcentage des PDG féminines étant de 2,2 %.

terme. Il n'est pas de bon ton d'en parler et les femmes elles-mêmes refusent souvent de se prétendre féministes. Pour réussir, elles doivent souvent adopter le comportement des hommes et se débrouiller pour assumer leurs obligations familiales sans qu'il y paraisse, ce qui peut les conduire à l'épuisement. Le monde du travail change peu, ce sont les femmes qui doivent s'y adapter. Lorsqu'elles y parviennent, ce sont des sentiments d'échec, d'impuissance et d'incompétence qu'elles vivront si elles trouvent difficile d'assumer leur rôle de mère, en plus d'un travail prenant. Et elles seront les premières surprises d'avoir à affronter de tels dilemmes.

Le portrait statistique des familles canadiennes nous offre de plus en plus d'informations pertinentes et incontestables sur la situation des femmes. Le raffinement des recherches et l'interprétation des nombreuses données colligées par Statistique Canada nous permettent maintenant de connaître précisément le contexte des situations discriminantes encore vécues par les femmes. Au Canada, la discrimination à l'égard des femmes n'est plus admise socialement et elle est beaucoup moins évidente depuis que les lois l'interdisent formellement, au point qu'on pourrait croire qu'elle a été enrayée. Les femmes elles-mêmes se laissent facilement prendre par cette illusion, les jeunes femmes particulièrement puisqu'elles peuvent souvent vivre dans un contexte social, scolaire et de travail où il n'y a pas de différence de traitement entre hommes et femmes. Ayant accès à l'éducation supérieure en nombre majoritaire, elles accèdent au milieu du travail en toute égalité et sont parfois étonnées d'y constater des reliquats de discrimination. Pourtant la discrimination est persistante et se transporte en des lieux plus inaccessibles, comme la sphère familiale. Son berceau est la famille car c'est en son sein qu'elle émerge incontestablement, les femmes vivant là l'essence de la différence par la maternité. C'est un leurre de penser que les mères peuvent vivre aussi librement et sans entrave que tous les autres individus, hommes ou femmes, qui ne connaissent pas leur condition. La société a réussi cet exploit extraordinaire d'imputer aux mères des responsabilités sans partage, en plus de tous les autres rôles sociaux qu'il faut aujourd'hui exercer pour en être partie intégrante et être un individu estimé : travailleur compétent et infatigable, citoyen informé et engagé, écologiste, érudit, bénévole à ses heures, guide et tuteur de nos enfants, environnementaliste, nutritionniste, sportif soucieux de sa santé, etc. En plus, les mères assument la tâche de reproduire ces valeurs sociales et de les transmettre. On attend aussi des mères qu'elles bénéficient d'une expertise exceptionnelle car elles doivent non seulement éduquer mais aussi s'assurer de développer tout le potentiel des enfants : les stimuler intellectuellement ; suivre leur développement académique et les assister ; les conscientiser au respect de l'environnement et des individus ; surveiller leur santé, leur alimentation et leurs horaires ; voir à ce qu'ils pratiquent des sports ; les initier à d'autres langues ; les divertir et surveiller leurs divertissements ; faire leur éducation sexuelle et les mettre en garde contre les comportements à risques, les drogues et toutes les formes de dépendance, etc. Tout un programme pour les mères !

Je connaissais la popularité de l'union de fait au Québec, mais je ne savais pas que la majorité des enfants qui y naissent sont issus de telles unions. L'Institut de la statistique du Québec a estimé qu'en 2003, il y avait eu 30 040 naissances issues de parents québécois mariés et 43 560 naissances hors mariage[589]. Ce sont donc 59,2 % des enfants qui y sont alors nés hors mariage. C'est certainement un nombre substantiellement plus important que celui des mariages de conjoints de même sexe[590], que celui des conjoints unis civilement[591], ou que celui des enfants issus de couple de même sexe, lesquels ont tous vu leur situation considérée et leur état reconnu par le législateur québécois.

Comme avocate de droit familial, j'ai été à même de constater les différences de traitement entre enfants issus de couples mariés et ceux issus de conjoints de fait, lors de la rupture des parents. Souvent, le père qui a un revenu beaucoup plus élevé que celui de la mère ne verra pas sa situation financière affectée par la séparation. Pour la mère conjointe de fait qui ne bénéficie pas du partage de la richesse familiale à la séparation, cela veut souvent dire déménagement dans une résidence et un quartier plus modestes et baisse importante du niveau de vie. Cette baisse du niveau de vie de la mère, les enfants la

---

589. GOUVERNEMENT DU QUÉBEC, ministère de la Famille, des Aînés et de la Condition féminine, « Un portrait statistique des familles au Québec », *op. cit.*, note 567, p. 53. Les naissances hors mariage sont établies selon l'état matrimonial de la mère. Lorsque la mère déclare être mariée et vivre avec son conjoint, il s'agit de parents mariés. Toutes les autres catégories sont considérées comme hors mariages, ce qui inclut les couples en union libre.

590. Il y aurait eu 702 licences de mariage délivrées à des couples québécois de même sexe, entre mars 2004 et juin 2006, voir le communiqué de CANADIENS ET CANADIENNES POUR LE DROIT ÉGAL AU MARIAGE, « Des couples de même sexe célèbrent leur 3e anniversaire de mariage », 9 juin 2006, <www. mariageegal.ca/index_f.php>.

591. En 2002 et 2003, ce sont respectivement 11 et 68 couples de sexes opposés qui se sont unis civilement suivant les dispositions des articles 521.1 à 521.19 C.c.Q. Il y a eu 150 unions civiles de couples de même sexe en 2002 et 274 de ces unions en 2003. Voir GOUVERNEMENT DU QUÉBEC, « Un portrait statistique des familles au Québec », *op. cit.*, note 567, p. 48.

vivent immanquablement car ils sont les premiers affectés par un changement de milieu, d'école, d'amis. Ces enfants subissent une différence de traitement, par rapport aux enfants issus de couples mariés, à cause du statut matrimonial de leurs parents et du « choix » de leurs parents de ne pas se marier. Si ces femmes avaient pu savoir cela à l'avance, auraient-elles fait les mêmes « choix » ? Pour étudier leur situation, il fallait adopter leur point de vue, celui des femmes.

J'avoue avoir abordé les théories féministes avec un peu de scepticisme tant le terme est galvaudé. C'est pourtant une approche théorique largement reconnue dans les provinces de common law et aux États-Unis, mais qui est peu utilisée au Québec. L'approche féministe reconnaît les différences de traitement subies par les femmes et les conditionnements dont elles sont victimes. Elle positionne le sujet dans une autre perspective que celle traditionnellement reconnue et permet de mettre en doute des concepts bien établis, comme celui de l'autonomie de la volonté des femmes. Sans la perspective féministe, on ignore plusieurs réalités sociales autrement inexplicables. En cherchant à connaître et établir, ou plutôt rétablir, les motivations profondes du comportement des femmes, on peut en relever les incohérences. Ainsi, il y a une incohérence évidente entre le fait de prétendre que les femmes québécoises « choisissent » l'union libre par souci du respect de leur autonomie, quand on sait les contraintes réelles que leur impose la maternité. Il y a aussi incohérence entre la sécurité financière que procure le mariage (et la *Loi sur le divorce*, par les protections qu'elle assure) aux femmes, l'inégalité reconnue des revenus entre hommes et femmes et le choix supposé conscient de l'union libre comme statut matrimonial. Dans un contexte d'inégalité, il y a incohérence entre le grand nombre d'unions de fait au Québec, et le fait que le Québec soit la seule province canadienne à ne pas encadrer les rapports interpersonnels des conjoints de fait.

La juge Claire L'Heureux-Dubé m'a beaucoup inspirée, et cela depuis longtemps, et ses opinions ont guidé ma réflexion. Elle a assumé pleinement son rôle de juge en tentant toujours de situer le droit dans un contexte de réalité sociale qui répond à un impératif de justice, et non de popularité[592]. Elle a payé chèrement le prix de son

---

592. Guylène BEAUGÉ, « Le rôle du juge dans une société balisée par les droits fondamentaux », dans Marie-Claire BELLEAU et François LACASSE (dir.), *Claire L'Heureux-Dubé à la Cour suprême du Canada 1987-2002*, Montréal, Wilson & Lafleur, 2004, p. 63, à la p. 66, citant l'ancien juge en chef de la Cour suprême du Canada, Antonio LAMER, « Le rôle du juge au XXe siècle », dans *La transparence dans le système judiciaire*, Institut canadien d'administration de la justice, Éditions Thémis, 1994, p. 3.

intégrité, lorsqu'elle fut dénigrée à la suite de l'affaire *Ewanchuk*[593], en 1999. Cela ne l'empêcha pas de continuer à affirmer très fortement ses opinions, comme ce fut le cas par sa dissidence dans l'affaire *Walsh*[594], en 2002. C'est une quête inlassable de justice et d'égalité qui l'a motivée :

> The task of rooting out inequality and injustice from our society is now advancing to a higher stage, however, where much inequality and discrimination stems not from positive intentions on the part of any given individual, but rather from the effects of often innocently motivated action. It is to this elevated plane that the main battleground of Charter equality rights litigation has now shifted in Canada. We can only participate on this intellectual battleground if we know the terrain and can make it part of our thinking, rather than treading heavily on it with the well-worn shoes of unquestioned assumptions.

> Those assumptions run deeply and throughout our present institutions. As John Stuart Mill observed, domination always appears natural to those who possess it, and the law insidiously transforms the fact of domination into a legal right. Inequality permeates some of our most cherished and long-standing laws and institutions. Our obligation, therefore, is to consider our assumptions, re-examine our institutions, and revisit our laws, always keeping in mind the reality experienced by those whom nature did not place in a dominant position. This is what the promise of substantial equality breathing within section 15 of our Charter is all about.[595]

Dans les arrêts clés *Moge*[596], *Willick*[597] et *Bracklow*[598], elle a dénoncé les inégalités vécues dans la sphère familiale et reconnu la nécessité d'octroyer une compensation financière pour les pertes économiques subies par les femmes par suite de leur investissement dans la famille. Elle a insisté sur l'importance de prendre en compte

---

593. *Supra*, note 19.
594. *Procureur général de la Nouvelle-Écosse* c. *Walsh et Bona*, précité, note 9.
595. Claire L'HEUREUX-DUBÉ, « Making Equality Work in Family Law », (1997) 14 *Rev. can. dr. fam.* 103, par. 13-14, citée par Louise VIAU, « L'inhabilité à témoigner du conjoint de l'accusé et le privilège marital consacré par l'article 4 de la *Loi sur la preuve du Canada* en regard de l'article 15 de la *Charte canadienne des droits et llibertés* », dans Marie-Claire BELLEAU et François LACASSE (dir.), *Claire L'Heureux-Dubé à la Cour suprême du Canada 1987-2002*, Montréal, Wilson & Lafleur, 2004, p. 71, à la p. 73.
596. Précité, note 122.
597. Précité, note 123.
598. Précité, note 124.

le contexte social du divorce et de tenter de mieux comprendre la relation complexe entre *famille, travail* et *État*, qui donne lieu à la dépendance économique des femmes en mariage et hors mariage, particulièrement dans l'affaire *Walsh*[599]. Comme nous l'avons vu, c'est sur la base de ses opinions que, de plus en plus, les juristes remettent en cause la non-intervention du législateur quant aux relations interpersonnelles des conjoints de fait québécois, qui vivent la même relation d'interdépendance économique que les époux. En rendant hommage à l'honorable Claire L'Heureux-Dubé, la juge France Thibault, de la Cour d'appel du Québec, reconnaissait le temps venu pour le législateur québécois de revoir sa position à cet égard :

> Si cette décision [*Walsh*] transmet un message clair sur le caractère non discriminatoire d'une législation qui refuse d'accorder des avantages aux conjoints de fait, il n'en demeure pas moins qu'elle met en évidence l'injustice dont ils font l'objet. À cet égard, la dissidence de la juge L'Heureux-Dubé, qui décrie cette situation, est susceptible de favoriser une réflexion du législateur. Celle-ci entraînera peut-être un compromis lorsque, notamment, le couple non marié a des enfants. Dans cette situation, l'injustice subie par l'un des parents se répercute directement sur les enfants qui n'ont pas eu de voix au chapitre lorsque leurs parents ont pris la décision de ne pas se marier.[600]

Il ne me reste qu'à souhaiter que ces propos soient entendus !

---

599. Précitée, note 9.
600. France THIBAULT, « Le juge : être de dialogue », dans Marie-Claire BELLEAU et François LACASSE (dir.), *Claire L'Heureux-Dubé à la Cour suprême du Canada 1987-2002*, Montréal, Wilson & Lafleur, 2004, p. 551, à la p. 567.

LISTE DES TABLEAUX

Tableau I 177

Statistique Canada,
http:/www40.statcan.ca/l02/cst01/famil21a_f.htm
« Revenu moyen après impôt selon le type de famille
économique (2001 à 2005) »

Tableau II. 179

Statistique Canada,
http:/www40.statcan.ca/l02/cst01/famil54b_f.htm
« Familles de recensement dans les ménages privés, selon
la structure familiale et la présence d'enfants,
par province et territoire, Recensement 2006 »

Tableau III 180

Statistique Canada,
http:/www40.statcan.ca/l02/cst01/labor01b_f.htm
« Gains moyens selon le sexe et le régime de travail
(Travailleurs à temps plein toute l'année), 1996 à 2005 »

Tableau IV 181

Statistique Canada,
http:/www40.statcan.ca/l02/cst01/labor01a_f.htm
« Gains moyens selon le sexe et le régime de travail
(Ensemble des travailleurs gagnant un revenu),
1996 à 2005 »

Tableau V 182

Statistique Canada,
http:/www40.statcan.ca/l02/cst01/famil05a_f.htm
« Revenu moyen total selon le type de famille économique
(2001 à 2005) »

TABLEAU I

Statistique Canada
(http:/www40.statcan.ca/l02/cst01/famil21a_f.htm)

Revenu moyen après impôt selon le type de famille économique (2001 à 2005)

	2001	2002	2003	2004	2005
	en dollars constants de 2005				
Familles économiques[1], deux personnes ou plus	**62 900**	**62 900**	**62 400**	**63 900**	**64 800**
Familles de personnes âgées[2]	45 000	45 600	45 400	46 300	48 200
Couples mariés seulement	43 900	44 200	44 400	45 800	46 300
Ensemble des autres familles de personnes âgées	49 200	50 900	49 200	48 000	54 900
Familles autres que celles de personnes âgées[3]	65 800	65 700	65 300	67 000	67 600
Couples mariés seulement	62 100	61 300	59 700	60 300	62 700
Aucune personne ne gagnant un revenu	34 200	30 700	30 800	29 200	30 600
Une personne gagnant un revenu	51 500	47 900	47 800	50 300	52 300
Deux personnes gagnant un revenu	69 400	69 800	67 100	67 100	70 200
Familles biparentales avec enfants[4]	70 700	71 500	72 000	74 600	73 000
Aucune personne ne gagnant un revenu	25 000	24 900	23 200	24 500	21 200
Une personne gagnant un revenu	51 900	54 500	55 400	54 600	52 700
Deux personnes gagnant un revenu	71 300	71 700	71 900	74 400	73 700
Trois personnes ou plus gagnant un revenu	89 500	88 500	88 900	93 600	91 600
Couples mariés avec d'autres personnes apparentées	87 200	86 400	86 800	88 800	92 900

Note : Le revenu moyen après impôt est le revenu total (y compris les transferts gouvernementaux), moins l'impôt sur le revenu.

1. Une famille économique est un groupe de personnes qui partagent le même logement et qui sont apparentées par le sang, par alliance (y compris les unions libres) ou par adoption.

2. Familles dans lesquelles le soutien économique principal est âgé de 65 ans et plus.

3. Familles dans lesquelles le soutien économique principal est âgé de moins de 65 ans.

4. Familles avec enfants âgés de moins de 18 ans.

	2001	2002	2003	2004	2005
	en dollars constants de 2005				
Familles monoparentales[4]	35 100	33 500	34 100	34 300	38 800
Familles monoparentales ayant un homme à leur tête	43 900	44 500	47 400	45 100	51 500
Familles monoparentales ayant une femme à leur tête	33 200	30 900	31 200	31 900	36 000
Aucune personne ne gagnant un revenu	17 600	16 800	16 500	17 800	17 700
Une personne gagnant un revenu	32 800	31 100	30 900	31 800	36 300
Deux personnes gagnant un revenu	52 300	45 800	47 700	45 900	48 300
Ensemble des autres familles autres que de personnes âgées	57 800	59 200	55 100	57 800	56 500
Personnes seules	**25 700**	**26 300**	**26 600**	**26 500**	**27 000**
Hommes âgés	25 900	25 800	26 600	26 200	27 000
Hommes ne gagnant aucun revenu	24 600	24 000	23 900	25 000	24 000
Hommes gagnant un revenu	33 700	33 500	35 900	30 800	38 800
Femmes âgées	22 900	23 400	22 900	23 800	23 200
Femmes ne gagnant aucun revenu	22 100	23 000	22 400	23 000	22 300
Femmes gagnant un revenu	34 300	28 400	27 200	30 900	30 800
Autres hommes que des hommes âgés	28 500	28 900	29 400	28 800	29 900
Hommes ne gagnant aucun revenu	11 600	11 300	11 900	11 400	11 600
Hommes gagnant un revenu	31 700	32 500	33 100	32 200	33 900
Autres femmes que des femmes âgées	23 600	24 800	24 900	24 800	25 200
Femmes ne gagnant aucun revenu	11 700	11 500	12 300	12 300	13 800
Femmes gagnant un revenu	27 600	28 800	28 500	28 600	28 200

4. Familles avec enfants âgés de moins de 18 ans.

Source : Statistique Canada, CANSIM, tableau (payant) 202-0603 et produit n° 75-202-XIF au catalogue.

Dernières modifications apportées : 01-05-2007.

TABLEAU II
Statistique Canada
(http:/www40.statcan.ca/l02/cst01/famil54b_f.htm)

Familles de recensement dans les ménages privés, selon la structure familiale et la présence d'enfants, par province et territoire, Recensement de 2006
(Nouveau-Brunswick, Québec, Ontario)

	2006			
	Canada	**N.-B.**	**Qc**	**Ont.**
	nombre			
Ensemble des familles	**8 896 840**	**217 795**	**2 121 610**	**3 422 320**
Sans enfants à la maison	**3 420 850**	91 300	853 895	1 217 845
Avec des enfants à la maison	**5 475 990**	126 490	1 267 720	2 204 470
Familles de couples mariés	**6 105 910**	151 210	1 156 930	2 530 560
Sans enfants à la maison	**2 662 135**	73 435	555 885	1 008 550
Avec des enfants à la maison	**3 443 775**	77 775	601 040	1 522 015
Familles de couples en union libre	**1 376 870**	31 000	611 850	351 040
Sans enfants à la maison	**758 715**	17 865	298 005	209 300
Avec des enfants à la maison	**618 150**	13 130	313 845	141 745
Familles monoparentales	**1 414 060**	35 585	352 825	540 715
Parent de sexe masculin	**281 775**	6 435	77 940	99 605
Parent de sexe féminin	**1 132 290**	29 150	274 890	441 105

Source : Statistique Canada, Recensement de la population de 2006.
Dernières modifications apportées : 19-09-2007.

TABLEAU III

Statistique Canada
(http:/www40.statcan.ca/l02/cst01/labor01b_f.htm)

Gains moyens selon le sexe et le régime de travail
(Travailleurs à temps plein toute l'année)

Travailleurs à temps plein toute l'année			
Année	Femmes	Hommes	Ratio des gains
	en dollars constants de 2005		%
1996	35 700	49 400	72,3
1997	35 400	51 800	68,3
1998	38 000	52 800	71,9
1999	36 500	53 400	68,4
2000	37 700	53 300	70,6
2001	38 000	54 400	69,9
2002	38 300	54 500	70,2
2003	38 100	54 300	70,2
2004	39 300	56 300	69,9
2005	39 200	55 700	70,5

Note : Les données antérieures à l'année 1996 proviennent de l'Enquête sur les finances des consommateurs (EFC). À partir de 1996, elles proviennent de l'Enquête sur la dynamique du travail et du revenu (EDTR). Comme les définitions sont différentes d'une enquête à l'autre, le nombre de personnes travaillant à temps plein toute l'année dans l'EDTR est plus petit que celui obtenu dans l'EFC.

Source : Statistique Canada, CANSIM, tableau (payant) 202-0102.

Dernières modifications apportées : 01-05-2007.

TABLEAU IV

Statistique Canada
(http:/www40.statcan.ca/l02/cst01/labor01a_f.htm)

Gains moyens selon le sexe et le régime de travail
(Ensemble des travailleurs gagnant un revenu)

Ensemble des travailleurs			
Année	Femmes	Hommes	Ratio des gains
en dollars constants de 2005			%
1996	23 700	37 500	63,1
1997	23 800	38 500	61,9
1998	24 900	39 700	62,8
1999	25 300	40 400	62,6
2000	25 800	41 700	61,7
2001	25 800	41 600	62,1
2002	26 200	41 600	62,8
2003	25 800	41 100	62,9
2004	26 200	41 300	63,4
2005	26 800	41 900	64,0

Note : Les données antérieures à l'année 1996 proviennent de l'Enquête sur les finances des consommateurs (EFC). À partir de 1996, elles proviennent de l'Enquête sur la dynamique du travail et du revenu (EDTR). Comme les définitions sont différentes d'une enquête à l'autre, le nombre de personnes travaillant à temps plein toute l'année dans l'EDTR est plus petit que celui obtenu dans l'EFC.

Source : Statistique Canada, CANSIM, tableau (payant) 202-0102.

Dernières modifications apportées : 01-05-2007.

TABLEAU V

Statistique Canada
(http:/www40.statcan.ca/l02/cst01/famil05a_f.htm)

Revenu moyen total selon le type de famille économique (2001 à 2005)

	2001	2002	2003	2004	2005
	en dollars constants de 2005				
Familles économiques[1], deux personnes ou plus	**76 600**	**76 400**	**75 900**	**77 700**	**78 400**
Familles de personnes âgées[2]	51 600	52 300	52 100	53 000	55 100
Couples mariés seulement	50 700	50 700	51 100	52 800	53 400
Ensemble des autres familles de personnes âgées	55 100	58 300	55 800	53 900	61 700
Familles autres que celles de personnes âgées[3]	80 700	80 300	79 900	82 000	82 400
Couples mariés seulement	77 900	76 400	74 300	75 100	77 800
Aucune personne ne gagnant un revenu	40 800	37 400	35 600	35 300	35 600
Une personne gagnant un revenu	63 900	58 400	59 200	62 700	64 900
Deux personnes gagnant un revenu	87 700	87 700	84 000	83 700	87 300
Familles biparentales avec enfants[4]	87 500	88 100	89 100	92 400	89 500
Aucune personne ne gagnant un revenu	25 300	25 600	23 400	24 800	21 500
Une personne gagnant un revenu	64 400	68 100	69 900	67 600	64 200
Deux personnes gagnant un revenu	88 600	88 800	89 300	92 500	90 900
Trois personnes ou plus gagnant un revenu	109 900	107 400	108 800	115 200	111 200

Note : Le revenu moyen total est le revenu de toute provenance (y compris les transferts gouvernementaux) avant déduction des impôts fédéral et provincial. Le revenu total est aussi appelé revenu avant impôt (mais avant les transferts).

1. Une famille économique est un groupe de personnes qui partagent le même logement et qui sont apparentées par le sang, par alliance (y compris les unions libres) ou par adoption.

2. Familles dans lesquelles le soutien économique principal est âgé de 65 ans et plus.

3. Familles dans lesquelles le soutien économique principal est âgé de moins de 65 ans.

4. Familles avec enfants âgés de moins de 18 ans.

	2001	2002	2003	2004	2005
	en dollars constants de 2005				
Couples mariés avec d'autres personnes apparentées	105 900	105 100	105 300	108 100	113 700
Familles monoparentales[4]	39 200	37 400	38 200	38 200	44 500
Familles monoparentales ayant un homme à leur tête	53 000	53 300	57 700	53 800	64 200
Familles monoparentales ayant une femme à leur tête	36 300	33 600	33 800	34 700	40 100
Aucune personne ne gagnant un revenu	17 600	16 800	16 600	17 900	17 800
Une personne gagnant un revenu	36 100	34 000	33 400	34 800	41 300
Deux personnes gagnant un revenu	58 200	50 800	53 300	50 600	53 000
Ensemble des autres familles que celles de personnes âgées	67 500	69 300	64 000	67 300	65 500
Personnes seules	**30 800**	**31 400**	**32 000**	**31 800**	**32 300**
Hommes âgés	29 800	29 500	30 800	30 200	31 200
Hommes ne gagnant aucun revenu	27 900	26 800	27 000	28 100	26 800
Hommes gagnant un revenu	40 900	41 200	44 300	38 300	48 600
Femmes âgées	25 500	26 000	25 800	26 900	25 900
Femmes ne gagnant aucun revenu	24 300	25 400	24 900	25 700	24 800
Femmes gagnant un revenu	40 200	33 300	33 200	36 800	36 500
Autres hommes que des hommes âgés	35 100	35 300	36 300	35 400	36 800
Hommes ne gagnant aucun revenu	12 400	12 200	12 900	12 500	12 900
Hommes gagnant un revenu	39 500	40 100	41 200	39 800	42 000
Autres femmes que des femmes âgées	28 300	29 800	30 100	30 000	29 800
Femmes ne gagnant aucun revenu	12 600	12 500	13 500	13 400	15 200
Femmes gagnant un revenu	33 500	35 200	34 900	35 000	33 700

4. Familles avec enfants âgés de moins de 18 ans.

Source : Statistique Canada, CANSIM, tableau (payant) 202-0403 et produit n⁰ 75-202-XIF au catalogue.

Dernières modifications apportées : 01-05-2007.

ANNEXE

LISTE DE CONTRÔLE
EN DROIT FAMILIAL

LE CONTRAT
DE VIE COMMUNE*

INTRODUCTION

Cette liste a pour objectif de servir d'aide-mémoire dans la rédaction d'un contrat de vie commune. Elle doit être lue avec la liste de contrôle L'ENTREVUE EN MATIÈRE FAMILIALE.

Si vous désirez inclure des clauses relatives à la séparation de biens, vous pouvez vous référer à la liste de contrôle LA CONVENTION SUR LES MESURES ACCESSOIRES.

Les items suggérés doivent être adaptés aux circonstances particulières de chaque dossier. Il peut aussi être pertinent, eu égard aux faits d'une cause en particulier, de traiter d'autres questions que celles abordées dans la liste de contrôle ci-dessous.

---

* Cette liste a été conçue pour les avocats, il est recommandé à ceux qui ne sont pas juristes de consulter un avocat pour la rédaction d'un contrat de vie commune. Elle est reproduite avec l'autorisation du Comité de l'inspection professionnelle du Barreau du Québec, en ligne <www.barreau.qc.ca/avocats/listes-registres/familial/ index.html>.

CLAUSES À PRENDRE EN CONSIDÉRATION	NOTES

TABLE DES MATIÈRES

1. La date du contrat

2. La désignation des parties

3. Le préambule du contrat

4. Le champ d'application

5. Le partage des responsabilités financières reliées aux charges de la famille durant la vie commune

6. La propriété des biens et/ou mode de partage advenant séparation

7. L'assurance-vie

8. L'entretien des conjoints advenant cessation de la vie commune

9. Les clauses en cas de décès

10. Les clauses générales

11. Les déclarations des parties

12. Les Annexes

LISTE DE CONTRÔLE

1. LA DATE DU CONTRAT

1.1 La date qui apparaît sur le contrat doit être celle à laquelle les parties le signent.

1.2 Si les parties désirent faire rétroagir les effets de leur contrat ou une clause de celui-ci, elles doivent en faire spécifiquement mention. En aucun cas, la date qui apparaît au contrat doit-elle être autre que celle à laquelle il est réellement signé. Indiquer toute autre date pourrait avoir pour effet de tromper le tribunal ou les autorités fiscales.

2. LA DÉSIGNATION DES PARTIES

2.1 Désignation de chaque partie, son titre d'emploi et son adresse complète.

CLAUSES À PRENDRE EN CONSIDÉRATION	NOTES

3. LE PRÉAMBULE DU CONTRAT

3.1 L'objectif du préambule est de donner la vision la plus exacte possible de la situation des parties.

3.2 État matrimonial de chaque partie : ex. : divorcé, veuf, ...

3.3 Titre d'emploi de chaque partie.

3.4 Déclarations de chaque partie quant à l'ensemble de leurs revenus de toutes sources.

3.5 Déclaration de chaque partie selon laquelle elle a dévoilé l'ensemble de sa situation financière aux annexes jointes au présent contrat, lesquelles indiquent de façon détaillée l'actif et le passif de chaque partie.

    3.5.1 Clause spécifique dénonçant la valeur totale de l'actif et du passif de chaque partie.

3.6 Enfants :

    3.6.1 Nom, date de naissance des enfants nés du concubinage des parties (le cas échéant).

    3.6.2 Date prévue d'un accouchement si une grossesse est en cours.

    3.6.3 Nom, date de naissance des enfants nés d'unions précédentes pour chaque partie.

    3.6.4 Date du début de la vie commune.

4. LE CHAMP D'APPLICATION

4.1 Déclaration selon laquelle le préambule fait partie intégrante du contrat.

4.2 Intention des parties quant au présent.

    4.2.1 Application advenant séparation uniquement.

    4.2.2 Application durant la vie commune et advenant séparation.

    4.2.3 Application advenant que les parties aient des enfants uniquement.

CLAUSES À PRENDRE EN CONSIDÉRATION	NOTES
4.2.4 Application selon un ou plusieurs des scénarios susmentionnés.	
4.2.5 Identification des lois qui s'appliquent aux parties et au contrat.	

5. LE PARTAGE DES RESPONSABILITÉS FINANCIÈRES RELIÉES AUX CHARGES DE LA FAMILLE DURANT LA VIE COMMUNE

5.1   Intention des parties quant à l'assumation des charges de la famille :

5.1.1 Au prorata de leurs revenus.

5.1.2 À chacune pour moitié.

5.1.3 En départageant les postes de dépenses entre elles.

5.1.4 Possibilité pour une partie de s'acquitter de son obligation par sa contribution au foyer.

5.1.5 Suspension de l'obligation d'une partie de contribuer aux charges de la famille, advenant son retrait du travail dû à la naissance et/ou la prise en charge d'un enfant des parties.

5.1.6 Suspension de l'obligation d'une partie de contribuer aux charges de la famille, advenant absence de revenus due à la maladie ou à un accident.

5.1.7 Possibilité pour les parties de modifier par écrit ce partage des dépenses sans nécessité de revoir l'ensemble du présent contrat.

6. LA PROPRIÉTÉ DES BIENS ET/OU MODE DE PARTAGE ADVENANT SÉPARATION

Les parties peuvent décider de se soumettre aux règles du patrimoine familial ou aux règles de l'un des régimes matrimoniaux prévus au C.c.Q. Dans ces cas, les clauses feront référence aux dispositions pertinentes de la Loi afin d'incorporer, par référence, les dispositions pertinentes. Par contre, elles peuvent préférer faire du cas par cas avec cha-

CLAUSES À PRENDRE EN CONSIDÉRATION	NOTES
cune des catégories de biens. Il est important de particulariser pour chaque dossier.	

6.1   Intention des parties de se soumettre aux règles du patrimoine familial et référence aux dispositions de la Loi.

    6.1.1   Clause indiquant si les parties désirent exclure une ou des catégories de biens spécifiques de ces règles.

    6.1.2   Indiquer si les parties adoptent l'ensemble des règles applicables au patrimoine familial (ex. : remploi, exclusion des biens acquis par héritage ou donation... etc.).

    6.1.3   Prévoir un mode de compensation pour la valeur des régimes de retraite des parties et de leurs R.E.E.R. (si non partageable en nature ou par voie de roulement) advenant rupture.

6.2   Intention des parties de se soumettre, par référence, aux règles applicables à l'un des régimes matrimoniaux.

    6.2.1   Indiquer si les parties désirent exclure certains biens de ces règles.

    6.2.2   Indiquer si les parties adoptent l'ensemble des règles applicables audit régime choisi par référence, (ex : remploi, exclusion des biens acquis par héritage ou donation... etc.)

    6.2.3   Rappel aux parties de la nécessité de rédiger leurs contrats d'acquisition conformément aux règles qu'elles adoptent (relation avec les tierces parties) ;

    6.2.4   Obligation de chaque partie relativement aux frais d'acquisition, d'entretien et de réparation.

    6.2.5   Prévoir un mode de compensation pour la valeur des régimes de retraite des parties et de leur R.E.E.R. (si non partageable en nature ou par voie de roulement) advenant rupture.

CLAUSES À PRENDRE EN CONSIDÉRATION	NOTES

6.3 S'il s'agit d'un dossier où il est plus approprié de traiter de chaque bien ou catégorie de biens séparément, se référer aux exemples qui suivent en faisant les adaptations nécessaires.

    6.3.1 Chaque conjoint demeurera seul propriétaire de la totalité ou d'une partie des biens acquis avant la vie commune des parties et les énumérer.

    6.3.2 Certains biens de l'un ou l'autre conjoint deviendront la propriété commune des deux conjoints et les énumérer (s'il y a lieu, spécifier à quelles conditions).

    6.3.3 Clause indiquant l'intention des parties quant à l'acquisition de nouveaux biens, notamment la totalité ou une partie des biens acquis durant la vie commune seront la propriété d'un seul ou des deux conjoints (indiquez la façon dont cette intention se traduira, par exemple, l'inscription des deux noms sur le titre d'acquisition du bien). Cette clause peut être une règle s'appliquant à toutes les acquisitions futures des parties ou ne s'appliquant qu'à certains biens. Cette clause peut prévoir des obligations relatives au prix d'acquisition, au remboursement de prêts hypothécaires, à l'entretien, aux réparations et autres frais afférents. Cette clause peut prévoir l'obligation de contribuer à l'entretien et au coût de l'assurance des biens communs des conjoints, de même que des restrictions au droit d'aliéner ou de grever ces biens.

    6.3.4 Les autres biens immobiliers seront la propriété de l'un ou l'autre conjoint ou des deux ; s'il s'agit d'une copropriété indivise, prévoir la proportion de la part de chacun et comment.

    6.3.5 Si un conjoint acquiert de l'autre une part d'un bien immobilier, prendre en considérations les incidences fiscales.

    6.3.6 Le partage des obligations relatives aux remboursements de prêts hypothécaires, à l'entretien, aux réparations et aux autres frais afférents.

CLAUSES À PRENDRE EN CONSIDÉRATION	NOTES
6.3.7 L'interdiction aux conjoints de grever le bien immobilier d'une charge ou de le donner en garantie.	
6.4 Clause prévoyant les règles s'appliquant aux véhicules automobiles.	
6.4.1 Chacun des conjoints sera propriétaire de son propre véhicule automobile.	
6.4.2 Le/les véhicule(s) seront détenus en copropriété indivise.	
6.4.3 Le partage des obligations relatives aux paiements, au coût de l'assurance, de l'essence, de l'entretien et des réparations.	
6.5 Clause prévoyant les règles applicables aux autres biens y compris les meubles meublants.	
6.6 Le cas échéant, clause énumérant clairement les biens qui feront l'objet d'une exclusion totale de quelque partage.	
6.7 Clause générale quant aux dettes et le partage de leurs responsabilités.	
6.7.1 Sous réserve de celles qui sont conjointes, les dettes seront assumées par la partie qui les a encourues.	
6.7.2 Clause prévoyant la compensation ou le remboursement pour une partie qui aurait assumé les dettes de son conjoint.	
6.8 Clause spécifique aux véhicules de retraite et REER.	
6.8.1 Demeureront la propriété exclusive du conjoint au nom duquel ils sont souscrits.	
6.8.2 La valeur des régimes sera partageable (tenir compte de l'impact fiscal).	
6.8.3 Définir s'il y aura compensation en cas de rupture.	
6.8.4 Engagement de l'un des conjoints d'investir dans le R.E.E.R. de son conjoint.	

CLAUSES À PRENDRE EN CONSIDÉRATION	NOTES

6.9 Clause relative aux gains inscrits auprès de la Régie des rentes du Québec.

    6.9.1 Clause prévoyant qu'il n'y aura aucun partage.

    6.9.2 Engagement des conjoints de consentir, en cas de séparation, au partage des gains inscrits pendant la vie commune auprès de la Régie des rentes du Québec et de signer tous documents nécessaires pour ce faire ;

    6.9.3 Conséquences en cas de refus.

    6.9.4 Certains biens ou catégories de biens qui appartiendront aux deux conjoints de façon indivise.

6.10 Clause applicable à tout autre bien non prévu au présent contrat :

    6.10.1 Le bien que l'une ou l'autre des parties ne pourra prouver lui appartenir en propre sera présumé appartenir aux deux indivisément.

    6.10.2 Les biens seront la propriété exclusive du conjoint au nom de qui ils sont souscrits ou l'intention quant à la copropriété doit se traduire par la publication de ces biens aux deux noms.

7.   L'ASSURANCE-VIE

7.1 Tant que durera la vie commune, chacun des conjoints (ou l'un d'eux) devra maintenir en vigueur une police d'assurance-vie dont l'autre est le bénéficiaire, et ce jusqu'à la survenance d'un événement déterminé (par exemple l'autonomie financière de tous les enfants).

7.2 Déterminez le montant minimal de la police et la prime maximale que les parties sont prêtes à assumer.

7.3 Chacun des conjoints désignera l'autre (ou les enfants) à titre de bénéficiaire de la police d'assurance jusqu'à la survenance d'un événement déterminé (par exemple, l'autonomie financière des enfants).

CLAUSES À PRENDRE EN CONSIDÉRATION	NOTES
7.4 Les parties conviennent de ne pas emprunter sur la valeur de rachat de la police d'assurance tant que durera la vie commune.	
7.5 Conséquences du non-respect du maintien de l'assurance-vie.	
7.6 Clause prévoyant que l'obligation quant aux assurances-vie n'est qu'une obligation de moyens et deviendra caduque en cas d'impossibilité de contracter de l'assurance-vie pour quelque motif que ce soit qui ne soit pas relié au conjoint (ex. : conjoint non assurable advenant maladie).	
8. L'ENTRETIEN DES CONJOINTS ADVENANT CESSATION DE LA VIE COMMUNE	
8.1 Clause prévoyant l'obligation d'entretenir l'autre conjoint advenant cessation de la vie commune (il n'existe aucune obligation alimentaire entre conjoints de fait).	
8.2 Indiquer si cette obligation est conditionnelle à la survenance de certains événements spécifiques (ex. : retrait du travail dû aux enfants).	
8.3 Indiquer si les parties désirent une durée spécifique à cette obligation ou prévoir les circonstances dans lesquelles l'obligation d'entretien prendra fin (par exemple, la fin des études, la séparation, lorsque les revenus des conjoints seront équivalents, un certain nombre d'années).	
8.4 Indiquer la manière de remplir cette obligation (par exemple, fournir la résidence, faire des paiements mensuels, constituer une fiducie, acheter une rente viagère, verser une pension alimentaire).	
8.5 Clause prévoyant qu'en l'absence d'entente entre elles, elles s'en remettent aux critères applicables entre époux en matière d'obligation alimentaire.	
8.6 Indiquer aux parties, qu'en l'absence de mention EXPRESSE, cette obligation n'existe pas entre eux.	

CLAUSES À PRENDRE EN CONSIDÉRATION	NOTES

9. LES CLAUSES EN CAS DE DÉCÈS

9.1 Sous réserve des lois applicables, engagement de chaque conjoint de désigner l'autre à titre de bénéficiaire de toute prestation de conjoint survivant au titre d'un régime de retraite ou d'une rente viagère (tant que durera la vie commune).

10. LES CLAUSES GÉNÉRALES

10.1 Conséquences d'une séparation. (Voir la liste de contrôle La convention sur les mesures accessoires).

10.2 Clause prévoyant le mode de résolution d'un litige entre les conjoints, quant au contrat ou à son interprétation.

10.3 Aucune quittance ou modification du contrat sauf du consentement écrit des parties.

11. LES DÉCLARATIONS DES PARTIES

11.1 Déclaration selon laquelle chaque partie a été informée de ses droits et a bénéficié d'un avis juridique indépendant ou, selon laquelle, après avoir été informée de ses droits, a choisi de ne pas requérir d'avis juridique indépendant.

11.2 Déclaration selon laquelle chaque partie a signé le contrat volontairement, sans avoir subi de pression ou d'influence indue.

11.3 Déclaration selon laquelle le contrat représente la volonté complète des parties sur toutes les questions qui y sont traitées et que toute modification au contrat doit être écrite et signée par les parties.

11.4 Déclaration des parties selon laquelle le contrat fera l'objet d'une révision dans un délai déterminé ou à la naissance d'un enfant, mais que le défaut de réviser le contrat n'en modifiera pas la portée.

CLAUSES À PRENDRE EN CONSIDÉRATION	NOTES

12. LES ANNEXES

Liste des biens dont sont propriétaires chacune des parties au moment de la signature du contrat en indiquant la source de l'évaluation de chaque bien :

12.1 Liste et valeur de chacun des items de l'actif de chaque partie y compris les biens détenus en indivision.

12.2 Liste et valeur des dettes de chaque partie y compris les dettes communes (indiquer la date du relevé).

12.3 Déclaration par chaque conjoint qu'il reconnaît que les biens indiqués demeureront sa propriété exclusive (le cas échéant).

12.4 Déclaration par chaque conjoint qu'il reconnaît que les valeurs indiquées correspondent à la valeur desdits biens.

Initialement traduit par Me Josée Payette.

Adaptation juridique et mise à jour en avril 2004 par Me Marie Christine Kirouack.

Cette liste de contrôle est une adaptation autorisée de *Practice Checklists Manual* publié par la Law Society of British Columbia. Aux fins de comparaison, veuillez vous référer au site Internet <www.lawsociety.bc.ca>.

Le Barreau du Québec est propriétaire de tous les droits d'auteur dans cette traduction, adresse Internet : <www.barreau.qc.ca>.

BIBLIOGRAPHIE

Monographies et recueils

BARRY, F., *Le travail de la femme au Québec : l'évolution de 1940 à 1970*, Montréal, Les Presses de l'Université du Québec, 1977.

BARTLETT, K.T. et R. KENNEDY (éd.), *Feminist Legal Theory*, Boulder, Westview, 1991.

BEAUGÉ, G., « Le rôle du juge dans une société balisée par les droits fondamentaux », dans M.-C. BELLEAU et F. LACASSE (dir.), *Claire L'Heureux-Dubé à la Cour suprême du Canada 1987-2002*, Montréal, Wilson & Lafleur, 2004.

BOIVIN M., « Le besoin urgent d'un nouveau cadre conceptuel en matière de droits à l'égalité », dans M.-C. BELLEAU et F. LACASSE (dir.), *Claire L'Heureux-Dubé à la Cour suprême du Canada 1987-2002*, Montréal, Wilson & Lafleur, 2004.

BOURDIEU, P., *La domination masculine*, Paris, Éditions du Seuil, 1998.

BOURDIEU, P., *Raisons pratiques*, Paris, Éditions du Seuil, 1994.

BUTLER, J., *Bodies that Matter : On the discursive limits of "sex"*, New York, Routledge London, 1993.

CARBONE, J., *From Partners to Parents : The Second Revolution in Family Law*, New York, Columbia, 2000.

CÔTÉ, P.-A., *Interprétation des lois*, 2e éd., Cowansville, Éditions Yvon Blais, 1990.

COUET, J.-F. et A. DAVIE, *Dictionnaire de l'essentiel en sociologie*, 3e éd., Paris, Éditions Liris, 2002.

CROSS, S.D., « La majorité oubliée : le rôle des femmes à Montréal au XIXe siècle », dans M. LAVIGNE et Y. PINARD, *Les femmes dans la société québécoise, aspects historiques,* Montréal, Boréal Express, 1977.

D.-CASTELLI, M. et D. GOUBAU, *Le droit de la famille au Québec*, 5ᵉ éd., Québec, Les Presses de l'Université Laval, 2005.

DAVIES, M., *Asking the Law Question*, Sydney, Law Book, 1994.

DELEURY, É. et M. CANO, « Le concubinage au Québec et dans l'ensemble du Canada », dans J. RUBELLIN-DEVICHI (dir.), *Des concubinages dans le monde*, Paris, Éditions du C.N.R.S., 1990.

DRAPEAU, M., « Séparation de corps et divorce : aspects généraux du traitement du litige conjugal », dans École du Barreau du Québec, Collection de droit 2006-2007, vol. 3, *Personnes, famille et successions*, titre II, chapitre I, Cowansville, Éditions Yvon Blais, p. 92.

DUMONT, M. et M. JEAN, M. LAVIGNE, J. STODDART, *L'histoire des femmes du Québec depuis quatre siècles*, Montréal, Les Quinze, 1982.

DURKHEIM, E., « L'année sociologique », 1896, extrait de J.F. COUET et A. DAVIE, *Dictionnaire de l'essentiel en sociologie*, 3ᵉ éd., Paris, Éditions Liris, 2002.

FINEMAN, M., *The Neutered Mother, the Sexual Family and Other Twentieth Century Tragedies*, New York, Routledge, 1995.

FORGET CASGRAIN, T., *Une femme chez les hommes*, Montréal, Éditions du Jour, 1971.

GAGNON, M.-J., *Les femmes vues par le Québec des hommes : 30 ans d'histoire des idéologies, 1940-1970*, Montréal, Éditions du Jour, 1974.

GALSTON, W.A., *Liberal Purposes : Goods, Virtues and Diversity in the Liberal State*, Cambridge, Cambridge University Press, 1991.

GÉRIN-LAJOIE, M., *Traité de droit usuel*, Montréal, Beauchemin, 1910.

GILLIGAN, C., *In a Different Voice*, Cambridge, Harvard University Press, 1982.

GRAYCAR, R. et J. MORGAN (éd.), *The Hidden Gender of Law*, 2nd edition, Sydney, Federation Press, 2002.

HARRINGTON, M., *Care and Equality : Inventing a New Family Politics*, New York, Routledge, 2000.

HOLLAND, W.H. et B.E. STALBECKER-POUNTNEY (dir.), *Cohabitation : The law in Canada*, Toronto, Carswell, 1990, mise à jour 2006.

JAGGAR, A., « The Politics of Liberal Feminism », dans *Feminist Politics and Human Nature*, New Jersey, Totowa, 1983.

JOHNSON, E.L., *Family Law*, London, Sweet & Maxwell, 1955.

LAMER, A., « Le rôle du juge au XXe siècle », dans *La transparence dans le système judiciaire*, Institut canadien d'administration de la justice, Éditions Thémis, 1994.

LAVIGNE, M., « Lobby des femmes et promotion des droits », dans H. DUMONT (dir.), Les Journées Maximilien-Caron 1991, *Femmes et droit, 50 ans de vie commune... et tout un avenir*, Montréal, Éditions Thémis, 1993.

LAVIGNE, M. et Y. PINARD, D.S. CROSS, *Travailleuses et féministes : les femmes dans la société québécoise*, Montréal, Boréal Express, 1983.

LAVIGNE, M. et J. STODDART, *Analyse du travail féminin à Montréal entre les deux guerres*, Thèse (M.A.), Montréal, Université du Québec, 1973.

LE PETIT LAROUSSE, édition 2000.

LORDE, A., « A Race, Class and Sex : Women Redefining Difference », dans *Sister Outsider*, Trumansburg, New York, Crossing Press, 1984.

MacKINNON, C.A., *Feminism Unmodified*, Cambridge, Harvard University Press, 1987.

MacKINNON, C.A., « Feminism, Marxism, Method and the State – Toward Feminist Jurisprudence », dans S. HARDING (éd.), *Feminism and Methodology*, Bloomington, Indiana Press, 1987.

MacKINNON, C.A., *Only Words*, Cambridge, Harvard University Press, 1993.

MacKINNON, C.A., *Toward a Feminist Theory of the State*, Cambridge, Harvard University Press, 1989.

MAILHOT, L., « L'histoire des femmes dans le droit et dans la magistrature d'ici : les pionnières », dans H. DUMONT (dir.), Les Journées Maximilien-Caron 1991, *Femmes et droit, 50 ans de vie commune... et tout un avenir*, Montréal, Éditions Thémis, 1993.

MEULDERS-KLEIN, M.-T., « Famille, État et sécurité économique d'existence dans la tourmente », dans M.T. MEULDERS-KLEIN et J. EEKELAAR (dir.), *Famille, État et sécurité économique d'existence*, vol. II, Bruxelles, Story-Scientia, 1988.

MINOW, M., *Making all the Difference*, Ithaca, Cornell University Press, 1990.

MOLLER OKIN, S., *Justice, Gender and the Family*, New York, Basic Books, 1989.

MONET CHARTRAND, S., *Ma vie comme rivière*, Montréal, Éditions du Remue-ménage, 1981-1992.

MOSSMAN, M.J., *Families and the Law in Canada : Cases and Commentary*, Toronto, Emond-Montgomery, 2004.

NEDELSKY, J., « Citizenship and Relational Feminism », dans R. BEINER et W. NORMAN, *Canadian Political Philosophy*, Oxford and New York, Oxford University Press, 2001.

NUSSBAUM, M., *Women and Human Development : the Capabilities Approach*, New York and Cambridge, Cambridge University Press, 2000.

RIVET, M., « Quelques notes sur la réforme du droit de la famille », dans A. POUPART (dir.), *Les enjeux de la réforme du Code civil*, Faculté de l'éducation permanente, Université de Montréal, 1979, p. 296.

ROBSON, R., *Shappo Goes to Law School*, New York, Columbia University Press, 1998.

ROY, A., *Le contrat de mariage réinventé, perspectives socio-juridiques pour une réforme*, Montréal, Éditions Thémis, 2002.

SEDGWICK, E., *Epistemology of the Closet*, New York, Penguin, 1994.

SENÉCAL, J.-P. et autres, *Droit de la famille québécois*, Farnham, Publications CCH et FM, 1985, mis à jour 2006.

SHARPE, A., *Transgender Jurisprudence : Dysphoric Bodies of Law*, London & Sydney, Cavendish Publishing, 2002.

SMART, C., *Feminism and the Power of Law*, New York and London, Routledge, 1989.

STROSSEN, N., « A Feminist Critique of "The" Feminist Critique of Pornography », dans K. WEISBERG (éd.), *Application of Feminist Legal Theory to Women's Lives : Sex, Violence, Work, and Reproduction*, Philadelphia, Temple University Press, 1996.

STYCHIN, C., *Law's Desires : Sexuality and the Limits of Justice*, London and New York, Routledge, 1995.

TÉTRAULT, M., *Droit de la famille*, 3ᵉ éd., Cowansville, Éditions Yvon Blais, 2005.

THÉRY, I., *Le Démariage*, Paris, Éditions Odile Jacob, 2001.

THÉRY, I., « Couple et filiation aujourd'hui », dans MINISTÈRE DE LA JUSTICE DE FRANCE, *Actes du colloque de Paris 2000, Quel droit, pour quelles familles ?*, Paris, La Documentation française, 2001.

THIBAULT, F., « Le juge : être de dialogue », dans M.-C. BELLEAU et F. LACASSE (dir.), *Claire L'Heureux-Dubé à la Cour suprême du Canada 1987-2002*, Montréal, Wilson & Lafleur, 2004.

TRUDEL, G. et R. DESROSIERS DE LANAUZE, *Code civil du Québec : Comparé et coordonné au Code civil du Bas-Canada*, Livre II, De la Famille, Montréal, Société québécoise d'information juridique, 1981.

VIAU, L., « L'inhabilité à témoigner du conjoint de l'accusé et le privilège marital consacré par l'article 4 de la *Loi sur la preuve du Canada* en regard de l'article 15 de la *Charte canadienne des droits et libertés* », dans M.-C. BELLEAU et F. LACASSE (dir.), *Claire L'Heureux-Dubé à la Cour suprême du Canada 1987-2002*, Montréal, Wilson & Lafleur, 2004.

VICH-Y-LLADO, D., *La désunion libre*, Paris, Éditions L'Harmattan, collection Logiques juridiques, tome I et tome II, 2001.

WEITZMAN, L.J., *The Divorce Revolution : The Unexpected Social and Economic Consequences for Women in America*, New York, Free Press, Collier Macmillan, 1985.

WEST, R.L., *At the Boundaries of Law : Feminism and Legal Theory*, New York, Routledge, 1991.

WEST, R.L., *Caring for Justice*, New York, New York University Press, 1997.

WU, Z., *Cohabitation : An Alternative Form of Family Living*, Don Mills, Ontario, Oxford University Press, 2000.

YOUNG, M., *Intersecting Voices*, New Jersey, Princeton University Press, 1997.

Articles de revues spécialisées

ABELLA, R.S., « Economic Adjustment On Marriage Breakdown : Support », (1981) 4 *Fam. L. Rev.* 1.

BARRON, A., « Feminism, Aestheticism and the Limits of Law »,
(2000) 8 *Feminist Legal Studies* 275.

BARTLETT, K.T., « Feminist Legal Methods », (1990) 103 *Harv. L.
Rev.* 829.

BECKER, M., « Care and Feminists », (2002) 17 *Wisconsin Women's
Law Journal* 57.

BELLEAU, M.-C., « Les théories féministes : droit et différence
sexuelle », (2000) 4 *RTD civ.* 1.

BELZILE, V., « Recours entre conjoints de fait : enrichissement injustifié et action *de in rem verso* », dans Service de formation permanente, Barreau du Québec, *Congrès annuel du Barreau du
Québec 1998*, Cowansville, Éditions Yvon Blais, 1998, p. 381.

CHARLESWORTH, H., « Feminist Methods in International Law »,
(1999) 93 *American Journal of International Law* 379.

CIPRIANI, L., « La justice matrimoniale à l'heure du féminisme :
analyse critique de la jurisprudence québécoise sur la prestation compensatoire, 1983-1991 », (1995) 36 *C. de D.* 209.

COSSMAN, B., « Turning the Gaze Back on Itself : Comparative Law,
Feminist Legal Studies, and Post-colonial Project », (1997) 2
Utah Law Review Society 525.

CRENSHAW, K., « Mapping the Margins : Intersectionality, Identity
Politics, and Violence against Women of Color », (1991) 43 *Stanford Law Review* 1241.

DRAKOPOULOU, M., « The Éthic of Care, Female Subjectivity and
Feminist Legal Scholarship », (2000) 8 *Feminist Legal Studies*
199.

DRAPEAU, M., « Recours intenté par un conjoint de fait : lorsque les
condamnations recherchées prennent leur source dans la vie
commune des parties elles peuvent être réunies dans une même
procédure », dans *Collection du juriste*, Farnham, Publications
CCH / FM, janvier 2004, p. 4.

DUBOIS, E.C., M.C. DUNLAP, C.J. GILLIGAN, C.A. MACKINNON
et C.J. MENKEL-MEADOW, « Feminist Discourse, Moral
Values, and the Law – A Conversation », (1985) 34 *Buffalo Law
Review, James McCormick Mitchell Lecture* 39.

DUCLOS, N., « Lessons of difference : Feminist Theory on Cultural
Diversity », (1990) 38 *Buffalo Law Review* 325.

FRÉCHETTE, L., « Commentaire sur la décision *L. (L.) c. J. (È.)* – Le respect, par le mandataire du majeur protégé, des obligations alimentaires naturelles auxquelles le mandant s'était moralement engagé », dans *Repères*, EYB2005REP309.

GOODRICH, P., « Barron's Complaint : A Response to "Feminism, Aestheticism and the Limits of Law" », (2001) 9 *Feminist Legal Studies* 149.

GOUBAU, D., « La Cour suprême accorde la propriété de la maison familiale à une conjointe de fait pour services rendus pendant la cohabitation », dans Jean-Pierre SENÉCAL, *Droit de la famille québécois*, Cowansville, Éditions Yvon Blais, bulletin n° 97, mai 1993.

GOUBAU, D., « Le *Code civil du Québec* et les concubins : un mariage discret », (1995) 74 *R. du B. can.* 474.

GOUBAU, D., « Ça fait une différence! Mariés ou conjoints de fait ? », dans *Collection du juriste*, Farnham, Publications CCH / FM, vol. 5 n° 2, février 2003, p. 4.

GOUBAU, D., G. OTIS et D. ROBITAILLE, « La spécificité patrimoniale de l'union de fait : le libre choix et ses dommages collatéraux », (2003) 44 *C. de D.* 3.

GUY, M., « Les accords entre concubins et entre époux après la loi 89 », (1981) *C.P. du N.* 157.

HARRIS, A.P., « Race and Essentialism in Feminist Legal Theory », (1990) 42 *Stanford Law Review* 581.

HIGGINS, T., « Reviving the Public/Private Distinction in Feminist Theorizing », (2000) 75 *Chicago-Kent Law Review* 847.

HOLLAND, W.H., « Has the Time Come to Bridge the Gap ? », dans *Special Lectures of the Law Society of Upper Canada*, Toronto, Carswell, 1994, p. 369.

HUET-WEILLER, D., « La cohabitation sans mariage », (1981) *The American Journal of Comparative Law*, vol. XXIX, n° 2, 247.

LASALLE, R., « Les conjoints de fait et la résidence familiale », dans Service de la formation permanente, Barreau du Québec, *Développements récents sur l'union de fait (2000)*, Cowansville, Éditions Yvon Blais, EYB2000DEV189.

LASALLE, R., « Les conjoints de fait et le droit d'usage de la résidence familiale », dans Service de la formation permanente, Barreau du Québec, *Congrès annuel du Barreau du Québec 1997*, Cowansville, Éditions Yvon Blais, 1997, p. 34.

LÉGARÉ, M., « Libéralisation des donations entre vifs entre concubins », (1977) 79 *R. du N.* 278.

L'HEUREUX-DUBÉ, C., « Making Equality Work in Family Law », (1997) 14 *Rev. can. dr. fam.* 103.

MACKINNON, C.A., « Points Against Postmodernism », (2000) 75 *Chicago-Kent Law Review* 687.

MATSUDA, M., « When the First Quail Calls : Multiple Consciousness as Jurisprudential Method », (1989) 11 *Women's Rights Law Journal* 7.

MINOW, M., « Feminist Reason : Getting it and Losing it », (1988) 38 *Journal of Legal Education* 47.

MINOW, M., « Interpreting Rights : An Essay for Robert Cover », (1987) 96 *Yale Law Journal* 1860.

MUNRO, V.E., « Legal Feminism and Foucault : A Critique of the expulsion of the Law », (2001) 28(4) *Journal of Law and Society* 546.

NAFFINE, N., « In Praise of Legal Feminism », (2002) 22 *Legal Studies* 71, 101.

PRÉMONT, C.P., « Enrichissement injustifié : la Cour d'appel en précise les conditions d'application dans le cadre d'une union de fait », dans *Collection du juriste*, Farnham, Publications CCH/FM, août 2003, p. 3.

PRÉMONT, C.P. et M. BERNIER, « Un engagement distinct qui engendre des conséquences distinctes », dans Service de la formation permanente, Barreau du Québec, *Développements récents sur l'union de fait*, vol. 140, Cowansville, Éditions Yvon Blais, 2000, p. 1.

RAYLE, P., « La prestation compensatoire et la Cour d'appel, cinq ans plus tard », (1988) 48 *R. du B.* 225.

ROY, A., « La liberté contractuelle des conjoints de fait réaffirmée par la Cour d'appel... un avant-goût des jugements à venir », (2001) 103 *R. du N.* 447.

ROY, A., « L'encadrement législatif des rapports pécuniaires entre époux : un grand ménage s'impose pour les nouveaux ménages », (2000) 41 *C. de D.* 657.

ROY, A., « Partenariat civil et couples de même sexe : la réponse du Québec », (2001) 35(3) *Revue juridique Thémis* 663.

SHARPE, A., « Transgender Jurisprudence and the Spectre of Homosexuality », (2000) 14 *Australia Feminist Law Journal* 23-37.

SHEPPARD, C., « Caring in Human Relations and Legal Approaches to Equality », 2 *National Journal of Constitutional Law* 305.

SMART, C., « Stories of Family Life : Cohabitation, Marriage and Social Change », (2000) 17 *Canadian Journal of Family Law* 20.

TÉTRAULT, M., « De choses et d'autres en droit de la famille – Une revue de la jurisprudence marquante en 2004-2005 », dans Service de la formation permanente, Barreau du Québec, *Développements récents en droit familial 2005*, vol. 229, Cowansville, Éditions Yvon Blais, EYB2005DEV1060.

VAN PRAAGH, S., « Stories in Law School : An Essay on Language, Participation, And the Power of Legal Education », (1992) 2 *Columbia Journal of Gender and Law* 111.

VERDON, J., « Union de fait, de quel droit, au fait ? », dans Service de la formation permanente, Barreau du Québec, *Développements récents en droit familial (1998)*, Cowansville, Éditions Yvon Blais, p. 27.

WILLIAMS, W., « Equality's Riddle : Pregnancy and the Equal Treatment/Special Treatment Debate », (1984/85) 13 *New York University Review Law and Social Change* 325.

WISHIK, H.R., « To Question Everything : The Inquiries of Feminist Jurisprudence », (1985) 1 *Berkeley Women's Law Journal* 64.

YOUNG, A., « The Waste Land of the Law : The Wordless Song of the Rape Victim », (1998) 22 *Melbourne University Law Review* 442.

Sources Internet

ASSEMBLÉE NATIONALE DU QUÉBEC : <www.assnat.qc.ca/fra/patrimoine/femmes.htlm>.

BAILEY, M., « Le mariage et les unions libres », étude publiée sur le site de la Commission du droit du Canada, <www. cdc.gc.ca>, annexe C.

BARREAU DU QUÉBEC : Liste de contrôle en droit familial – Le contrat de vie commune : <www.barreau.qc.ca/avocats/listes-registres/familial/index.html>.

COMMISSION DU DROIT DU CANADA : « Au-delà de la conjugalité – La reconnaissance et le soutien des rapports de nature personnelle entre adultes », 2001, <www.cdc.gc.ca>.

CONSEIL DU STATUT DE LA FEMME, « Vers un nouveau contrat social pour l'égalité entre les femmes et les hommes », Avis, 2004, <www. csf.gouv.qc.ca>.

CONSEIL DU STATUT DE LA FEMME, « L'approche intégrée à l'égalité entre les femmes et les hommes (AIÉ) : une approche transversale dans l'administration publique », Recherche no 205-04-R, juin 2005, p. 7, <www.csf.gouv. qc.ca>.

PETERS, S., « Introduction », dans *How Families Cope and Why Policymakers Need To Know*, Ottawa, Réseaux canadiens de recherche en politiques publiques, 1998, traduit et cité par COMMISSION DU DROIT DU CANADA, *Au-delà de la conjugalité – La reconnaissance et le soutien des rapports de nature personnelle entre adultes*, 2001, <www.cdc.gc.ca>.

ROGERSON, C. et R. THOMPSON, « Lignes directrices facultatives en matière de pensions alimentaires pour époux – Ébauche d'une proposition », dans MINISTÈRE DE LA JUSTICE, Canada, janvier 2005, <http://canada.justice.gc.ca/fr/dept/pub/spousal/index.html>.

STATISTIQUE CANADA : <http:/www.statcan.ca>.

STATISTIQUE CANADA, *Le Quotidien*, « Mariage, maternité et rémunération : le choix du moment importe-t-il ? », 2 mai 2002, <www.statcan.ca/daily/ francais/020501/q020501a.htm>.

STATISTIQUE CANADA, *Le Quotidien*, « Tendances récentes de la fécondité canadienne et américaine », 3 juillet 2002, <www.statcan.ca/daily/francais/ 020703/q020703a.htm>.

STATISTIQUE CANADA, *Le Quotidien*, « Revenu familial – 2003 », 12 mai 2003, <www. statcan.ca/Daily/francais/050512/q050512a.html>.

STATISTIQUE CANADA, *Le Quotidien*, « Naissances – 2002 », 19 avril 2004, <www.statcan.ca/daily/francais/040419/q040419b.htm>.

UNESCO, <www.unesco.org/general/fre/legal/droits-hommes.shtml>.

Documents officiels

COMMISSION DES SERVICES JURIDIQUES, « Mémoire présenté à la Commission permanente de la justice sur le rapport de l'Office de révision du Code civil traitant de la réforme du droit de la famille », 21 février 1979.

CONSEIL DES AFFAIRES SOCIALES ET DE LA FAMILLE, Études et avis du Conseil des affaires sociales et de la famille au ministre des Affaires sociales, « La situation des familles québécoises », 1978.

CONSEIL DU STATUT DE LA FEMME, « Les partenaires en union libre et l'État », Gouvernement du Québec, Avis de juin 1991.

CONSEIL DU STATUT DE LA FEMME, « Mémoire présenté à la Commission parlementaire sur la réforme du droit de la famille », 20 février 1979.

CONSEIL DU STATUT DE LA FEMME, « Pour les Québécoises : égalité et indépendance », politique d'ensemble de la condition féminine, présentée à la ministre Lise Payette, le 20 septembre 1978.

GOUVERNEMENT DU QUÉBEC, Ministère de la Justice, Document présenté à la consultation par Herbert MARX, ministre de la Justice, et Monique GAGNON TREMBLAY, ministre déléguée à la Condition féminine, « Les droits économiques des conjoints », juin 1988.

GOUVERNEMENT DU QUÉBEC, Secrétariat à la famille, « Familles en tête », Plan d'action en matière de politique familiale 1989-1991.

MINISTÈRE DE LA FAMILLE, DES AÎNÉS ET DE LA CONDITION FÉMININE, « Un portrait statistique des familles au Québec », édition 2005, <www. mfacf.gouv.qc.ca/publications>.

MINISTRE DE LA JUSTICE DU QUÉBEC, « *Code civil du Québec*, Commentaires du ministre de la Justice », tome I, Les Publications du Québec, 1993.

OFFICE DE RÉVISION DU CODE CIVIL, Rapport sur le Code civil, Volume II, commentaires, tome I, livres 1 à 4, Éditeur officiel du Québec, 1977.

OFFICE DE RÉVISION DU CODE CIVIL, Comité du droit des personnes et de la famille, étude de Daniel DHAVERNAS, « Le « Common Law Marriage » définition et effets », juin 1969.

STATISTIQUE CANADA – DUMAS, J. et A. BÉLANGER (dir.), « Rapport sur l'état de la population au Canada, 1996 : La conjoncture démographique », n⁰ de catalogue 91-209-XPF, Ottawa, ministre de l'Industrie, 1997.

TABLE DE LA LÉGISLATION

Les chiffres font référence aux pages.

DROIT PRÉÉMINENT

Charte canadienne des droits et libertés, L.R.C. (1985),
App. II, nᵒ 44 . . . . 29, 62, 74
Art. 15 66
Art. 15(1). 17-18, 153-154

CANADA

Actes

Acte concernant le Code civil du Bas-Canada,
L.C. 1865, c. 41. . . . . 81, 110

Lois

*Loi concernant certaines conditions de fond du mariage
civil*, L.C. 2005, c. 33. . . . . 6, 109, 145

Loi sur le divorce, L.R.C. (1985), c. 3 (2ᵉ suppl.)
[L.R.C., c. D-3.4] 2, 47, 68, 88, 132, 154, 166, 172
Art. 15(7) (anc.) 95
Art. 15.2 47
Art. 15.2(3) 94
Art. 15.2(6) 95
Art. 17(4) 52
Art. 17(7) 95

Loi sur le Nunavut, L.C. 1993, c. 28
Art. 29(1) 78

Loi amendant la Loi sur le Nunavut, L.C. 1998, c. 15

Art. 4 78

QUÉBEC

Coutume de Paris 81

Code

Code civil du Bas-Canada, 1865, c. 41 . . . . 81, 90, 110

Art. 242 et s. 79

Art. 400-659 110

Art. 1266c)-1267d) 87

Code civil du Québec, 1980

Art. 441 90

Art. 559 . . . . 96, 99-100

Code civil du Québec, 1990

Art. 462.1-462.13. . . . . 27, 101

Code civil du Québec, L.Q. 1991, c. 64 . . . . 2, 47, 106, 113

Art. 15 107

Art. 32 139

Art. 33 139

Art. 115. 145

Art. 391 99

Art. 392 90

Art. 393 12

Art. 396 99

Art. 401-413 . . . . 104, 149, 163

Art. 403. 136

Art. 404. 136

Art. 407. 136

Art. 410, al. 2. 136

Art. 411-413 136

Art. 414-426 . . . . 27, 101-102

Art. 419. 137

Art. 420. 137

Art. 427-430 116

Art. 427. . . . . 96, 137

Art. 429. 137

Art. 448-484 87

Art. 482. 137

Art. 521.1-521.19 . . . . 6-7, 109

Art. 521.6. 109

Art. 538 et s. 115

Art. 539.1. 145

Art. 555. 107

Art. 579. 107

Art. 585. . . . . 47, 132

Art. 587.1-587.3 141

Art. 856. 136

Art. 857. 107

Art. 1013 134

Art. 1015 . . . . 123, 139

Art. 1016 . . . . 123, 140

Art. 1493-1496 116-117

Art. 1938 107

Art. 1958 107

Art. 2419 107

Art. 2925 120

Code de procédure civile, L.R.Q., c. C-25 108

Art. 307. 107

Lois

Loi sur les accidents du travail, L.R.Q., c. A-3 108

Loi sur les accidents du travail et les maladies professionnelles,
L.R.Q., c. A-3.001 108

Loi sur l'aide et l'indemnisation des victimes d'actes criminels,
    L.Q. 1993, c. 54. 108

Loi sur l'aide financière aux études, L.R.Q., c. A-13.3 108

Loi sur l'aide juridique, L.R.Q., c. A-14. 108
    Art. 22 111

Loi instituant l'assistance aux mères nécessiteuses 84

Loi sur l'assurance automobile, L.Q. 1977, c. 68 108

Loi de l'assurance automobile, L.R.Q., c. A-25 . . . . 20, 108

Loi sur les assurances, L.R.Q., c. A-32 108

Loi sur les caisses d'épargne et de crédit, L.R.Q., c. C-4.1 108

Loi sur la capacité juridique de la femme mariée,
    S.Q. 1964, c. 66 . . . . 79, 86

Loi modifiant le Code civil, L.Q. 1977, c. 72. 79

Loi instituant un nouveau Code civil et portant réforme
    du droit de la famille [Loi 89], L.Q. 1980, c. 39. . 90, 110, 113

Loi modifiant le Code civil du Québec et d'autres dispositions
    législatives afin de favoriser l'égalité économique des époux
    [Loi sur le patrimoine familial], L.Q. 1989, c. 55. . . . 27, 101
    Art. 42 101

Loi sur les conditions de travail et le régime de retraite des
    membres de l'Assemblée nationale, L.R.Q., c. C-52.1. . . . 108

Loi modifiant diverses dispositions législatives concernant
    les conjoints de fait, L.Q. 1999, c. 14. . . . . 105, 109

Loi sur les coopératives, L.R.Q., c. C-67.2 108

Loi concernant les droits sur les mutations immobilières,
    L.R.Q., c. D-15.1 108

Loi sur les élections scolaires, L.R.Q., c. E-2.3 108

Loi sur les impôts, L.R.Q., c. I-3. 108

Loi d'interprétation, L.R.Q., c. I-16
Art. 61.1 107

Loi sur les normes du travail, L.R.Q., c. N-1.1 108

Loi sur le Régime de rentes du Québec, L.R.Q.,
c. R-9 . . . . 20, 101, 108

Loi sur le régime de retraite de certains enseignants,
L.R.Q. c. R-9.1 108

*Loi sur le régime de retraite des agents de la paix en services
correctionnels*, L.R.Q., c. R-9.2 108

Loi sur le régime de retraite des élus municipaux,
L.R.Q., c. R-9.3 108

*Loi sur le régime de retraite des employés du gouvernement
et des organismes publics*, L.R.Q., c. R-10 108

Loi sur le régime de retraite des fonctionnaires, L.R.Q.,
c. R-12 108

Loi sur les régimes complémentaires de retraite, L.R.Q.,
c. R-15.1 108

Loi concernant les régimes matrimoniaux, L.Q. 1969, c. 77 . . . 87

Loi sur les sociétés de fiducie et les sociétés d'épargne,
L.R.Q., c. S-29.01. 108

*Loi sur le soutien du revenu et favorisant l'emploi et la
solidarité sociale*, L.Q. 1998, c. 36. 108

Loi sur la taxe de vente du Québec, L.R.Q., c. T-0.1 108

Loi sur les tribunaux judiciaires, L.R.Q., c. T-16 108

Loi instituant l'union civile et établissant certaines règles de filiation, L.Q. 2002, c. 6 109

Projets de loi

Projet de loi portant sur la réforme du droit de la famille, Office de révision du Code civil, 1979
  Art. 338 . . . . 1, 111
  Art. 338(2) 112

Règlement

Règlement sur la fixation des pensions alimentaires pour enfants, R.R.Q., c. C-25, r. 12 . . . . 112, 141

PROVINCES CANADIENNES

Alberta

Adult Interdependent Relationships Act, S.A. 2002, c. A-4.5 . . . 75
  Art. 3(1) 75
  Art. 5 75
  Art. 11 75
  Art. 12 76

Domestic Relations Act, R.S.A. 1980, c. D-37 74-75

Family Law Act, S.A. 2003, c. F-4.5
  Art. 56-63 75
  Art. 60 75

Matrimonial Property Act, R.S.A. 2000, c. M-8 76

Partnership Act, R.S.A. 2000, c. P-3 76

Colombie-Britannique

Family Relations Act, R.S.B.C. 1996, c. 128
  Art. 1 69
  Art. 5 69

Art. 6 69

Art. 7 69

Art. 89 69

Île-du-Prince-Édouard

Family Law Act, R.S.P.E.I. 1988, c. F-2.1 78

Manitoba

Loi sur les biens familiaux, C.P.L.M., c. F-25

Art. 2.1(1) 78

Art. 2.1(2) 78

Loi sur l'obligation alimentaire du Manitoba, L.R.M. 1987,
c. F-20 ; C.P.L.M. 2005, c. F-20 77

Art. 4 77

Art. 5 77

Art. 7(1) 77

Art. 7(2) 78

Art. 63 78

Nouveau-Brunswick

Loi sur les services à la famille, S.N.B. 1980, c. F-2.2

Art. 1 69

Art. 112 69

Art. 115 70

Art. 115(6) 72

Art. 115(7) 70

Art. 115.1(1) 70

Art. 116(1) 72

Loi modifiant la Loi sur les services à la famille, S.N.B. 2000,
c. 59

Art. 1 69

Nouvelle-Écosse

Maintenance and Custody Act, R.S.N.S. 1989, c. 160

 Art. 1 72

 Art. 3 72

 Art. 4 73-74

 Art. 5 74

 Art. 6 74

 Art. 6(2) 74

 Art. 7 74

 Art. 21(1) 74

Maintenance and Custody Act (amendé), R.S.N.S., 1997
(2e session), c. 3

 Art. 3 73

Maintenance and Custody Act (amendé), R.S.N.S. 2000, c. 29

 Art. 2 72

 Art. 5.8 73

 Art. 8 74

Matrimonial Property Act (MPA), R.S.N.S. 1989, c. 275 . . 3, 18, 74

 Art. 2g) 153

Matrimonial Property Act (amendé), R.S.N.S. 1995-96, c. 13

 Art. 83 74

Nunavut

Loi sur le droit de la famille, L.T.N.-O. 1997, c. 18 78

Ontario

Family Law Reform Act, S.O. 1978, c. 2

 Art. 14 61

Family Law Act, S.O. 1986, c. 4

 Art. 29 61

 Art. 33(2.1) 65

Loi sur le droit de la famille, L.R.O. 1990, c. F.3

Art. 1(1) 62

Art. 5(1) 68

Art. 5(7) 68

Art. 29 62

Art. 30 62

Art. 33(4) 63

Art. 33(8) 68

Art. 33(9) 66, 68

Art. 50 65

Art. 53(1) 63

Art. 56(4) 63

Loi modifiant la Loi sur le droit de la famille, L.R.O. 1997, c. 20

Art. 3(2) 68

Art. 3(3) 68

Loi modifiant la Loi sur le droit de la famille, L.R.O. 1999, c. 6

Art. 25(3) 62

Art. 25(5) 68

Art. 25(6)-(9). 68

Loi modifiant la Loi sur le droit de la famille, L.R.O. 2005, c. 5

Art. 27(9) 68

Art. 27(10)-(13) 68

Loi de 2002 sur la prescription des actions, L.O. 2002, c. 24

Ann. B, art. 4 65

Saskatchewan

Family Maintenance Act, S.S. 1997, c. F-6.2 79

Terre-Neuve

Family Law Act, R.S.N. 1990, c. F-2 79

Territoires du Nord-Ouest

Loi sur le droit de la famille, L.T.N.-O. 1997, c. 18 79

Yukon

Loi sur le patrimoine et l'obligation alimentaire, R.S.Y. 1986,
    c. 63, art. 35 79

DROIT INTERNATIONAL

Déclaration universelle des droits de l'homme
    Art. 16.3 147

TABLE DE LA JURISPRUDENCE

Les chiffres font référence aux pages.

- A -

A. c. *B.*, EYB 2007-113088 (C.S.) 139, 141

A. c. *B.*, EYB 2007-113230 (C.A.) 129

A. c. *B.*, EYB 2006-116423 (C.S.) 123

A. (I.R.) c. *M. (G.)*, EYB 2005-90374 (C.S.) 133

A. (M.) c. *M. (D.)*, EYB 2005-91528 (C.S.) 142

Angers c. *Bibaud*, EYB 2006-109844 (C.S.) 140

Angers c. *Gagnon*, [2003] R.J.Q. 924, REJB 2003-37143
(C.S.) 128

- B -

B. (F.) c. *C. (J.)*, REJB 1999-14288 (C.A.) 120, 139

B. (F.) c. *G. (S.)*, EYB 2005-95117 (C.A.) 140

B. (L.) c. *H. (M.)*, REJB 2003-40223 (C.S.) 143

B. (M.) c. *A. (Mi.)*, EYB 2005-92657 (C.S.) 140

B. (M.) c. *F. (J.)*, sub nom. *Droit de la famille – 071637*,
EYB 2007-122050 (C.S.) 125

B. (M.) c. *L. (L.)*, REJB 2003-44742 (C.A.) 118, 120

B. (N.) c. *D. (A.)*, REJB 2003-51162 (C.S.) 120, 144

B. (S.) c. *C. (M.)*, EYB 2006-106874 (C.S.) 129

B.D. c. *S.D.U.*, C.S. Kamouraska, nᵒ 250-12-004666-067,
28 février 2006, EYB 2006-101965 . . . . 166, 167

Barette c. *Falardeau*, EYB 2006-116126 (C.Q.) 126

Beaudoin-Daigneault c. *Richard*, [1984] 1 R.C.S. 2 . . . . 127, 129

Bélanger c. *Soubiran*, EYB 2006-106991 (C.S.) 126

Bell c. *Bailey* (1999), 1999 CarswellOnt 3661 (Ont. S.C.J.),
modifié par (2001), 20 R.F.L. (5th) 272 (Ont. C.A.) . . . 65, 66

Bissonnelle c. *L'Heureux*, EYB 2004-82290 (C.S.) 140

Blanchett c. *Hansell*, [1943] W.W.R. 275, [1944] 1 D.L.R. 21. . . 60

Boily c. *Lamarre*, C.S. Québec, n⁰ 200-04-000380-947,
23 mai 1996 139

Boisvert c. *Brien*, C.S., n⁰ 100-04-008038-961, 28 février
1997. 138

Bouchard c. *Charland*, EYB 2006-112394 (C.S.) 121

Bourbonnais c. *Pratt*, REJB 2006-112741 (C.S.). 134

Bracklow c. *Bracklow*, [1999] 1 R.C.S. 420, REJB 1999-
11414 . . . . 47, 55, 56, 151, 173

Brodeur c. *Frigault*, EYB 2006-107409 (C.S.) 140

Burke c. *Poste* (1996), 1996 CarswellOnt 2900 (Ont. Gen.
Div.) 65

- C -

C. (D.) c. *F. (C.)*, sub nom. *Droit de la famille – 072861*,
EYB 2007-126835 (C.S.). 130

C. (L.M.) c. *E. (R.)* (1997), 1997 CarswellOnt 1145 (Ont.
Prov. Div.) 66

C.B. c. *S.BE.*, [2003] R.D.F. 622, REJB 2003-45206 (C.S.) . . . 128

C.G. c. *G.V.*, B.E. 2005BE-1090 (C.S.) 167

Cadieux c. *Caron*, C.A. Montréal, n⁰ 500-09-011739-018,
5 mars 2004, REJB 2004-54839, [2004] R.D.F. 242,
[2004] R.D.I. 251 (C.A.) 121, 140

Caron c. *Caron*, [1987] 1 R.C.S. 892, EYB 1987-67973 . . . . 94, 95

Caron c. *Daigle (Succession de)*, EYB 1996-30349,
J.E. 96-1104 (C.S.). 119

Caron c. *Roussel*, EYB 2005-82611, 2005 IIJCan 406,
J.E. 2005-542 (C.Q.) 122, 125

Catellier c. *Bilodeau*, EYB 2006-101651 (C.S.). 124

Charbot c. *Hood* (1990), 1990 CarswellOnt 1408 (Ont. Fam.
Ct.) 64

Cie Immobilière Viger ltée c. *Laureat Giguère Inc.*, [1977] 2
R.C.S. 67 . . . . 115, 116

Clark c. *Vanderhoeven* (1997), 28 R.F.L. (4th) 152 (Ont. Gen.
Div.) 66

Coderre c. *Elliot*, EYB 2006-104553 (C.Q.). 126

Couture c. *Gagnon*, REJB 2001-25543, J.E. 2001-1697 (C.A.) . 131

- D -

D. c. *I.* (1978), 6 R.F.L. (2d) 242 (Ont. Prov. Ct.) 66

D. (P.) c. *T. (D.)*, REJB 2003-46880 (C.S.) ; REJB 2004-62118
(C.A.). 133

D.J. c. *B.G.*, AZ-50299052, 2 février 2005, EYB 2005-86992
(C.S.) 142

D.S. c. *M.Sc.*, C.S. Montréal, n° 500-12-267344-038,
27 janvier 2006, EYB 2006-101965 . . . . 166, 167

Davies c. *Vriend* (1999), 48 R.F.L. (4th) 43 (Ont. Gen. Div.) . . . 65

De Montigny (Succession de) c. *Brossard (Succession de)*,
EYB 2006-102338 (C.S.); C.A. Montréal, n° 500-09-
016578-064, 11 août 2006 140

Desjardins c. *Meloche*, EYB 2005-94315 (C.S.) 122

Dicks c. *Zavitz* (1979), 13 R.F.L. (2d) 179 (Ont. Prov. Ct.) 66

Doak (A.) c. *Stocker*, REJB 2006-112163 (C.S.), inscription
en appel, C.A. Montréal, n° 500-09-017426-073,
26 janvier 2007. 125

Droit de la famille – 67, [1985] C.A. 135. . . . . 97, 99

Droit de la famille – 167, [1984] C.S. 1047 98

Droit de la famille – 217, [1985] C.A. 656 119

Droit de la famille – 720, [1989] R.D.F. 694 (C.A.). 139

Droit de la famille – 2235, [1995] R.D.F. 494 (C.S.) 119

Droit de la famille – 2496, EYB 1996-30267, J.E. 96-1728
(C.A.) 128

Droit de la famille – 2648, [1997] R.D.F. 246 (C.S.) 119

Droit de la famille – 2760, [1997] R.D.F. 720, REJB 1997-
03376 (C.S.), convention entérinée en appel, n° 500-09-
005409-974 132

Droit de la famille – 2985, [1998] R.D.F. 320 REJB 1998-06859 (C.S.) 128

Droit de la famille – 3302, [1999] R.D.F. 384, REJB 1999-12400 (C.S.) 138, 139

Droit de la famille – 3455, [1999] R.J.Q. 2946, REJB 1999-15121 (C.S) 119, 126

Droit de la famille – 3457, REJB 1999-15643 (C.S.) 139

Droit de la famille – 3751, [2000] R.D.F. 745, REJB 2000-21344 (C.S.) 139

Droit de la famille – 06928, EYB 2006-116878 (C.S.) 139

Droit de la famille – 07684, EYB 2007-117737 (C.S.) 139

Droit de la famille – 061120, EYB 2006-118195 (C.S.) 129

Dupuis c. *Lalanne*, EYB 2006-102495 (C.A.). 126

Duquette c. *Greig*, C.S. Beauharnois, no 760-17-000863-053, 16 février 2007 125

Dussault c. *Jolicœur*, REJB 2004-72139 (C.A.), demande d'autorisation d'appel à la Cour suprême rejetée, no 30678, 24 mars 2005 . . . . 128, 129

- **E** -

E.J.C. c. *N.L.B.*, C.S. Montréal, no 500-04-037799-047, 15 septembre 2005 166

Euphrosine c. *Samuel*, C.S. Montréal, no 500-05-054796-998, 4 mars 2004 . . . . 118, 120

- **F** -

F. (L.) c. *G. (M.)*, REJB 2003-49521 (C.S.) 128

Faubert c. *Lanthier*, EYB 2007-120592 (C.Q.) 126

Feehan c. *Attwells* (1979), 24 O.R. (2d) 248 (Ont. Co. Ct.) 65

Fortin c. *Bélanger*, EYB 2007-116577 (C.S.) 126

Fortin c. *Lapointe*, [1986] R.D.F. 308, EYB 1986-59755 (C.A.) 137

Fournier c. *Rossignol*, EYB 2006-108039 (C.S.) 140

Frias c. *Botran*, EYB 2007-127633 (C.A.) 118

- G -

Gagnon c. *Angers*, REJB 1996-30438 (C.A.) 138

Gagnon c. *Chouinard*, EYB 2004-66454 (C.Q.) 140

Gagnon c. *Desgranges*, EYB 2007-120632(C.Q.) 126

Gauthier c. *Beaumont*, [1998] 2 R.C.S. 3, REJB 1998-07106 . . 124

Gingras c. *Poulin*, EYB 2005-97137 (C.S.) 122

Girard c. *Tremblay*, EYB 2007-121284 (C.Q.) 126

Gostlin c. *Kergin*, (1986) 1 R.F.L. (3d) 448, 3 B.C.L.R. (2d)
264 (C.A.C.-B.) 69

Guillemette c. *Poulin*, EYB 2005-89242 (C.S.), appel rejeté,
C.A. Montréal, nᵒ 500-09-015617-053, 4 octobre 2006,
REJB 2006-110361 121

- H -

H.L. c. *J.S.*, [2003] R.D.F. 445, REJB 2003-40153 (C.S.) 139

Hamel c. *Mireault*, C.S. Richelieu, nᵒ 765-05-000397-965,
20 août 1998, REJB 1998-08529 119

Harris c. *Godkewitsch* (1983), 41 O.R. (2d) 779 (Ont. Prov.
Ct.) 65

- I -

I.R.A. c. *G.M.*, [2005] R.D.F. 553, EYB 2005-90374 (C.S.) 142

- J -

Jansen c. *Montgomery* (1982), 30 R.F.L. (2d) 332 (N.S.
Co. Ct.) 64

Jedemann c. *Seemayer* (1990), 1990 CarswellOnt 1342
(Ont. Fam.Ct.) 64

Jones c. *Wilson* (2007), 2007 CarswellOnt 1447 (Ont. C.J.) . . . 65

- K -

Kelman c. *Stibor* (1998), 55 C.R.R. (2d) 165 (Ont. Prov.
Div.) 65, 66

Kent c. *Frolick* (1996), 23 R.F.L. (4th) 1 (Ont. C.A.). 66

Kopelow c. *Warkentin*, 2005 BCCA 551 (C.A.C.-B.) 166

Kossakowski c. *Sierchio* (1983), 36 R.F.L. (2d) 395 (Ont. Co.
Ct.). 65

- L -

L. (J.) c. *A. (P.)*, EYB 2007-121397 (C.S.), requête pour
permission d'appeler rejetée, C.A. Québec, n° 200-09-
006026-071, 30 août 2007 126

L. (L.) c. *J. (E.)*, EYB 2004-71716 (C.S.) 133

L. (N.) c. *B. (F.)*, C.S. Québec, n° 200-04-012001-036, 9 août
2004, EYB 2004-69383 139

L. (N.) c. *B. (L.)*, C.S. Montmagny, n° 300-04-000056-024,
6 mai 2004, EYB 2004-69539. 139

L. (Y.) c. *D. (M.)*, EYB 2006-108618 (C.S.) 121

Labbe c. *McCullough* (1979), 23 O.R. (2d) 536 (Ont. Prov.
Ct.). 66

Lacombe c. *Deshaies*, EYB 2005-98956 (C.Q.) 122

Lacroix c. *Valois*, [1990] 2 R.C.S. 1259, EYB 1990-67822 100

Lafontaine c. *Danis*, REJB 2003-50222, J.E. 2003-2225 (C.A) . 120

Law c. *Ministre de l'Emploi et de l'Immigration du Canada*,
[1999] 1 R.C.S. 497, REJB 1999-11412. . . . . 18, 153

Lehner c. *Grundl* (1999) 1999 CarswellOnt 1318 (Ont. C.A.),
modifiant (1995), 1995 CarswellOnt 2077 (Ont. Gen.
Div.) 65

Lussier c. *Pigeon*, REJB 2002-28261, [2002] R.J.Q. 359
(C.A.). 118, 119, 120

- M -

M. c. *H.*, [1999] 2 R.C.S. 3, REJB 1999-12460. . . . 7, 62, 152, 153,
154, 158

M. (B.) c. *Mo. (S.)*, EYB 2006-110900 (C.S.) 123

M. (C.) c. *I. (M.)*, EYB 2006-108559 (C.S.) 129

M. (E.M.) c. *L. (P.)*, [1992] 1 R.C.S. 183, EYB 1992-67845 . . . 100

M.-A.C. c. *S.H.*, C.S. Terrebonne, nᵒ 700-12-034289-041,
26 août 2005, EYB 2005-94231 166

M.F. c. *N.C.*, EYB 2005-89630, J.E. 2005-982 (C.S.). 166

MacFarlane c. *Eberhardt* (1994), 1994 CarswellOnt 1973
(Ont. Gen. Div.) 65

MacIntyre c. *MacDonald* (1989), 90 N.S.R. (2d) 410 (N.S.
Fam. Ct.), renversé 2 janvier 1990, Doc. CH. 66712
(C.S. Co. Ct.), renversé 13 juin 1990, Doc. S.C.A.
02232 (N.S.C.A.). 64

Macmillan-Dekker c. *Dekker* (2000), 10 R.F.L. (5th) 352
(Ont. S.C.J.) 65

Mahé c. *Martel*, EYB 2007-118762 (C.S.). 129

Mahoney c. *King* (1998), 39 R.F.L. (4th) 361 (Ont. Gen.
Div.) 64

Maltais c. *Dufour*, [2003] R.D.F. 514, REJB 2003-41329
(C.S.) 120

McManus c. *Marchuk* (1998), 40 R.F.L. (4th) 105 (Alta. Q.B.),
motifs additionnels à (1998), 220 A.R. 150 (Alta. Q.B.). . . 76

Mercier c. *Lapierre*, EYB 2006-108985 (C.Q.) 129, 130, 139

Meunier c. *Thibault*, [2002] R.D.F. 260, REJB 2002-2990
(C.S.) 120

Michaud c. *Caron*, EYB 2007-122079 (C.S.) 119

Millichamp c. *Dunn*, EYB 2005-98927 (C.S.) 122

Miron c. *Trudel*, [1995] 1 R.C.S. 418, EYB 1995-
67430 . . . . 18, 19, 115, 151, 154

Moge c. *Moge*, [1992] 3 R.C.S. 813, EYB 1992-
67141 . . . . 47, 48, 50, 51, 52, 55, 94, 95, 151, 154, 173

Molodowich c. *Penttinen* (1980) 17 R.F.L. (2d) 376 (Ont. Dist.
Ct.) 63

Mullin c. *Mullin* (1989), 24 R.F.L. (3d) 1 (C.S.Î.-P.-É., Div.
app.) 48

Murdoch c. *Murdoch*, [1975] R.C.S. 423 154

- O -

O'Farrell c. *Hefford*, EYB 2006-107936 (C.Q.) 126

- P -

P. (C.) c. *B. (M.)*, EYB 2006-107625 (C.S.), requête en rejet
d'appel rejetée, C.A. Montréal, no 500-09-016948-069,
16 octobre 2006, EYB 2007-125569 123

P. (S.) c. *D. (M.)*, EYB 2005-89412 (C.A.) 131, 132, 134

Paquette c. *Amyot*, EYB 2007-119876 (C.S.), inscription en appel,
C.A. Montréal, no 500-09-017755-075, 24 mai 2007 126

Paquin c. *Déry*, REJB 2006-102070 (C.S.), permission d'en
appeler refusée, C.A. Montréal, no 500-09-016554-065,
23 mai 2006 ; Cour suprême, no 31582, 5 avril 2007. . . . 140

Parkes c. *Reidpath* (1994), 1994 CarswellOnt 2105 (Ont.
U.F.C.) 66

Patrick c. *Patrick* (1991), 35 R.F.L. (3d) 382 (C.S.C.-B.) 48

Pavicic c. *Pavicic* (1996), 1996 CarswellOnt 3025 (Ont. Gen.
Div.), confirmé par (1998), 1998 CarswellOnt 887
(Ont. C.A.) 66

Péladeau c. *Savard*, [2000] R.D.F. 692, REJB 2000-21272
(C.S.) 120

Pelech c. *Pelech*, [1987] 1 R.C.S. 801, EYB 1987-80055 . . . . 94, 95

Pesant c. *Pesant*, [1934] R.C.S. 249 132

Peter c. *Beblow*, [1993] 1 R.C.S. 980 117

Pettkus c. *Becker*, [1980] 2 R.C.S. 834 118

Pilon c. *Lacroix*, EYB 2006-109537, AZ-50390762, 2006 QCCA
1101, J.E. 2006-1788 (C.A.) 123

Plourde c. *Coursol*, EYB 2007-115575 (C.S.) 125

Procureur général de la Nouvelle-Écosse c. *Susan Walsh et
Wayne Bona, et al.*, [2002] 4 R.C.S. 325, REJB 2002-36303 ;
(2000), 183 N.S.R. (2d) 74 ; (1999), 178 N.S.R. (2d)
151 . . . . 3, 17, 18, 19, 26, 109, 114, 118, 149, 151, 152,
153, 154, 155, 156, 157, 165, 173, 174

Procureur général du Canada c. *Mossop*, [1993] 1 R.C.S. 554,
EYB 1993-68604 . . . . 150, 154, 156

- R -

R. c. *Ewanchuk*, [1999] 1 R.C.S. 330 . . . . 9, 172

R. (C.) c. B. (J.), EYB 2005-90808 (C.A.) 132, 133

R. (F.D.) c. P. (M.D.), 2006 CarswellAlta 458, 25 E.T.R. (3d)
103 (Alta. Q.B.) 75

Rathwell c. Rathwell, [1978] 2 R.C.S. 436 154

Richardson c. Richardson, [1987] 1 R.C.S. 857, EYB 1987-
67464 . . . . 94, 95

Riel c. Beaudet, C.A. Montréal, n° 500-09-001041-813,
16 mai 1986 119

Robertson c. Hotte (1996), 21 R.F.L. (4th) 452 (Ont. Gen.
Div.) 65

Robillard c. Moreau, REJB 2002-33067 (C.S.). 140

Rondeau c. Touchette, EYB 2006-113621 (C.S.) 126

Roques c. Sans, REJB 2004-55580 (C.A.) 141

Roussy c. Deschenes, EYB 2005-96023 (C.A.) 134

Routley c. Dimitrieff (1982), 36 O.R. (2d) 302-304 (Ont.
Master) 64

- S -

S. (J.) c. A. (A.), EYB 2007-124429 (C.S.) 130

S. (Y.) c. B. (S.), 2006 CarswellOnt 2797, 2006 ONCJ 162
(Ont. C.J.) 65

S.S. c. P.C., EYB 2005-91117, J.E. 2005-1163 (C.S.) 166

Sanderson c. Russell (1979), 9 R.F.L. (2d) 81 (Ont. C.A.). . . . 65

Smith c. Marks (8 mars 1995), Doc. Toronto D2092/93-A
(Ont. Gen. Div.) 65

Ste-Marie c. Boudreau, C.A. Montréal, n° 500-09-009183-005,
14 février 2000 138

St-Jean c. Proulx, EYB 2005-88349 (C.Q.) 123

St-Louis c. Martel, EYB 2006-110294 (C.S.) 124

Stoikiewicz c. Filas (1978), 7 R.F.L. (2d) 366 64

Sturgess c. Shaw (2002), 2002 CarswellOnt 3206 (Ont.
S.C.J.) 65

Sullivan c. Letnik (1997), 27 R.F.L. (4th) 79 (Ont. C.A.) 65

Sunderland c. Payette, EYB 2005-87428 (C.S.) 139

- T -

T. (N.) c. L. (R.), REJB 2003-39574 (C.S.) 143

Taylor c. Rossu (1998), 39 R.F.L. (4th) 242 (C.A. Alta.). 74

Tchakarova c. Rofaiel (1994), 1994 CarswellOnt 2107 (Ont.
Prov. Div.) 65

Tedham c. Tedham, 2005 BCCA 502 (C.A.C.-B.) 166

Thauvette c. Malyon (1996), 23 R.F.L. (4th) 217 (Ont. Gen.
Div.) 65

Therriault c. Gariépy, EYB 2006-105826 (C.S.) 124

Truyens c. Lenz (1996), 1996 CarswellOnt 3445 (Ont. Gen.
Div.), motifs additionnels le 6 septembre 1996, Doc.
Barrie 3518 (S.C.O.) (Ont. Gen. Div.) 66

Turcotte c. Côté, [2005] R.D.F. 335 (C.S.), EYB 2005-
87502 . . . . 119, 122

- V -

V. (C.) c. R. (P.), EYB 2005-97829 (C.S.) 140

V. (G.) c. G. (C.), EYB 2006-106167 (C.A) 166

Vézina c. Julien, AZ-50324471, 27 juin 2005 (C.S.),
EYB 2005-92969 121

- W -

Wilkie c. Lapensée, [2005] R.D.F. 469 (C.S.), EYB 2005-
89720 121

Willick c. Willick, [1994] 3 R.C.S. 670, EYB 1994-67936. . . 47, 52,
53, 54, 151, 173

Wonch c. Sakeris (1978), 1 F.L.R.A.C. 247 (Ont. Prov. Ct.). . . . 66

- Y -

Yemchuk c. Yemchuck, 2005 BCCA 406 (C.A.C.-B.) 166

- Z -

Z. (R.) c. G. (A.), EYB 1989-63349 (C.A.) 118

INDEX ANALYTIQUE

Les chiffres font référence aux pages.

-A-

ACCÈS À L'ÉDUCATION, 9, 14, 41, 92, 170

ACCÈS À L'EMPLOI

Voir **Égalité d'accès à l'emploi**

ACCORD

Union contractée par simple accord, 59

ACCORD DE COHABITATION

Loi ontarienne, 63

ADOPTION

Consentement spécial (conjoint de fait), 107

ADULTÈRE, 83, 84, 86, 159

AFFAIRES PRIVÉES

Voir **Vie privée**

AIDE AUX AÎNÉS

Voir **Soins aux aînés**

AIDE AUX ENFANTS

Voir **Soins aux enfants**

AIDE JURIDIQUE, 111

AIÉ

Voir **Approche intégrée à l'égalité entre les femmes et les hommes (AIÉ)**

ALBERTA

Voir **Droit familial provincial comparé, Obligation alimentaire entre conjoints de fait**

ALIMENTS

Voir **Obligation alimentaire, Ordonnance alimentaire, Pension alimentaire**

ALIMENTS DESTINÉS AUX CONJOINTS DE FAIT

Voir **Obligation alimentaire entre conjoints de fait**

ALIMENTS DESTINÉS AUX ENFANTS

Voir **Pension alimentaire pour enfants**

ANALYSE FÉMINISTE

Voir **Théories féministes**

APPORT EN BIENS OU EN SERVICES

Voir **Enrichissement injustifié, Prestation compensatoire, Société tacite**

APPROCHE FÉMINISTE

Voir **Théories féministes**

APPROCHE INTÉGRÉE À L'ÉGALITÉ ENTRE LES FEMMES ET LES HOMMES (AIÉ), 42

ASSURANCE SUR LA VIE, 72, 107

ATTEINTE DE L'INDÉPENDANCE ÉCONOMIQUE

Voir **Indépendance économique**

AVANTAGES ÉCONOMIQUES, 49-51

AVANTAGES SOCIAUX ET FISCAUX, 9, 28, 49

AUTONOMIE, 1, 2, 4, 14, 16, 17, 20-22, 29, 31, 32, 42, 92, 93, 112, 151, 159, 160, 164, 165, 172

AUTONOMIE FINANCIÈRE, 94, 95, 105, 169

Voir aussi **Indépendance économique**

AUTORITÉ MARITALE

Voir **Puissance maritale**

AUTORITÉ PARENTALE, 79

Voir aussi **Parent**

-B-

BIEN-ÊTRE DE LA FAMILLE, 49, 54, 57, 155

BIEN-ÊTRE SOCIAL, 32, 33

BIENFAISANCE

Voir **Philanthropie**

BIENS FAMILIAUX

Voir **Patrimoine familial**

BONNE FOI

Union contractée de bonne foi, 59

-C-

CHANGEMENT SOCIAL, 28, 44, 85, 90, 147, 159, 160, 162, 164

CHARGES DE FAMILLE, 110, 112, 119, 135, 165

Statistiques, 38-43

CHOIX CONSCIENT

Voir **Liberté de choix**

CHOIX DE REFUSER LE MARIAGE

Voir **Liberté de choix**

CHUTE DE LA NATALITÉ

Voir **Dénatalité**

CITOYENNETÉ, 31

COHABITATION

Obligation alimentaire entre conjoints de fait

– Période de cohabitation, 61, 69, 75, 77, 165

Voir aussi **Accord de cohabitation, Vie commune**

COLOMBIE-BRITANNIQUE

Voir **Droit familial provincial comparé, Obligation alimentaire entre conjoints de fait**

COMMISSION BIRD, 86

COMMISSION DORION, 83, 84

COMMISSION MONTPETIT, 84

COMMON LAW

Voir **Droit familial provincial comparé, Obligation alimentaire entre conjoints de fait**

COMMON LAW MARRIAGE

Voir **Mariage contracté sans célébration (« *common law marriage* »)**

COMMUNAUTÉ DE BIENS, 82, 83, 86, 87, 89

Inconvénients pour les femmes, 87

Partage des biens, 99

COMMUNAUTÉ DE MEUBLES

Voir **Communauté de biens**

COMMUNICATION PRIVILÉGIÉE

Témoin non contraignable (conjoint de fait), 107

COMPENSATION

Voir **Enrichissement injustifié, Indemnisation, Perte économique, Prestation compensatoire, Société tacite**

CONCILIATION TRAVAIL-FAMILLE, 9, 43, 169, 170

CONCUBIN

Voir **Conjoint de fait**

CONCUBINAGE

Voir **Union de fait**

CONJOINT

Définition (loi ontarienne), 62

CONJOINT DE FAIT

Absence de statut juridique au Québec, 1-6, 27, 113, 163, 169

Définition, 7, 77, 107

Dispositions prévues au Code civil, 106, 107

Libéralisation des donations, 91

Lois à caractère social et fiscal, 20, 28, 107-109

Préoccupations de l'Office de révision du Code civil sur leur situation juridique (rapport de 1977), 110, 111

Recours, 115-145

Témoin non contraignable, 107

Voir aussi **Droit familial provincial comparé, Obligation alimentaire entre conjoints de fait, Partage du patrimoine familial, Pension alimentaire, Résidence familiale, Union de fait**

CONJOINTS DE MÊME SEXE, 1, 2, 6, 7, 105, 107, 109, 115, 145, 171

Voir aussi **Union civile**

CONJOINT DÉCÉDÉ

Voir **Décès du conjoint, Succession**

CONJOINT SURVIVANT

Voir **Décès du conjoint, Succession**

CONJOINTS UNIS CIVILEMENT

Voir **Union civile**

CONSENTEMENT AUX SOINS

Majeur inapte (conjoint de fait), 106, 107

CONSENTEMENT MUTUEL

Partage des actifs entre conjoints de fait, 74, 76

CONSENTEMENT SPÉCIAL À L'ADOPTION

Conjoint de fait, 107

CONSOMMATION DES MÉNAGES

Voir **Dépenses familiales**

CONTRAT

Voir **Reconnaissance des obligations contractuelles, Transaction**

CONTRAT DE MARIAGE, 86, 88, 103, 135

Voir aussi **Régime matrimonial**

CONTRAT DE PARTAGE DES BIENS FAMILIAUX

Voir **Partage du patrimoine familial**

CONTRAT DE SÉPARATION

Partage des actifs entre conjoints de fait

– Consentement mutuel, 74, 76

CONTRAT DE VIE COMMUNE

Voir **Reconnaissance des obligations contractuelles, Vie commune**

CONTRAT FAMILIAL

Voir **Accord de cohabitation, Reconnaissance des obligations contractuelles**

CONTRIBUTION AU PATRIMOINE

Voir **Enrichissement injustifié, Prestation compensatoire, Société tacite**

CONTRÔLE DES NAISSANCES, 92

CONVENTION DE RENONCIATION ALIMENTAIRE

Voir **Obligation alimentaire**

COOPÉRATION

Voir **Partenariat**

COPROPRIÉTÉ INDIVISE

Voir **Indivision**

COUPLE DE MÊME SEXE

Voir **Conjoints de même sexe**

COUPLE HOMOSEXUEL

Voir **Conjoints de même sexe**

COUPLE MARIÉ

Voir **Époux, Mariage**

COUPLE NON MARIÉ

Voir **Conjoint de fait, Union de fait**

COUTUME DE PARIS, 81

CRITÈRE DE L'ATTEINTE DE L'INDÉPENDANCE ÉCONOMIQUE

Voir **Indépendance économique**

CRITÈRE DE LA PERSONNE RAISONNABLE

Voir **Personne raisonnable**

CURATEUR, 83, 106

-D-

DÉCÈS DU CONJOINT

Mesures de protection en faveur du conjoint de fait, 72

Rente viagère, 108

Résidence familiale (attribution préférentielle), 136

Voir aussi **Succession**

DÉCLARATION DE RÉSIDENCE FAMILIALE

Voir **Résidence familiale**

DÉDOMMAGEMENT

Voir **Indemnisation**

DÉFINITION

Analyste féministe, 5, 6

Approche *consciousness-raising*, 13

Approche féministe radicale, 23

Approche féministe relationnelle, 30, 31

« *Common law partner* », 72

Conjoint, 62

Conjoint de fait, 7, 77, 107

Conjoints unis civilement, 7

Époux, 7

Famille, 7, 155, 156, 162

Famille monoparentale, 7

Mariage contracté sans célébration (« *common law marriage* »), 59, 60

DÉNATALITÉ, 44, 46

DÉPENDANCE ÉCONO-MIQUE, 47, 51, 77, 93-95, 162, 173

DÉPENSES FAMILIALES, 21, 102, 122-124

Prestation compensatoire

– Exclusion, 98

DÉSAVANTAGES ÉCONO-MIQUES ET SOCIAUX, 5, 12, 14, 41, 48, 50, 51, 89, 93, 95, 154

Voir aussi **Inégalité salariale**

DIFFÉRENCE RELATION-NELLE ENTRE HOMMES ET FEMMES, 25, 30, 32

DIGNITÉ HUMAINE, 17-19, 159

DIMINUTION DES NAISSANCES

Voir **Dénatalité**

DISCRIMINATION, 7, 29, 41, 114, 170

DISCRIMINATION FONDÉE SUR L'ÉTAT MATRIMONIAL, 17-19, 150-154, 171

DISCRIMINATION FONDÉE SUR LE SEXE, 10, 45, 46, 114, 161, 170

DISCRIMINATION SALARIALE

Voir **Inégalité salariale**

DISPARITÉ DES SALAIRES

Voir **Inégalité salariale**

DIVORCE, 44, 50, 87, 88, 164

Loi privée, 88

Loi sur le divorce

– Date d'entrée en vigueur, 88

– Engagement d'agir comme un parent à l'égard de l'enfant de l'autre (*in loco parentis*), 132, 133

– Interprétation jurisprudentielle de certaines dispositions, 93-95

Obligation alimentaire, 93-95

Statistiques, 88

Voir aussi **Rupture d'union**

DOMICILE FAMILIAL

Voir **Résidence familiale**

DOMINATION MASCULINE, 24, 25, 29, 90

DONATION

Libéralisation des donations entre conjoints de fait, 91

DOUAIRE, 81, 82

DOUBLE STANDARD

Séparation (motif d'adultère), 86

DROIT AUX ALIMENTS

Voir **Obligation alimentaire, Ordonnance alimentaire, Pension alimentaire**

DROIT COMPARÉ DE LA FAMILLE

Voir **Droit familial provincial comparé**

DROIT CONSTITUTION-NEL, 3, 17-19, 29, 53, 62, 74, 151, 153, 154

DROIT D'HABITATION

Voir **Résidence familiale**

DROIT D'USAGE DE LA RÉSIDENCE FAMILIALE

Voir **Résidence familiale**

DROIT DE DOUAIRE

Voir **Douaire**

DROIT DE JOUISSANCE

Voir **Douaire**

DROIT DE LA FAMILLE

Voir **Droit familial provincial comparé, Réforme du droit de la famille**

DROIT DE VOTE DES FEMMES

Voir **Suffrage féminin**

DROIT FAMILIAL

Voir **Droit familial provincial comparé, Réforme du droit de la famille**

DROIT FAMILIAL PROVINCIAL COMPARÉ

Province de Québec, 1-3

- Cadre juridique applicable à la famille issue du mariage, 79-106

- Encadrement juridique de l'union de fait en droit privé québécois, 106-145

Provinces de common law, 1-3, 60-79, 115, 165

- Alberta, 74-76

- Autres provinces, 78, 79

- Colombie-Britannique, 69

- Manitoba, 77, 78

- Mariage contracté sans célébration (« *common law marriage* »), 59, 60

- Nouveau-Brunswick, 69-72

- Nouvelle-Écosse (affaire *Walsh*), 3, 17-19, 26, 27, 72-74, 151-157, 165, 174

   — Ontario, 61-68, 158, 164

Voir aussi **Obligation alimentaire entre conjoints de fait**

DROIT FRANÇAIS, 109, 131, 144, 145, 159, 160, 165

DROIT SOCIAL, 20, 110, 149

-E-

ÉCART ENTRE LES SEXES

Voir **Inégalité entre les sexes**

ÉCART SALARIAL

Voir **Inégalité salariale**

ÉDUCATION

Voir **Accès à l'éducation**

ÉDUCATION DES ENFANTS, 27, 32, 46, 51, 53, 57, 155, 158, 162, 165, 169-171

ÉGALITÉ, 1-4, 14, 15, 17-19, 26, 29, 31, 32, 41, 42, 44, 55, 90-94, 105, 106, 108, 160, 163

ÉGALITÉ D'ACCÈS À L'EMPLOI, 14, 93

ÉGALITÉ DES DROITS

Voir **Égalité**

ÉGALITÉ DES HOMMES ET DES FEMMES

Voir **Égalité**

ÉGALITÉ DES POUVOIRS

Voir **Égalité**

ÉGALITÉ DES SALAIRES

Voir **Égalité salariale**

ÉGALITÉ ÉCONOMIQUE, 47

ÉGALITÉ SALARIALE, 93

EMPLOI

Voir **Conciliation travail-famille, Égalité d'accès à l'emploi**

ENFANT

   Considéré comme « *public good* », 33, 46

   Égalité juridique, 91

   Famille monoparentale

      — Pauvreté chez les enfants, 53

   Nombre d'enfants issus des unions de fait, 171

   Situation d'injustice à l'égard des enfants de conjoints de fait séparés, 141-144, 149, 171

Voir aussi **Éducation des enfants, Garde des enfants, Intérêt des enfants, Obligation alimentaire entre conjoints de fait, Pension alimentaire pour enfants, Soins aux enfants**

ENGAGEMENT CONTRACTUEL

Voir **Reconnaissance des obligations contractuelles**

ENRICHISSEMENT DU PATRIMOINE

Voir **Enrichissement injustifié, Prestation compensatoire, Société tacite**

ENRICHISSEMENT INJUSTIFIÉ, 115-126

Affaire *Beblow*, 117

Augmentation du nombre de recours, 119, 125

Concept juridique intégré au Code civil (art. 1493 à 1496), 116, 117

Conditions d'exercice du recours, 116, 121

Cumul des recours, 120, 121

Difficultés de preuve, 117, 121

District judiciaire, 125

Évolution jurisprudentielle, 119-126

Fardeau de la preuve, 121, 122, 124

Indivision, 121

Interprétation restrictive, 118

Intransmissibilité du droit aux héritiers, 119

Méthodes de calcul de l'indemnité, 119

Partage du patrimoine familial, 122

Prescription du recours, 118, 124

Prestation compensatoire, 115, 116

Recours des héritiers du conjoint décédé, 119

ENRICHISSEMENT SANS CAUSE

Voir **Enrichissement injustifié**

ENTENTE DE SOCIÉTÉ

Voir **Société tacite**

ENTRAIDE MUTUELLE

Voir **Secours mutuel**

ENTRETIEN MÉNAGER

Voir **Travaux ménagers**

ÉPOUX

Définition, 7

Voir aussi **Mariage**

ÉPOUX DE FAIT

Voir **Conjoint de fait, Union de fait**

ÉQUILIBRE TRAVAIL-FAMILLE

Voir **Conciliation travail-famille**

ÉQUITÉ, 68, 88, 148, 154, 158

ÉTAT MATRIMONIAL

Voir **Discrimination fondée sur l'état matrimonial, Époux, Femme mariée, Mariage**

ÉVOLUTION SOCIALE

Voir **Changement social**

EXIGENCES PROFESSIONNELLES

Voir **Conciliation travail-famille**

EXPLOITATION, 57, 160, 163

-F-

FAILLITE, 87

FAMILLE

Contexte historique de subordination des femmes, 15

Définition, 7, 155, 156, 162

Discrimination, 170

Droit à la protection de la société et de l'État, 147, 159

Multiplicité des formes, 145, 150, 151, 156

Primauté, 162

Questionnement sur l'encadrement juridique et le rôle de l'État, 5

Soutien de l'État, 44

Voir aussi **Bien-être de la famille, Charges de famille, Conciliation travail-famille, Dépenses familiales, Gestion des actifs familiaux, Partage du patrimoine familial, Patrimoine familial, Résidence familiale, Revenu familial, Solidarité familiale**

FAMILLE ISSUE DU MARIAGE, 28

Cadre juridique (survol historique), 79-106

– *Loi sur le divorce* (interprétation jurisprudentielle de certaines dispositions), 93-95

– Premiers gains juridiques des femmes, 79-86

– Principe de l'égalité, 90-93

Voir aussi **Partage du patrimoine familial, Patrimoine familial, Prestation compensatoire, Régime matrimonial**

FAMILLE MARITALE

Voir **Famille issue du mariage**

FAMILLE MONOPARENTALE

Définition, 7

Nombre de femmes, 37, 41

Pauvreté chez les enfants, 53

Revenu familial, 4, 36, 37, 41

FAMILLE RECONSTITUÉE, 28, 44

FAMILLE TRADITIONNELLE, 44

Voir aussi **Famille issue du mariage**

FARDEAU DE LA PREUVE

Voir **Preuve**

FEMME DIVORCÉE

Voir **Divorce**

FEMME MARIÉE

Catégorie de biens réservés, 84

Incapacité juridique, 79, 82, 86

Voir aussi **Mariage**

FÉMINISME

Voir **Théories féministes**

FISCALITÉ

Voir **Avantages sociaux et fiscaux, Lois à caractère social et fiscal**

FOYER CONJUGAL

Voir **Résidence familiale**

FRAIS DE JUSTICE, 72

FRAIS DE LOGEMENT, 142-144

-G-

GARDE DES ENFANTS, 4, 136, 139

Voir aussi **Résidence familiale**

GESTION DES ACTIFS FAMILIAUX, 68, 87, 130

GESTION DES BIENS PERSONNELS, 82, 84, 87, 88, 92

-H-

HIÉRARCHIE SOCIALE, 26, 29

HISTOIRE DES FEMMES DU QUÉBEC, 80-86

-I-

IDÉOLOGIE DE LA NON-INTERVENTION DE L'ÉTAT

Voir **Non-intervention de l'État**

IDÉOLOGIE LIBÉRALE

Voir **Théories féministes**

IGNORANCE DES DROITS, 4, 20, 21, 82, 89, 90, 163, 169

IMPACTS ÉCONOMIQUES DE LA MATERNITÉ

Voir **Maternité**

IN LOCO PARENTIS, 132, 133

INCAPACITÉ JURIDIQUE

Femme mariée, 79, 82, 86

INCONSTITUTIONNALITÉ

Voir **Droit constitutionnel**

INCONVÉNIENTS ÉCONOMIQUES ET SOCIAUX

Voir **Désavantages économiques et sociaux**

INDEMNISATION, 55

Principal motif d'attribution des aliments, 56, 57

Soins aux enfants, 54

Voir aussi **Enrichissement injustifié, Prestation compensatoire, Société tacite**

INDEMNITÉ DE COMPENSATION

Voir **Enrichissement injustifié, Prestation compensatoire, Société tacite**

INDÉPENDANCE ÉCONOMIQUE, 51, 55, 56

Critère d'octroi des aliments, 50

INDIVISION

Enrichissement injustifié, 121

Présomption d'égalité des parts des copropriétaires indivis (art. 1015 C.c.Q.), 123, 139-141

Reconnaissance des obligations contractuelles, 134

Reprise de logement, 107

INÉGALITÉ DE DROITS, 3, 7, 8, 12, 18, 57, 84, 141, 149, 162, 172

INÉGALITÉ ENTRE LES SEXES, 9-11, 15, 44, 95, 160, 172, 173

Voir aussi **Discrimination fondée sur le sexe, Inégalité de droits, Inégalité salariale**

INÉGALITÉ SALARIALE, 10, 35, 36, 37, 41, 172

INÉGALITÉS ÉCONO-MIQUES ET SOCIALES

Voir **Désavantages économiques et sociaux**

INIQUITÉ, 98, 144, 152

INTERDÉPENDANCE ÉCONOMIQUE, 154, 160, 174

INTÉRÊT DES ENFANTS, 46, 114, 136, 137, 139, 149

INTÉRÊT PUBLIC, 52, 53

INTERPRÉTATION DES LOIS, 50, 52

INTERVENTION DE L'ÉTAT, 44, 46

-J-

JUSTICE, 32, 172, 173

JUSTICE SOCIALE, 8

-L-

LIBÉRALISME, 45

Voir aussi **Théories féministes**

LIBERTÉ, 31, 32, 46, 92, 93

LIBERTÉ DE CHOIX, 2, 12, 19-22, 46, 54, 105, 106, 112, 114, 115, 151, 158, 160, 162, 165, 172

LIBERTÉ SEXUELLE, 92

LIBRE CHOIX

Voir **Liberté de choix**

LOGEMENT

Maintien dans les lieux loués (conjoint de fait), 107

Voir aussi **Frais de logement, Reprise de logement**

LOI D'ORDRE PUBLIC

Voir **Ordre public**

LOI SUR LE DIVORCE

Voir **Divorce**

LOIS À CARACTÈRE SOCIAL ET FISCAL, 20, 28, 107-109

-M-

MANDAT EN CAS D'INAPTITUDE, 133, 134

MANDATAIRE

Inaptitude à consentir aux soins (conjoint de fait), 106

MANITOBA

Voir **Droit familial provincial comparé, Obligation alimentaire entre conjoints de fait**

MANQUE D'INFORMATION JURIDIQUE

Voir **Ignorance des droits**

MARIAGE, 45, 145

Avantages, 49

Conjoints de même sexe, 109

Conséquences économiques, 51

Nom de naissance après le mariage, 12

Primauté, 26, 27

Réforme, 83, 84

Voir aussi **Divorce, Époux, Famille issue du mariage, Femme mariée, Régime matrimonial**

MARIAGE CIVIL, 6

MARIAGE CONTRACTÉ SANS CÉLÉBRATION (« *COMMON LAW MARRIAGE* »)

Définition historique, 59, 60

MARIAGE RELIGIEUX, 4, 6

MARIAGE TRADITIONNEL, 48

MATERNITÉ

Impacts économiques, 43-57, 158, 161

Voir aussi **Conciliation travail-famille**

MÉCONNAISSANCE DES DROITS

Voir **Ignorance des droits**

MÉDIATION, 167

MÈRE NÉCESSITEUSE

Assistance sociale, 84

MESURES DE PROTECTION

Conjoints de fait (provinces de common law), 61, 72

Obligation alimentaire entre conjoints de fait, 92

MESURES INCITATIVES AU TRAVAIL DES FEMMES, 45

MÉTHODOLOGIE DE L'ANALYSE FÉMINISTE

Voir **Théories féministes**

MEUBLES GARNISSANT LA RÉSIDENCE FAMILIALE

Voir **Résidence familiale**

MODE AMIABLE DE RÈGLEMENT DES LITIGES

Voir **Médiation, Reconnaissance des obligations contractuelles, Transaction**

MONOPARENTALITÉ

Voir **Famille monoparentale**

MOUVEMENT FÉMINISTE

Voir **Théories féministes**

-N-

NAISSANCE

Voir **Contrôle des naissances, Dénatalité**

NOM

Effet du mariage, 12

NON-INTERVENTION DE L'ÉTAT, 5, 15, 16, 19, 20, 147-149, 174

NORME DE PREUVE

Voir **Preuve**

NOUVEAU-BRUNSWICK

Voir **Droit familial provincial comparé, Obligation alimentaire entre conjoints de fait**

NOUVELLE-ÉCOSSE

Voir **Droit familial provincial comparé, Obligation alimentaire entre conjoints de fait**

-O-

OBLIGATION ALIMENTAIRE, 47, 93-95, 139

Convention de renonciation alimentaire, 94, 95

– Application des principes énoncés dans la trilogie de la Cour suprême, 94

– Revirement jurisprudentiel de la Cour

suprême (affaire *Moge*), 94, 95

Durée, 94, 95

Fondements, 47, 55

Lignes directrices facultatives, 166, 167

Modèle compensatoire, 55

Ordre public, 158

Provinces de common law, 62, 69, 72, 74

Voir aussi **Pension alimentaire**

OBLIGATION ALIMENTAIRE ENTRE CONJOINTS DE FAIT, 1-3, 14, 27, 60-79, 92, 157, 158, 165-167

Alberta
- Absence de prescription du recours, 76
- Affaire *Taylor*, 74
- Dispositions applicables, 75
- Fardeau de la preuve, 75
- Objectifs, 75
- Période de cohabitation, 75
- Relations interdépendantes visées, 75, 76

Autres provinces canadiennes, 78, 79

Colombie-Britannique
- Critères d'application, 69
- Critères d'appréciation de la demande, 77, 78
- Période de cohabitation, 69
- Prescription du recours, 69
- Traitement légal des conséquences de la séparation (absence de distinction entre conjoints mariés ou non), 69

Engagement d'agir comme un parent à l'égard de l'enfant de l'autre (*in loco parentis*), 132, 133

Entrave à la liberté et à l'autonomie des personnes, 1, 14, 92, 93

Fondements, 60, 61

Manitoba, 77
- Absence de prescription du recours, 78
- Contribution financière, 78
- Critères d'application, 77
- Dispositions applicables, 77
- Période de cohabitation, 77
- Règles d'interprétation, 78

Mesures de protection, 92

Mesures réparatrices, 165

Nouveau-Brunswick
- Critères d'attribution des aliments pour une personne à charge, 70-72

– Dispositions appli-
cables, 69, 70

– Mesures de protection
(même après décès), 72

– Règles d'interprétation,
70

Nouvelle-Écosse, 72-74, 152,
153

– Définition de « com-
mon-law partner », 72

– Description de l'obligation alimentaire, 74

– Dispositions appli-
cables, 72

– Facteurs à considérer,
73

– Prescription du recours,
74

– Réduction ou annula-
tion de l'obligation ali-
mentaire, 74

Ontario, 61-68, 158, 164

– Accords de cohabitation,
63

– Conjoints mariés, 64

– Critères d'application,
61, 65, 66, 68

– Critères d'interpréta-
tion, 63, 64

– Critères d'octroi des aliments, 66-68

– Définition de
« conjoint », 62

– Difficultés de preuve, 65

– Dispositions appli-
cables, 62

– Objectifs, 164

– Pension à terme, 66

– Période de cohabitation,
61

– Première province à
légiférer en la matière,
61

– Prescription du recours,
65

– Résidence distincte, 65

Présence d'enfants, 61, 70,
149, 150, 158, 162, 163,
165-167

Reconnaissance des
obligations contractuelles,
131-134

Réforme du droit de la
famille (*Projet de loi
portant sur la réforme du
droit de la famille*, 1979,
art. 338), 1, 92, 111, 112

**OBLIGATION ALIMEN-
TAIRE ENTRE CONJOINTS
DE FAIT AVEC ENFANTS**

Voir **Obligation alimentaire
entre conjoints de fait**

**OBLIGATION
CONTRACTUELLE**

Voir **Reconnaissance des
obligations contractuelles**

**OBLIGATION
D'ENTRETIEN**

Voir **Obligation alimentaire**

OBLIGATION LÉGALE, 63, 79

Refus d'imposer des obligations légales aux conjoints de fait au Québec, 1-3, 12, 79, 113, 144

Voir aussi **Obligation alimentaire, Partage du patrimoine familial**

OBLIGATION MUTUELLE, 55

Voir aussi **Obligation alimentaire, Secours mutuel**

OBLIGATION NATURELLE, 132, 133

OBLIGATION SOCIALE FONDAMENTALE, 55

OFFRE DE CONTRACTER, 133

ONTARIO

Voir **Droit familial provincial comparé, Obligation alimentaire entre conjoints de fait**

OPPRESSION DES FEMMES

Voir **Domination masculine**

ORDONNANCE ALIMENTAIRE

Critères d'octroi des aliments, 50

Critères de détermination de la durée, 94

Modification (pouvoirs des tribunaux), 47

Principal motif d'attribution des aliments, 56, 57

Voir aussi **Pension alimentaire**

ORDONNANCE ALIMENTAIRE AU TITRE DES ENFANTS

Voir **Pension alimentaire pour enfants**

ORDRE PRIVÉ

Voir **Vie privée**

ORDRE PUBLIC, 54, 111, 133-135

Loi d'ordre public, 27, 100-102

Obligation alimentaire, 158

Obligation alimentaire entre conjoints de fait avec enfants, 163

Patrimoine familial, 100

Pension alimentaire pour enfants, 141

ORIENTATION SEXUELLE

Voir **Conjoints de même sexe**

-P-

PARENT

Engagement d'agir comme un parent à l'égard de l'enfant de l'autre (*in loco parentis*), 132, 133

Rapports entre parents (*partnership*), 46

Voir aussi **Autorité parentale, Responsabilités familiales**

PARENT GARDIEN

Voir **Garde des enfants, Résidence familiale**

PARTAGE DES ACTIFS FAMILIAUX

Voir **Partage du patrimoine familial**

PARTAGE DES BIENS FAMILIAUX

Voir **Partage du patrimoine familial**

PARTAGE DU PATRI-MOINE FAMILIAL, 21, 28, 74, 76, 88, 95, 101-106, 141, 143

Conjoint de fait, 2, 3, 17, 27, 68, 78, 79, 141, 151

– Consentement mutuel (contrat de séparation), 74, 76

– Enrichissement injustifié, 122

– Exclusion, 69, 74, 76

– Liberté de choix, 162

– Mesure réparatrice, 154

– Présence d'enfants, 149, 150

– Reconnaissance des obligations contractuelles, 131, 134, 158

Partage obligatoire, 102, 103

Préséance sur tout régime matrimonial, 102, 103

Résidence familiale, 137

Voir aussi **Patrimoine familial, Régime matrimonial**

PARTENARIAT, 46, 91

PATRIMOINE FAMILIAL, 165

Composantes, 102

Contrainte légale, 28, 106

Fondements de l'intervention législative, 102

Loi d'ordre public, 100-102

Voir aussi **Partage du patrimoine familial**

PAUVRETÉ FÉMININE, 15, 20, 41, 50, 51, 95

PENSÉE FÉMINISTE

Voir **Théories féministes**

PENSION ALIMENTAIRE

Conjoints de fait, 3, 78

– Pension à terme, 66

Lignes directrices facultatives en matière de pensions alimentaires entre époux, 166, 167

Modèle compensatoire, 50, 55, 56

Modèle non compensatoire, 55, 56

Voir aussi **Obligation alimentaire, Ordonnance alimentaire**

PENSION ALIMENTAIRE POUR ENFANTS, 112

Coûts cachés (omission des tribunaux d'en tenir compte dans le calcul), 53, 54

Critères de modification, 52

– Difficultés excessives, 142, 143

Ordre public, 141

Règles de fixation (règles d'application stricte), 141

Revue de la jurisprudence, 141-144

Situation d'injustice à l'égard des enfants issus des unions de fait, 141-144, 149, 171

PÉRIODE DE COHABITATION

Voir **Cohabitation**

PERSONNES ÂGÉES

Voir **Soins aux aînés**

PERSONNE RAISONNABLE, 18-20

PERSPECTIVES FÉMINISTES

Voir **Théories féministes**

PERTE ÉCONOMIQUE

Compensation, 47, 48, 57, 173

PHILANTHROPIE, 80

PLAN D'ACTION EN MATIÈRE DE POLITIQUE FAMILIALE 1989-1991, 103-105, 137, 163

POLITIQUE DE L'ÉTAT

Voir **Intervention de l'État**

POLITIQUE MORALISATRICE, 46

PRESCRIPTION

Enrichissement injustifié, 118, 124

Obligation alimentaire entre conjoints de fait

– Absence de prescription, 76, 78

– Colombie-Britannique, 69

– Nouvelle-Écosse, 74

– Ontario, 65

PRÉSOMPTION

Égalité des parts des copropriétaires indivis (art. 1015 C.c.Q.), 123, 139-141

PRESTATION COMPEN-SATOIRE, 95-101, 115, 116

Analyse des fondements juridiques invoqués par les tribunaux, 99

Analyse jurisprudentielle, 96, 97

Application, 96

Apport en biens, 100

Apport en services, *voir*
Refus de compensation

Collaboration à l'entreprise
de l'époux (valeur
arbitraire et minimale), 98

Dispositions applicables
(art. 559 C.c.Q.), 96

Interprétation, 100

Intervention du législateur,
95, 97, 100

Norme de preuve, 99, 100

Obligation de pourvoir du
mari à l'égard de l'épouse,
99

Preuve indirecte, 100

Réforme du droit de la
famille, 96

Refus de compensation,
97-100

  – Apport en services,
97-100

  – Respect du contrat, 99

Résidence familiale, 137

Séparation de biens, 96, 98,
99, 101

Voir aussi **Enrichissement
injustifié**

PREUVE

Enrichissement injustifié

  – Difficultés de preuve,
117, 121

  – Fardeau de la preuve,
121, 122, 124

Obligation alimentaire entre
conjoints de fait

  – Difficultés de preuve
(Ontario), 65

  – Fardeau de la preuve
(Alberta), 75

Prestation compensatoire

  – Norme de preuve, 99,
100

  – Preuve indirecte, 100

Reconnaissance des
obligations contractuelles

  – Preuve verbale (com-
mencement de preuve
par écrit ou aveu), 133

Société tacite

  – Difficultés de preuve,
128

PRINCIPE D'ÉGALITÉ

Voir **Égalité**

**PRINCIPE DE LA
NON-INTERVENTION
DE L'ÉTAT**

Voir **Non-intervention de
l'État**

PROJET DE SOCIÉTÉ

Voir **Société tacite**

**PROPRIÉTÉ DE LA
RÉSIDENCE FAMILIALE**

Voir **Résidence familiale**

**PROVINCES DE COMMON
LAW**

Voir **Droit familial provincial
comparé, Obligation alimentaire entre conjoints de fait**

PROVINCES ET TERRITOIRES CANADIENS

Voir **Droit familial provincial comparé, Obligation alimentaire entre conjoints de fait**

PUISSANCE MARITALE, 79, 80

PUISSANCE PATERNELLE, 79

-Q-

QUALITÉ MORALE (« *ETHIC OF CARE* **»)**, 25, 30, 32

-R-

RECONNAISSANCE DES OBLIGATIONS CONTRACTUELLES, 131-136

    Engagement d'agir comme un parent à l'égard de l'enfant de l'autre (*in loco parentis*), 132, 133

    Indivision, 134

    Mandat en cas d'inaptitude, 133, 134

    Obligation alimentaire entre conjoints de fait, 131-134

    Offre de contracter, 133

    Partage du patrimoine familial, 131, 134, 158

    Preuve verbale

        – Commencement de preuve par écrit ou aveu, 133

    Règlement des litiges, 134-136

    Revue de la jurisprudence, 133, 134

RECOURS ENTRE CONJOINTS DE FAIT

    Droit des tiers, 144, 145

    Pension alimentaire pour enfants, 141-144

Voir aussi **Enrichissement injustifié, Reconnaissance des obligations contractuelles, Résidence familiale, Société tacite**

RECOURS POUR ENRICHISSEMENT INJUSTIFIÉ

Voir **Enrichissement injustifié**

REER

Voir **Régime de retraite**

RÉFORME DU DROIT DE LA FAMILLE, 1, 2, 90, 91, 96, 102, 110-114, 160

RÉGIME COMMUNAUTAIRE

Voir **Communauté de biens**

RÉGIME DE RETRAITE

    Patrimoine familial, 102

    Société d'acquêts, 101

Voir aussi **Retraite**

RÉGIME MATRIMONIAL, 95

Importance du choix, 89

Préséance du partage du patrimoine familial, 102, 103

Réforme, 83, 86-90

Statistiques, 87, 88

Voir aussi **Communauté de biens, Séparation de biens, Société d'acquêts**

RÈGLEMENT À L'AMIABLE

Voir **Médiation, Reconnaissance des obligations contractuelles, Transaction**

RÈGLEMENT HORS COUR

Voir **Transaction**

RELATION CONJUGALE HORS MARIAGE

Voir **Union civile, Union de fait**

RELATION PRIVÉE

Voir **Vie privée**

RENONCIATION ALIMENTAIRE

Voir **Obligation alimentaire**

RENTE VIAGÈRE

Conjoint survivant (conjoint de fait), 108

RÉPARTITION DU TRAVAIL, 38, 50, 51

Voir aussi **Conciliation travail-famille**

REPRISE DE LOGEMENT

Reconnaissance législative des conjoints de fait, 107

RÉSIDENCE DISTINCTE, 65

RÉSIDENCE FAMILIALE, 72, 104, 136-141, 149

Conjoint survivant (attribution préférentielle), 136

Déclaration, 136

Droit d'usage ou de propriété, 21, 74, 79, 136, 138, 139, 162, 163

    – Parent gardien, 136, 139

Enjeu financier, 136

Évolution jurisprudentielle, 144

Intention du législateur, 137

Intérêt des enfants, 136, 137, 139

Intervention du tribunal, 137

Meubles qui garnissant ou ornent la résidence familiale et qui servent à l'usage du ménage, 72, 102, 139

Partage du patrimoine familial, 137

Patrimoine familial, 102

Présomption d'égalité des parts des copropriétaires indivis (art. 1015 C.c.Q.), 139-141

Prestation compensatoire, 137

Revue de la jurisprudence, 137-141

Société tacite, 129

Types de protection, 136, 137

RESPECT DU CHOIX DES INDIVIDUS

Voir **Liberté de choix**

RESPONSABILITÉS FAMILIALES, 37, 46, 68, 92, 93, 103, 133, 163, 170

Statistiques, 38-43

Voir aussi **Conciliation travail-famille, Éducation des enfants, Garde des enfants, Soins aux enfants**

RESPONSABILITÉS PARENTALES

Voir **Responsabilités familiales**

RESTITUTION

Voir **Indemnisation**

RETRAITE, 22, 41, 44, 95

Voir aussi **Régime de retraite**

REVENU DES FEMMES, 4

Discrimination fondée sur le sexe, 10, 161

Statistiques, 35-37

REVENU FAMILIAL

Famille monoparentale, 4

Statistiques, 36

RÔLE TRADITIONNEL

Voir **Famille traditionnelle, Mariage traditionnel**

RUPTURE D'UNION, 54

Conséquences économiques, 44, 49-51

Mesure réparatrice, 154

Situation d'injustice à l'égard des enfants de conjoints de fait, 141-144, 149, 171

Voir aussi **Divorce, Reconnaissance des obligations contractuelles, Séparation**

RUPTURE NETTE, 55, 56

-S-

SALAIRE

Voir **Égalité salariale, Inégalité salariale**

SCIENCES SOCIALES, 52, 53

SECOURS MUTUEL, 21, 127

Voir aussi **Obligation alimentaire**

SÉCURITÉ, 31

SÉCURITÉ FINANCIÈRE, 5, 105, 169, 172

SÉPARATION, 44

Dépendance économique des femmes, 47

Double standard (motif d'adultère), 83, 84, 86

Réforme, 83

Voir aussi **Contrat de séparation, Rupture d'union**

SÉPARATION DE BIENS, 99, 102

Motifs de popularité, 87-90

– Méthode d'analyse du « *Feminist Practical Reasoning* », 89, 90

Prestation compensatoire, 96, 98, 99, 101

Provinces de common law, 82

Régime désavantageux pour les femmes, 89, 95

Statistiques, 87, 88

SERVICES DOMESTIQUES

Contribution financière (loi du Manitoba), 78

Prestation compensatoire

– Apport en services (refus de compensation), 97-100

Voir aussi **Travaux ménagers**

SILENCE DES FEMMES, 25, 26

SITUATION DE FAMILLE

Voir **Famille**

SITUATION JURIDIQUE DES CONJOINTS DE FAIT AU CANADA

Voir **Droit familial provincial comparé, Obligation alimentaire entre conjoints de fait**

SITUATION PERSONNELLE, PROFESSIONNELLE ET FAMILIALE DES FEMMES, 9

Premiers gains juridiques des femmes, 79-86

Statistiques, 35-43, 169, 170

Voir aussi **Discrimination fondée sur le sexe, Pauvreté féminine, Inégalité entre les sexes, Revenu des femmes, Théories féministes**

SOCIÉTÉ D'ACQUÊTS, 88, 89

Avantages, 88

Partage des biens, 95, 99, 101

Statistiques, 88

SOCIÉTÉ TACITE, 126-131

Augmentation du nombre de recours, 130

Conditions d'exercice du recours, 127

Difficultés de preuve, 128

Droit français, 131

Interprétation jurisprudentielle du concept, 128-130

Interprétation restrictive, 130

Objectif, 127

Résidence familiale, 129

Vie commune, 127

SOINS AUX AÎNÉS, 161

Statistiques, 40, 41, 46

SOINS AUX ENFANTS, 4, 46, 51, 54, 68, 161

Contribution financière (loi du Manitoba), 78

Statistiques, 38, 39

SOINS DE SANTÉ

Voir **Consentement aux soins**

SOLIDARITÉ FAMILIALE, 147-164

Voir aussi **Obligation alimentaire entre conjoints de fait, Secours mutuel**

SOUTIEN DE L'ÉTAT À LA FAMILLE, 44

SPHÈRE PRIVÉE

Voir **Vie privée**

STATISTIQUES

Divorce, 88

Enfants issus des unions de fait, 171

Famille monoparentale, 4, 36, 37, 41

Inégalités salariales, 10

Réalité des femmes québécoises, 161

Régime matrimonial, 87

Responsabilités familiales, 38-43

Revenu des femmes, 35-37

Revenu familial, 36

Situation des femmes canadiennes, 169, 170

Union de fait, 1, 2, 12, 57, 103, 105, 106

SUCCESSION, 21, 83, 88, 107, 108, 119, 137

Voir aussi **Décès du conjoint**

SUFFRAGE FÉMININ, 85

SUJET LÉGAL AUTONOME

Voir **Autonomie**

SUPPORT MUTUEL

Voir **Secours mutuel**

-T-

TÂCHES FAMILIALES

Voir **Charges de famille, Conciliation travail-famille, Répartition du travail, Responsabilités familiales, Services domestiques, Travaux ménagers**

TÉMOIN

Témoin non contraignable (conjoint de fait), 107

THÉORIE DE L'ENRICHIS-SEMENT INJUSTIFIÉ

Voir **Enrichissement injustifié**

THÉORIES FÉMINISTES, 5, 9-33, 172

Analyse féministe

– Approche méthodologique « *conscious-ness-raising* », 13, 29

– Définition, 5, 6

– Méthode d'analyse du « *Feminist Practical Reasoning* », 12, 13, 47, 89, 155-157

Approche féministe

– Approche féministe libérale, 14-22, 106

– Approche féministe radicale, 23-29

– Approche féministe relationnelle, 30-33

– Pertinence, 9-14

– Types, 14-33

TRADITION CIVILISTE, 11, 12

TRANSACTION

Convention de mesures accessoires, 94

Obligation légale, 79

TRAVAIL

Voir **Conciliation travail-famille, Mesures incitatives** au travail des femmes, **Répartition du travail**

TRAVAUX MÉNAGERS, 161

Contribution financière (loi du Manitoba), 78

Statistiques, 39-41, 169

Voir aussi **Services domestiques**

TUTEUR, 83, 106

-U-

UNION CIVILE, 6, 109, 145, 163, 171

UNION CONJUGALE

Voir **Mariage**

UNION DE FAIT

Analyse de la situation

– Méthode d'analyse du « *Feminist Practical Reasoning* », 155-157

Encadrement juridique en droit privé québécois, 106-145, 172

– Absence de reconnaissance législative, 106-115

– Dispositions prévues au Code civil, 106, 106

– Lois à caractère social et fiscal, 20, 28, 107-109

– Préoccupations de l'Office de révision du

Code civil (rapport de 1977), 110, 111

— Recours entre conjoints de fait, 115-145

— Refus d'imposer des obligations légales, 1-3, 12, 79, 113, 144

Non-intervention de l'État, 147-149, 174

Questions essentielles sur la réalité vécue par les femmes, 20, 21

Statistiques, 1, 2, 12, 57, 103, 105, 106, 171

Voir aussi **Conjoint de fait, Droit familial provincial comparé, Obligation alimentaire entre conjoints de fait, Partage du patrimoine familial, Pension alimentaire, Résidence familiale**

UNION FAMILIALE

Voir **Famille**

UNION HORS MARIAGE

Voir **Union civile, Union de fait**

UNION LIBRE

Voir **Union de fait**

UNION MARITALE

Voir **Mariage**

USAGE DE LA RÉSIDENCE FAMILIALE

Voir **Résidence familiale**

-V-

VALEURS MORALES, 45, 46

VALEURS SOCIALES, 5, 29, 31-33, 44, 56, 147, 162, 170

Voir aussi **Autonomie, Égalité, Justice, Liberté, Sécurité**

VALIDITÉ DES CONTRATS ENTRE CONJOINTS DE FAIT

Voir **Reconnaissance des obligations contractuelles**

VIE COMMUNE

Contrat de vie commune, 131, 135, 136

— Rédaction (aide mémoire), 136, 185-195

Société tacite, 127

Voir aussi **Cohabitation, Reconnaissance des obligations contractuelles**

VIE FAMILIALE

Voir **Conciliation travail-famille, Famille**

VIE PERSONNELLE

Voir **Conciliation travail-famille, Vie privée**

VIE PRIVÉE, 16, 19, 42, 44

Non-intervention de l'État, 5, 15, 16, 19, 20, 147-149, 174

VIE PROFESSIONNELLE

Voir **Conciliation travail-famille**

VIOLENCE PHYSIQUE, 24

VIOLENCE SYMBOLIQUE, 24, 25